Elogios recibidos para **LA MÚSICA EN MI VIDA**

"Si Chance the Rapper y Cristela la Comediante tuvieran un bebé, sería este libro. Las memorias de Cristela son un viaje emotivo que los hará reír, llorar y pasar por todas las etapas entre estos dos extremos. Como la primera mujer latina que crea, produce, escribe y protagoniza su propio programa de televisión transmitido en horario estelar, el éxito que ha alcanzado entre todos los retos que ha enfrentado hará que el público la apoye continuamente. Además, todas las canciones a las que hace referencia son buenísimas".

—Wanda Sykes

"La vida real de Cristela se convirtió en su comedia y su comedia conformó su sentido del bien y del mal, pero más que nada, Cristela sigue siendo real y graciosa. Lean el libro. Comprenderán".

—Whoopi Goldberg

"Cristela hace gala de su humor característico y ofrece una brillante y conmovedora reflexión sobre cómo lo personal es político. No es coincidencia que después de tratar temas que incluyen la identidad, la representación y la desigualdad, concluya el libro con una feroz defensa de nuestra democracia y del pueblo al que esta debe servir. Me inspiró su historia de despertar político y espero que otros la lean y profundicen su propio activismo político".

—Julián Castro

"*Me encantó el libro.* Cristela nos ilustra, educa y entretiene vívidamente con su difícil viaje desde la pobreza y la cultura en la frontera México-Texas hasta el estrellato, mientras nos comparte con toda honestidad sus lecciones de vida y la música que la ha colmado de fuerza. [Es] una historia que nos hará desear ser tan fuertes, compasivos y visionarios como es ella para su familia, sus amigos y su país. La música es una parte tan grande en nuestras vidas. Cuando estuvimos en los piquetes de huelga, cantamos mil veces 'We Shall Overcome' y 'This Little Light of Mine' desde la madrugada hasta que los esquiroles abandonaron los campos. Hay tanto por decir sobre este libro; afirmó mi vida en muchas formas y estoy segura de que así les sucederá a muchas latinas. Somos similares".

—Dolores Huerta

LA MÚSICA
EN MI VIDA

LA MÚSICA

EN MI VIDA

Memorias, canciones y sueños cumplidos

CRISTELA ALONZO

ATRIA ESPAÑOL

Nueva York   Londres   Toronto   Sídney   Nueva Delhi

Un sello de Simon & Schuster, Inc.
1230 Avenida de las Américas
Nueva York, NY 10020

Primera edición en rústica de Atria Español, diciembre 2019

ATRIA ESPAÑOL y su colofón son sellos editoriales de Simon & Schuster, Inc.

Para obtener información respecto a descuentos especiales en ventas al por mayor, diríjase a Simon & Schuster Special Sales al 1-866-506-1949 o al siguiente correo electrónico: business@simonandschuster.com.

La Oficina de Oradores (Speakers Bureau) de Simon & Schuster puede presentar autores en cualquiera de sus eventos en vivo. Para obtener más información o para hacer una reservación para un evento, llame al Speakers Bureau de Simon & Schuster, 1-866-248-3049 o visite nuestra página web en www.simonspeakers.com.

Diseñado por A. Kathryn Barrett

Impreso en los Estados Unidos de América

3   5   7   9   10   8   6   4   2

Un registro de catálogo para este libro está disponible en la Biblioteca del Congreso.

ISBN 978-1-5011-8923-4
ISBN 978-1-5011-8924-1 (ebook)

Dedico este libro a las personas que han trabajado
en el campo, cosechando los alimentos que comemos.
A las personas que limpian casas, que cuidan niños y
trabajan en restaurantes. A todas las personas que hayan
tenido un trabajo que a veces las hizo sentir invisibles
quiero decirles que no solamente las veo,
sino que soy hija de alguien igual a ustedes.

La gente como yo logra cumplir sus sueños por gente como
ustedes, que han sacrificado sus propios sueños para darles
a sus futuras generaciones una oportunidad en la vida.

Gracias.
Thank you.

LISTA DE CANCIONES

LA MÚSICA
EN MI VIDA

INTRODUCCIÓN
AL PRINCIPIO...

Estoy sentada en la sala, y apenas terminé una bolsa de Cheetos picantes que metí en una salsa de queso fundido para nachos. Tengo los dedos untados de esa rara (pero riquísima) cobertura roja que me hace parecer como si acabara de matar a alguien con las manos. Y no puedo evitar pensar, *Cristela, esta NO es la forma de escribir un libro. A menos que sea una guía para cometer un asesinato.*

He de ser honesta. Si me hubieran dicho cuando era niña que alguna vez me atrevería a escribir un libro, habría dicho: "Aléjate de mí, extraño. No te conozco". Y hay que decirlo, este no es un libro en sí, sino un Nuevo Testamento absolutamente reciente. Sí, leíste bien. He decidido escribir una nueva biblia. Pensé que si estamos rehaciendo programas de televisión y películas antiguas, ¿por qué no hacer una nueva versión de la biblia y actualizarla según los intereses de la gente de hoy? Hay que meter explosiones y, ¿tal vez una persecución de coches?

Es broma. Me criaron como buena católica: no sé nada de la biblia.

¿Entonces por qué estoy escribiendo un libro? Era inevitable. Soy una de las pocas cómicas latinas que hacen monólogos y que logran viajar por el país y vivir su sueño. Hice historia en el mundo de la televisión cuando me convertí en la primera mujer mexicoestado-unidense que creó, produjo y protagonizó su propio programa cómico de *Cristela* (inspirado en mí, claro, no en otra Cristela). También fui la primera actriz latina que tuvo un papel principal en una película de Disney-Pixar, cuando me dieron la oportunidad de dar voz al personaje de Cruz Ramírez en una peliculita llamada *Cars 3*. Ahora mi vida está llena de mansiones y limusinas. Tengo la vida de una Barbie morena. ¿No es emocionante? Ya sé, ¡es que soy TAN exitosa!

Es otra broma. Lo más parecido a vivir en una mansión para mí es poder comprarme todo el cereal de marca que quiera, y eso es EXACTAMENTE lo que me hace feliz. Mi trayectoria me parece una historia de éxito porque perseguí mi sueño y lo cumplí. ¿Cuánta gente puede decir eso? Muchos me preguntan cómo logré realizar las cosas que he hecho y la respuesta siempre es la misma: "No tengo la menor idea". En serio. No tengo ningún mapa que pueda darle a la gente para que vea mis pasos. No soy Dora la Exploradora, aunque si vieran fotos mías de cuando era niña, pensarían lo contrario.

En un pueblito del sur de Texas, en la frontera entre México y los Estados Unidos, me crio una inmigrante mexicana que tenía educación de segundo de primaria y un doctorado en palizas.

Mi vida no fue fácil. Crecí siendo realmente pobre. Conozco a mucha gente que dice haber crecido siendo pobre, pero mi familia vivió muy por debajo de la línea de la pobreza durante décadas. Así como los niños jugaban a que caminaban por arenas movedizas, yo jugaba a que el suelo de mi casa era un piso de verdad sin agujeros. Solía ver programas de remodelación de casas y deseaba que mi familia pudiera algún día vivir en una casa parecida a la foto de "antes" del cambio.

Durante casi toda mi infancia, estuve sola en casa mientras mi mamá trabajaba. Era vital que volviera a casa inmediatamente después de mis clases. No tenía permitido salir a jugar porque mi mamá pensaba que no era seguro. No podía estar con mis amigas después de la escuela y tenía que pasármela encerrada. Tenía que crear y llenar mi propio mundo con amistades que se ajustaran a los límites que mi mamá me había impuesto. No sabía que encontraría el amigo que tanto anhelaba dentro de mi casa.

Este amigo era perfecto para mí porque podía buscarlo cuando quisiera pasar un rato con él y nuestra amistad era del tipo que mi mamá sí aceptaba. No tenía que salir de casa para estar con él y me protegía del mundo exterior. Era la cultura pop: mi intenso amor por la música y la tele, para ser más específicos. Surgió por el tiempo que pasaba sola en casa en busca de lecciones de vida y amistad. Me hice amiga de los personajes de mis programas favoritos de la televisión; creaba una conexión con ellos como si fueran gente de verdad. Escuchaba mi música en un pequeño radio AM/FM rojo de plástico comprado en Radio Shack.

Mi amor por la música y la televisión se convirtió no solo en mi mejor amigo, sino en mi maestro también. Me enseñó a amar el arte. Me enseñó a hablar inglés (mi primera lengua fue el español). Me enseñó a "ser estadounidense". No sabía que era una lección que tendría que aprender porque yo era de los Estados Unidos y había nacido en Texas, pero mi mamá no. Tuve que descubrir mucho por mi cuenta porque mi mamá no conocía ciertas cosas, como lo importante que era ir a la universidad o qué era un guisado tipo "casserole". Yo sigo sin saber qué es "casserole", pero supongo que es como una lasaña que no es italiana. ¿Al menos tengo un poco de razón?

Ella venía de una cultura diferente a la del mundo en que me estaba criando. Algunas de sus formas de pensar no coincidían con los ideales que yo estaba descubriendo en Texas, como lo que a ella le habían enseñado sobre los roles de género. Había sido criada para creer que las mujeres estaban destinadas a servir a los hombres y no podían protestar. Los hombres podían hacer lo que quisieran con las mujeres porque las consideraban su propiedad. Los hombres podían elegir a las mujeres con las que se casarían, y las mujeres (incluso las muy jovencitas) no tenían ni voz ni voto. Sin embargo, lo que aprendí viendo programas de televisión en los Estados Unidos fue que las mujeres tenían sus propias mentes, sus propios pensamientos. Podían tomar sus propias decisiones, y, si eso significaba quedarse solteras, pues estupendo. Esa fue una lección que aprendí viendo el programa *The Mary Tyler Moore Show*. El personaje de Mary era una mujer soltera de unos treinta años: tenía una carrera, no estaba casada y era feliz. Ver programas de televisión como ese me hacía sentir como si tuviera esperanza. No tenía que seguir los pasos de mis antecesoras en la familia. Aquí podía elegir.

Si bien la televisión me enseñó sobre la cultura estadounidense, la música me enseñó una lección más abstracta: me enseñó a sentir. Una buena canción te entretiene. Una gran canción te lleva en un viaje que nunca olvidarás. Cuando miro al pasado y pienso en algunos de los momentos alegres más puros que tuve con mi familia, la música normalmente estaba presente. Esos momentos no estaban planeados y a veces surgían tras algún tipo de lucha, pero eran hermosos porque me hacían sentir como si todo fuera a salir bien. Aunque fuera por un minuto, olvidaba los malos ratos porque me sentía sumamente feliz.

A veces nos cortaban la electricidad porque no había dinero para pagar el recibo. Por lo general, no era tan terrible durante el día, pero por la noche, cuando estaba todo oscuro, nos la pasábamos sentados, muy limitados en lo que podíamos hacer porque no veíamos nada.

Recuerdo muchas de esas noches en las que mi mamá volvía a casa después de trabajar porque acabábamos afuera, acostados sobre la cajuela de nuestro coche, observando el cielo. La luna y las estrellas eran nuestra electricidad. Algunos de los mejores momentos de aquellas noches dedicadas a mirar las estrellas ocurrían cuando alguien agarraba las llaves y encendía la radio del coche para tener música de fondo. La mayoría de esas veces escuchábamos una estación de radio de rock suave que podíamos sintonizar de Reynosa, Tamaulipas, al otro lado de la frontera. Muchas veces las canciones inspiraban nuestras conversaciones. Si ponían una canción de Vicente Fernández (para quienes no lo conozcan, es como el Elvis mexicano, pero tal vez más robusto), mi mamá se sentía inspirada para contar historias sobre su difícil niñez en México, sin comida, zapatos ni educación. A pesar de no tener electricidad y a veces tampoco comida, yo sabía que mi infancia había sido menos dura que la de ella. Había otras ocasiones en que se escuchaba una canción como "Kiss" de Prince y todos cantábamos mientras mi madre nos mataba de risa tratando de recrear el video y nos carcajeábamos durante lo que parecía una eternidad. Mirando al pasado, me doy cuenta de que la música era como otro miembro de mi familia; siempre lo ha sido.

Soy una mujer mexicoestadounidense de primera generación que en realidad no sabe a donde pertenece. He estado a caballo entre dos culturas, y eso a veces me hace preguntarme si soy "suficiente" para cualquiera de ellas. Siento que hay más personas con la misma sensación que yo. No estoy segura de donde vengo ni donde pertenezco, y lo digo literalmente. Mi madre era de un pequeño poblado en México donde no se registraban muchas cosas. Ni siquiera estaba segura de cuándo era su cumpleaños. Pensaba que era entre el 13 y el 15 de diciembre. Tampoco estaba segura del año en que había nacido. Fue en 1943 o 1944. Terminó pensando que la opción más acertada para su fecha de nacimiento era el 15 de diciembre de 1944.

Una de las razones por las que quería escribir sobre mi vida es porque quiero que la gente conozca mi historia, la parte de la que sí tengo conocimiento. He luchado por entender mi propio sentido de identidad, debido en parte a que tengo que defenderla constantemente ante la gente. Un tema recurrente en mi vida ha sido contar historias sobre mi dura infancia que a otros les resultan completamente increíbles, y hasta llegan a preguntarme si estoy exagerando sobre lo pobres que fuimos. Los he escuchado repetir la trillada frase, "Pero hablas tan bien…" más veces de las que puedo contar. Nunca he entendido esa idea de que si eres capaz de hablar con oraciones completas es porque vienes de familia con dinero. Los pobres también pueden ser inteligentes. No aprendemos matemáticas diferentes; no leemos una versión diferente de los libros que la gente rica lee. El dinero no dicta tu futuro; tú lo haces. Yo soy la prueba de ello. Empecé con absolutamente nada más que un loco amor por la cultura pop y eso me trajo adonde estoy ahora. Forjé mi propio camino y me convertí en la oveja negra de la familia persiguiendo mis sueños, dando un salto hacia lo desconocido e ignorando a la gente cuando me decía que no podría hacerlos realidad. Estoy tan contenta de no haberles hecho caso. No puedo imaginar mi vida si no hubiera tratado de hacer realidad mis sueños. La gente necesita saber que no importa de dónde provenga su fuente de inspiración y ambición. Lo que cuenta es cómo usarlas.

Mi libro es una colección de historias, que abarcan desde lo ridículo —como la vez que la canción del programa *The Golden Girls* me enseñó sobre la amistad, pero, irónicamente, también hizo que me enviaran a la oficina de la directora—hasta momentos más desgarradores, como cuando estaba en la habitación del hospital mientras mi madre exhaló su último aliento y me dejó huérfana a la edad de veintitrés años. Es como una compilación o una lista de reproducción de la que he sido curadora de las canciones y los programas de televisión más importantes de mi vida.

Todos tenemos canciones que llegan a nuestras vidas para recordarnos momentos específicos. Podemos pensar en nuestro primer amor, en nuestra primera pérdida… a veces recuerdas a la persona con la que te enrollaste y que quisieras olvidar… ¡pero no puedes por culpa de esa estúpida canción! Para mí, "Don't Speak" de No Doubt es una de esas canciones. Medio me gusta y medio la odio porque cuando estaba en secundaria, el chavo que me gustaba mucho (pero con quien nunca me dejaron salir en plan de romance), me regaló el CD de *Tragic Kingdom* y me dijo que escuchara esa canción en concreto. Cuando la oí por primera vez, me encantó. No podía creer que él hubiera elegido una canción para mí. Luego empezó a ignorarme. Después de una semana, me di cuenta de que darme ese CD era su manera de decir que ya no quería hablarme. Tenía diecisiete años cuando aquello sucedió, pero vayamos a décadas más tarde: aunque ahora puedo cantar esa canción, todavía hay una parte de mí que vuelve al momento en que él puso ese CD en mi mano y me deprimo. Por lo general, cuando me pasa eso, me conecto al internet y lo busco para ver cómo está ahora. (Por desgracia, está muy bien).

Así que tal vez hayan elegido este libro porque se mueren por saber cómo convertirse en una latina que triunfa en Hollywood. Aquí está la respuesta: busquen en Google "Sofía Vergara" y lean cómo lo logró porque se está volviendo millonaria. Tal vez eligieron este libro porque es del tamaño perfecto para sostener un mueble al que le falta una pata o tal vez solo porque quieren leer mi versión de la biblia, que incluye mi broma sobre convertir al Vicks VapoRub en un santo para que, cuando nos enfermemos, podamos encender una vela y pararnos frente al frasco para que los vapores nos alivien la sinusitis.

De cualquier manera, gracias por comprar este libro. Es una recopilación de mi vida y todas las ganancias se destinarán a la Caridad.*

---

*Así me refiero a mi cuenta bancaria.

"MORE THAN A FEELING"
BOSTON

Yo a los tres años, descalza y delante de la cafetería que mi familia ocupó en la calle Nebraska, en San Juan, Texas.

Era el mejor de los tiempos, era el peor de los tiempos. (A estas alturas, ya deben de haberse dado cuenta de que esta es una nueva versión de *Historia de dos ciudades*. Quería asegurarme de que este capítulo empezara con fuerza).

Es una broma, por supuesto, pero esa primera línea sí se aplica al lugar donde crecí. Fue la mejor y la peor de las épocas para mí en el sur de Texas y, de cierto modo, sí fue una historia de dos ciudades: San Juan, Texas y Reynosa, Tamaulipas. Nací y crecí en un pueblito de la frontera que se llamaba San Juan y cuando era pequeña estaba convencida de que éramos puertorriqueños (de niña pensaba que esa era otra forma de decir "mexicanos"). Resulta que no éramos de Puerto Rico. Vivíamos en un área llamada Valle del Río Grande, la parte más al sur del estado de Texas. Me encantaba vivir en mi pequeño barrio. La mayor parte del área era llana, a veces con calles que tenían hileras de palmeras o con la ocasional torre de agua que se cernía sobre la ciudad desde un campo vacío. El músico Freddy Fender era de uno de esos pueblos del Valle del Río Grande (San Benito, Texas) y tuvo el honor de que pintaran su rostro sobre una de aquellas torres de agua. Yo siempre he dicho que, en mi pueblo, tener tu cara pintada en una torre de agua es como tener una estrella en el Paseo de la Fama de Hollywood.

Me gusta la idea de empezar mi historia haciendo referencia a Freddy Fender porque es un guiño a parte de la música que escuchaba en mi niñez, pero si lo veo en retrospectiva, me doy cuenta de que he pasado toda mi vida confeccionando esta maravillosa colcha de melodías de diferentes géneros. Una cobija de canciones antiguas, amigas que me envuelven cuando me siento feliz o triste. "More Than a Feeling" de Boston fue una de esas canciones para mí. Para quienes no lo conocen, Boston fue un grupo de Des Moines, Iowa.

Es una broma, ¿se dieron cuenta?

Boston es un grupo de... pues, Boston, y sonó muchísimo en los años 70. Tuvieron muchos éxitos, pero "More Than a Feeling" quizás sea la canción que más los hizo famosos. Para mí fue más que una canción porque me recordaba el inicio de un sueño.

Esta es la parte donde se empezarán a preguntar cómo demonios una canción como "More Than a Feeling" se relaciona con la vida de una niñita puertorriqueña de mentiras (que, obviamente, tuvo una crisis de identidad durante la primera parte de su vida), pero ya lo entenderán. Para comenzar, déjenme analizar la canción para aquellos que no la conocen. Se considera rock clásico, lo que significa que cuando la ponen, los papás se emocionan y los hijos se burlan de ellos porque les gusta esa canción. Una de las formas garantizadas para hacerse sentir viejo es el momento en que empiezas a ver que en los programas de televisión y radio llaman "clásica" a la música con la que creciste.

La primera vez que escuché esta canción tenía siete años. Era de noche y estaba sentada en el coche de mi familia afuera de la casa de mi madrina mientras mi mamá estaba adentro pagándole por unos productos de Avon que le había pedido. Yo no tenía ganas de entrar porque mi madrina Marta y mi mamá empezaban a hablar de chismes de familia y yo no conocía a ninguna de las personas de quienes hablaban. Las podía oír hablando así: "¿Ya supiste lo de José? No, no José el Grande, José el Chico". Era verano y las ventanillas tenían que estar bajas porque nuestro coche no tenía aire acondicionado. (De hecho, ni siquiera sabía que los coches tenían aire acondicionado hasta que fui bastante mayor).

También quería estar afuera porque, en la noche, quería pedirle un deseo a una estrella. Hacía esto todas las noches. El sol se ocultaba y yo buscaba la primera estrella que apareciera, cerraba los ojos y recitaba el poema infantil, " 'Twinkle, Twinkle, Little Star" y entonces pedía un deseo.

Esa noche en particular, mi hermana, Julie, había llevado a mi mamá a casa de mi madrina porque mi mamá no manejaba. Julie entró con mi mamá porque le gustaba escucharlas hablar y había dejado las llaves puestas en el *switch* de encendido para que yo pudiera girar la llave para escuchar música. Entonces empezó a sonar "More Than a Feeling". El inicio era tan bajito que, durante unos segundos, me pregunté si realmente habían puesto la canción. Pero así fue. La lenta introducción de la guitarra me tomó por sorpresa. Recuerdo que pensé, *¿Qué fue eso? ¿Por qué es tan padre?* La batería empezó a escucharse y la canción comenzó con el cantante, Brad Delp, diciendo que ponía música para iniciar el día. Recuerdo que esta línea me cautivó porque yo hacía lo mismo. De niña me despertaba todos los días y escuchaba música de inmediato. Ninguno de mis días empezaba oficialmente sin una canción. Tenía una pequeña radio de plástico de RadioShack que usaba pilas AAA. Sacaba la antena para tener mejor recepción y escuchaba las estaciones de radio locales. En aquella época, ponían la misma tanda de canciones una y otra vez, así que te aprendías las letras muy pronto. La primera canción que escuchaba era un presagio de la energía que tendría ese día. Solía jugar el juego de preguntarle a la radio algo y en cuanto la encendía y se escuchaba la primera canción, esa era la respuesta a mi pregunta. Las preguntas eran cosas muy tontas como: "¿Tendré la lonchera roja de Menudo que tanto quiero?" o "¿Algún día tendré mi propia cama?".

Siempre quise salir de mi pueblo para explorar el mundo. Tal vez eso era porque me encantaba mirar al cielo, y las estrellas eternas en el cielo de un pueblo pequeño hacen que te des cuenta de que hay mucho por ver en otros lugares que no conoces. Estaba sentada en el coche escuchando esta canción y recuerdo que miré hacia arriba y encontré la estrella a la que le pediría mi sueño nocturno. Cerré los ojos y el coro de la canción empezó a sonar. *"More than a feeling..."*

El coro coincidió con mi deseo y sonreí como si fuera la primera vez que le hubiera pedido un deseo a una estrella. Me sentía como si estuviera en un video musical, con la letra de la canción ajustándose perfectamente a mis pensamientos. Mi deseo de esa noche era dejar San Juan, Texas, explorar el mundo y llevarme a mi familia conmigo. Esa canción me hizo sentir que era capaz de lograrlo. Pedí el deseo y, después, incluso me dije: "Cris, debes recordar este deseo por el resto de tus días… ¡Es el deseo más importante que tendrás en toda tu vida!". Y así lo hago hasta la fecha. Todo el tiempo traigo a mi mente esa noche. Y pienso lo frecuente que era para mí empezar el día (con la radio) y terminarlo (con la estrella) sintiéndome llena de esperanza.

Quizás se pregunten cómo una niña tan pequeña era capaz de pensar de esta forma. Bueno, mi familia no tenía dinero. Éramos pobres. La mayor parte del tiempo, yo estaba demasiado ocupada para darme cuenta de esto porque tuve una infancia feliz. Pero había ocasiones en que la verdad brutal era demasiado dura para ignorarla. En realidad, si yo fuera un superhéroe, este podría considerarse el origen de mi historia: una historia que comenzó en el código postal 78589.

Mi ciudad natal se parecía a muchos pueblos pequeños que encuentro cuando voy de gira con mis shows de comedia en vivo. Sentía como que era un lugar en medio de la nada, un sitio que para otros podría parecer un punto olvidado en un mapa. Pero para mí, era el mejor lugar de la Tierra. Era el tipo de pueblo en que las familias salían en caravana si el equipo de fútbol de una secundaria lograba llegar a las eliminatorias. Un pueblo en el que (antes de los días de Kickstarter) el mayor esfuerzo para reunir fondos era vender los sábados platos de pollo en el estacionamiento de una escuela. Consistían en una pieza de pollo, un par de guarniciones y el infame pan tejano. Si no saben cómo es el pan tejano, permítanme explicarles. Es una rebanada gruesa de pan de caja que parece como si fueran dos rebanadas. Lo llamamos pan tejano porque es más grande que cualquier otro pan, y si algo aprendí de haber crecido como una tejana, es que si algo es más grande de lo que normalmente uno encuentra, solo hay que llamarlo la versión tejana de esa cosa. ¡Porque vaya que sí lo es!

Si nunca han visitado Texas, tal vez piensen que hay vacas por todas partes y hombres y mujeres vestidos con trajes de vaqueros, porque así los retratan en los programas de televisión grabados en Texas. Pero quisiera tomarme un minuto para sacarlos de este error. En Texas, las vacas también usan sombrero de vaquero. Sí, crecí con amigos que iban a rodeos, y sí, había hombres que llevaban sombrero de vaquero todos los días como si estos estuvieran pegados a sus cabezas, pero hay muchas más cosas en el estado, específicamente en la zona de mi pueblo. Era una parte de Texas que yo no veía muy seguido en la televisión, si acaso llegaba a salir. El estado de Texas en el que crecí era muy diferente. Era un híbrido entre Texas y México. Era un lugar en el que ir y venir entre los dos países era algo común para muchos. Un lugar en el que se escuchaba la palabra *tejano* una y otra vez: un término para describir a la gente de ascendencia mexicana que vivía en el sur de Texas, y también para describir un estilo de música que era mexicano con influencia alemana y de polca.

Cuando digo que crecí en el sur de Texas, de verdad me refiero al SUR de Texas. Cuando le cuento a la gente esto, muchos preguntan: "¿Te refieres a San Antonio?". Siempre les contesto que estoy a cuatro horas de San Antonio. Entonces me preguntan: "¿En Corpus Christi?", y les digo: "Crecí a dos horas de Corpus Christi". Entonces es cuando se cansan de mí y se alejan creyendo que soy de San Antonio.

Paso mucho tiempo educando a la gente sobre este otro mundo que existe en la punta del estado, pero no me importa. Me encanta hacerlo porque creo que es un lugar muy especial. Supongo que debería empezar por decir que, como es un pueblo fronterizo, todos los que viven allí trabajan para el cartel. La mascota de mi secundaria era "La Narco-Mula Guerrera". Por supuesto que es una mentira, pero quería empezar con la visión caricaturesca que tanta gente atribuye equivocadamente al lugar que me formó. No todos somos narcotraficantes. No todos somos criminales. La gente con la que crecí era muy trabajadora, quería lo mejor para sus familias y se sacrificó muchísimo para garantizar que las generaciones futuras tuvieran una vida un poco más fácil que la de sus ancestros. Muchas de las familias que conocí eran agricultores migrantes, o sea, que trabajaban en el campo, recogiendo la cosecha a cambio de muy poco dinero. Se iban al norte una parte del año y a veces regresaban, a veces no. Aprendí cuando era niña que cada vez que tenía que despedirme de alguno de mis amigos campesinos migrantes, tal vez nunca lo volvería a ver. Me acostumbré.

Lo único que no extraño de mi vida en San Juan es el clima. Los veranos eran un verdadero infierno. Odiaba el verano, sobre todo porque, una vez que pudimos comprar un coche, tenía asientos de vinilo, así que debíamos poner toallas antes de sentarnos para no lastimarnos la piel. Si olvidabas tu toalla, las marcas rojas que te quedaban en la piel por los asientos que el sol dejaba ardiendo hacían que nunca la volvieras a olvidar. No teníamos aire acondicionado ni en el coche ni en la casa. Yo ni siquiera sabía que había casas con aire acondicionado. Creía que solo las empresas lo tenían porque cuando íbamos a tiendas o a la escuela, siempre estaban frescas y me sentía a gusto. Para vencer el calor, mi familia llenaba un atomizador con agua y nos rociábamos todo el cuerpo. Luego nos parábamos frente a un ventilador giratorio (sí, teníamos el dinero suficiente para comprar un ventilador que se moviera) y esperábamos hasta que el agua se enfriara lo más posible.

Los inviernos eran duros para nosotros porque la única fuente de calefacción que tuvimos durante años era un pequeño radiador. La temperatura bajaba tanto por la noche que, durante el invierno, dormíamos bajo dos o tres cobijas para tratar de compensar la falta de calefacción. Además de los veranos sofocantes y los inviernos helados, también teníamos temporada de huracanes, porque el Valle del Río Grande está cerca del Golfo de México. Cada vez que un huracán o una tormenta tropical llegaba cerca de nosotros, debíamos estar listos, lo que significaba que mi familia debía ir a la tienda de abarrotes a comprar pilas, una hogaza de pan, un galón de agua y crema de cacahuete. Aunque ese combo resulte ilógico, era para lo que nos alcanzaba el dinero. Es lo que me parece interesante sobre prepararse para las catástrofes: tu nivel de prevención depende de tu nivel económico. Si eres rico, tu límite es el cielo. Si eres pobre, haces lo que puedes con tu dinero y rezas para que te vaya bien. Poníamos tiras de cinta plateada en forma de cruz sobre las ventanas para que, si se estrellaban, lo hicieran en fragmentos grandes y así se pudiera limpiar más fácilmente (ahora a la gente la disuaden de hacer esto). Incluso sellábamos las ventanas si parecía que estábamos en peligro inminente de que nos golpeara el huracán. Mi familia trataba de protegerse tanto como podía, pero de todos modos éramos muy vulnerables porque nunca nos íbamos de nuestra casa y esta no era lo suficientemente resistente para soportar la fuerza de la Madre Naturaleza. No íbamos a albergues porque, en aquella época, realmente no sabíamos dónde buscar información sobre dónde ir (esto fue muchos años antes de que existiera algo llamado "internet"). Recuerdo que en una ocasión buscamos refugio. No recuerdo cuántos años tenía, pero estaba en una edad en la que por fin entendí cuán devastador podía ser un huracán. Fuimos a la panadería de nuestra vecina porque aquella vez la tormenta fue tan fuerte que mi mamá se preocupó mucho de que algo le sucediera a nuestra casita. Agarramos nuestra hogaza de pan y el galón de agua y nos fuimos.

Recuerdo haber estado resguardada en la panadería con mi familia durante aquél huracán. Mi hermano Eloy tocaba la guitarra y se la había llevado porque era su posesión más preciada; su guitarra era como otro hermano en la familia. Me enseñaba canciones para que las cantara mientras él tocaba. Ese día interpretamos todo el álbum de U2 *The Joshua Tree*. En realidad, creo que me quería distraer por si las cosas se ponían feas. Recuerdo que no podía ver por las ventanas porque no me dejaban acercarme a ellas. Entonces todo quedó en silencio. Pensé que la tormenta había pasado, pero nadie estaba seguro. Fue cuando los adultos me dijeron que quizás la tormenta no había terminado; que era posible que estuviéramos en el ojo del huracán, lo que significaba que estábamos en la parte donde los vientos eran tranquilos y que pronto volvería a empezar. En ese momento, me quedé pensando en todo lo que mi familia poseía, que no era mucho. Me pregunté si tendríamos una casa adonde volver. También me pregunté si me dejarían comer un poquito del pan dulce de la vecina.

La casita en la que vivíamos era un jacal. Era de madera y algunas partes estaban podridas. Tenía una puerta al frente, una puerta trasera y otra en el baño. El resto de la casa era un espacio abierto. En el interior había una sala, un baño, una cocina y dos habitaciones pequeñas divididas por una pared, pero no había puertas que separaran los cuartos. Así que todos vivíamos juntos sin absolutamente ninguna privacidad. Nuestro baño tenía regadera, pero el excusado no servía. Lo hacíamos funcionar llenando cubetas de agua y echándolas en la taza, lo que hacía que la suciedad se drenara. El baño no tenía luz, así que si teníamos que bañarnos cuando ya se había ocultado el sol, había que hacerlo en la oscuridad total. A mí me gustaba bañarme de día, pero elegía la noche porque teníamos cucarachas por todas partes y prefería no verlas si podía evitarlo. Eran como otra familia con la que compartíamos la casa. Eran grandes y oscuras. A veces me metía a bañar y veía un montón de cucarachas caminando por las paredes. Me llenaba de terror y lloraba, pero no tenía más opción que bañarme con ellas.

La cocina era pequeña. Teníamos una estufa que más o menos funcionaba bien y un refrigerador. La tubería debajo del fregadero estaba en malas condiciones y acabó por formar una gotera que se quedó sin arreglar porque no teníamos dinero para eso, así que con el paso del tiempo tuvimos que poner una tina de plástico grande debajo del fregadero y la vaciábamos una o dos veces al día. Con los años, el goteo pudrió la madera y tuvimos un agujero en la cocina por el que a veces se metían ratones y se convertían en nuestros compañeros de hogar junto con las cucarachas.

Teníamos dos camas: una individual que mi mamá y yo compartíamos hasta que terminé la secundaria y una cama *queen* que mis hermanos compartían. Nuestra cama individual estaba pegada a una ventana que durante mucho tiempo no tuvo persiana. No podíamos cerrar la ventana en el verano porque en las noches hacía mucho calor; cualquier soplo de viento nos ayudaba a refrescarnos. Yo era quien se dormía juntito a la ventana, a veces con el temor de que alguien se acercara y me sacara de la casa en un instante porque estaba abierta y el barrio no era muy bueno que digamos.

Viví en aquella casa de los ocho a los dieciocho años y después durante unos años cuando ya tenía veintitantos. Soy consciente de que a la mayoría de la gente esta casa no le parecería gran cosa, pero fue mi primera casa de verdad y yo estaba muy agradecida de tenerla. Fue una mejoría comparada con el lugar donde se inició mi vida porque, hasta ese momento, mi familia y yo habíamos vivido a dos calles en un lugar que mantuve en secreto durante años.

Porque, ¿saben?, mi familia vivió ilegalmente en una cafetería abandonada durante los primeros siete años de mi vida.

¿Qué significa eso exactamente? Significa que casi éramos indigentes. Vivimos en el esqueleto de un negocio que había cerrado muchos años antes. Era un congelador en invierno y un horno en verano. El negocio no se había construido como vivienda, pero una vez más, mi familia representó el verdadero ejemplo de ese refrán que dice: *El que quiere, puede.*

Mi mamá cocinaba en un radiador que ponía de cabeza para que sirviera como asador. Para tener electricidad, usábamos una extensión naranja que estaba conectada a la casa del vecino. Nuestra cocina era un cuarto vacío que tenía un mostrador largo en la parte trasera y un viejo refrigerador de General Electric. Recuerdo muy bien ese refri porque me encantaba su logotipo. Después de que mi mamá me bañaba, me cargaba hasta el refri para que tocara el logo con mi manita recién lavada.

La cafetería en la que vivíamos tenía un baño exterior. Allí nos bañábamos y luego teníamos que caminar hasta la cafetería. En invierno, cuando el clima estaba demasiado frío, nos bañábamos dentro de la cafetería para no caminar en el frío. Mi mamá ocasionalmente traía a casa una cubeta de plástico de diez galones, que había sido de pepinillos, del restaurante mexicano en el que trabajaba. La llenábamos para limpiar los pisos, pero durante el invierno, esa cubeta también se convertía en nuestra regadera. Mi mamá calentaba agua y la llenaba. Metíamos la tina de metal en la que lavábamos a mano nuestra ropa y nos parábamos adentro, en medio de ese frío despiadado, y nos echábamos tazones de agua tibia encima.

A la gente le encanta preguntarme cómo fue que terminamos así, imaginando una caída en desgracia, cuando en realidad íbamos superándonos. Mi madre fue una mamá soltera que crio sola a sus cuatro hijos. Debería mencionar que mi mamá tuvo cuatro hijos con el mismo hombre, mi padre. Habían estado casados durante años. Muchas veces, cuando menciono que mi mamá tuvo cuatro hijos, la gente me dice: "Bueno, tal vez tu mamá no debió tener cuatro hijos si no podía mantenerlos" porque, como ustedes sabrán, esa es la *única* razón de ser pobres. *Tenía* que ser culpa de la irresponsabilidad de una madre soltera latina. La verdad es que terminamos así porque mi mamá abandonó a mi padre, que era un abusador y estaba constantemente borracho. Él tenía otra familia y mi mamá lo ignoraba. Fue la primera mujer de mi familia que abandonó a su esposo y, como esto fue hace muchas décadas, rompió barreras. Nunca se divorció de él porque se había casado por la Iglesia y, como era católica, esa no era una opción para ella. Nunca buscó ni pensó en tener a otro hombre hasta el día en que murió. (Seguramente ahorita están pensando, *¿Y este libro lo escribió una* comediante?).

Crecer en una familia católica fue muy bueno para mí, pero eso era porque mi mamá seguía su propia filosofía en lo relacionado con el catolicismo. Estaba de acuerdo con la idea de amar y ayudar a la gente, pero también me enseñó que ser católica significa romper las reglas a veces con el fin de ser feliz, como cuando abandonó a mi padre. Yo soy la única que no llegó a conocerlo. Mis hermanos y mi hermana crecieron con él durante un tiempo, pero yo nunca supe siquiera cómo era físicamente. Mi mamá una vez me contó que castigó a mi padre impidiéndole conocerme… y así fue.

Recuerdo que cuando era niña, le pregunté a mi mamá quién era mi padre y dónde estaba. Creo que la agarré desprevenida. Pero, sin dudarlo, me contó que mi padre era el Santo, un luchador mexicano tremendamente famoso que usaba un traje de baño plateado y una máscara brillante plateada. El Santo era un luchador conocido en la cultura mexicana porque protagonizaba películas en las que peleaba contra vampiros y hombres lobo con sus técnicas de lucha libre. Mi mamá me contó que yo no podía saber cómo era la apariencia de mi padre porque él tenía una máscara para mantener su identidad secreta, lo cual obviamente creí porque, ¿por qué la persona que más amaba en el mundo iba a mentirme? Cuando les conté a mis hermanos y a mi hermana lo que mi mamá me había dicho, se rieron de mí e, incluso, hasta la fecha, mi hermano Eloy sigue mandándome fotos de mi famoso papá luchador en el Día del Padre y en el cumpleaños del Santo. En ellas se ve al Santo haciéndole una llave de lucha libre a una momia y la dedicatoria: *¡Espero que le hayas deseado a tu papá un feliz Día del Padre (o un feliz cumpleaños)!*

Hubo una única ocasión, años después de que mi mamá lo había abandonado, en que me senté junto a él, pero aun así no llegué a conocerlo. Mi mamá necesitaba que mi papá fuera con ella a un abogado de inmigración para obtener la residencia permanente. Él tenía que firmar algo porque técnicamente seguían casados. Mi mamá me dijo que debía ir con ellos ese sábado por la mañana, pero me puso unas reglas. Yo debía mirar hacia el suelo desde el momento en que él apareciera y no hablarle. No me permitía mirarlo y me amenazó con pegarme si me descubría mirándolo a la cara. Ese día, él vino por nosotras en su *pickup*. No tenía consola como las camionetas de ahora; en el frente solo había un asiento largo. Subí a la camioneta y me senté junto a mi mamá y mi papá durante unos cuarenta y cinco minutos de ida y otros tantos de vuelta, sin decir ni pío. Él trató de hablarme un par de veces y mi madre le dijo que yo no iba a decir una sola palabra. Recuerdo haber visto la mano derecha de mi padre. Era morena y tenía líneas por todas partes, como si hiciera mucho trabajo físico. Eso fue lo único que pude ver. Su mano.

Miré hacia el suelo y no hablé durante horas. Sentía como si ese rato nunca fuera a terminar. En cuanto nos dejó, bajé de la camioneta y corrí. Fue la única vez que tuve contacto con él.

Debo mencionar que, así como no conocí a mi padre, tampoco llegué a conocer a muchos miembros de mi familia. Conocí a mi abuela paterna bastante bien, pero la mayoría de los familiares por parte de mi padre no existió para mí. Tenía una tía y un tío de esa familia que ocasionalmente venían a visitarnos. Recuerdo una de esas visitas, en la que me dieron un teclado de plástico rojo que me encantaba tocar. Usaba pilas y hasta la fecha recuerdo la melodía de demostración que tenía. De repente, esa parte de la familia dejó de visitarnos por completo. De vez en cuando mi mamá se encontraba con algún pariente y platicaban un rato como si yo no existiera. Y para ser honesta, no creo haber *existido* para ellos. Me decían "la niña" cuando se referían a mí: "la niña". En cierto modo, aunque mis papás seguían casados técnicamente, siempre sentí que me trataban como si hubiera sido una hija ilegítima, alguien que en realidad no cuadraba en el esquema de las cosas con tías, tíos y primos. Me sentía como el sexto dedo de la mano de alguien. Mi apariencia era como la de los demás, pero la gente se daba cuenta de que yo estaba fuera de lugar. Nunca llegué a conocer a muchos parientes de mi familia materna porque cuando era niña y vivía en la cafetería, mi mamá era una indocumentada y la mayor parte de su familia vivía en su pueblo mexicano. No podía regresar a visitar a sus parientes porque era demasiado riesgoso, así que la mayoría de sus familiares eran como personajes de los cuentos que me contaba en mi niñez. Sí tenía un hermano que se llamaba José y vivía en los Estados Unidos, en Harlingen, Texas, pero vivía a una hora de camino de nosotros, así que lo veíamos muy pocas veces.

Sabía que había crecido siendo pobre, pero eso era algo de lo que no hablaba porque me daba vergüenza. Esa vergüenza venía de tantos años en que los niños de la escuela señalaban lo pobre que yo era, como esa vez (y la única), en que una amiga mía me llevó a casa después de la escuela primaria y, cuando estábamos en el coche entrando a mi barrio, su mamá empezó a narrar nuestro viaje en carro como si fuera un documental de National Geographic. "Bueno, esta es la parte del pueblo a la que normalmente no venimos. Aquí es donde viven los 'del otro lado'. Tu amiga vive en el lado equivocado del camino", dijo. Aún ahora puedo escuchar la voz de la mujer dentro de mi cabeza porque fue la primera vez que un adulto señaló que realmente yo era muy pobre. (La mujer era una maestra de mi escuela y eso me hizo sentir mucho peor). Al día siguiente, mi amiga se acercó para hablar conmigo y me contó que durante el resto de la noche, su mamá le estuvo repitiendo lo agradecida que debería estar por tener todo lo que tenía porque "su amiga" no tenía nada. Yo no entendía por qué esa mujer se sentía tan a gusto hablando así del lugar donde yo vivía, enfrente de mí. Fue casi como si pensara que por crecer en la pobreza me había vuelto sorda a las críticas.

Los niños se burlaban de mí por muchas cosas. Yo nunca tuve los tenis o la ropa que estaba de moda. Hubo una época en segundo grado en que usaba una bolsa morada de whisky Crown Royal como lonchera porque habíamos ido a una fiesta de quince y allí había una y me pareció bonita. Entonces mi mamá, que era un genio del reciclaje, decidió usarla como lonchera para mí. Los pobres somos quienes inventamos el reciclaje; siempre encontramos la forma de hacer que las cosas funcionen. La gente rica ahora recicla como parte de la vida, pero ignoran lo que es el verdadero reciclaje. ¿Sabían que la gente con dinero consume un bote de mantequilla y luego desecha el recipiente? ¿Por qué? Cualquier persona pobre o imaginativa sabe que cuando terminas la mantequilla, lavas el recipiente, le metes sobras y te diviertes con el juego más asqueroso del mundo, que se llama "¿Será mantequilla?". (Y: nunca es mantequilla).

La primera vez que me atreví a contarle a alguien sobre la pobreza en la que crecí fue en el año 2000, la primera vez que fui a vivir a Los Ángeles. Estaba comiendo con unos amigos gay y la conversación llevó a uno de ellos a contar lo pobre que había sido de niño. Su familia había vivido en una iglesia vieja. Nos describió la forma en que vivían: no tenían plomería, ni muchas otras cosas. Cuanto más hablaba, más conocida me parecía su lucha. Le empecé a contar sobre lo pobre que había sido mi familia y en cuanto empecé a describirlo, no pude parar. Era como si hubiera abierto una esclusa. Cuanto más hablaba, más asentía mi amigo porque sabía exactamente de qué estaba hablando. Sentía que debía contar mi historia lo más rápido posible porque la había estado ocultando

durante mucho tiempo. Después de mi soliloquio sobre la benefi-
cencia pública, mi compañero del mismo dolor me pidió que des-
cribiera la casa en la que había crecido y traté de hacerlo, pero no
pude expresarlo en palabras. Le conté que era una gran habitación
sin paredes, parecida al tamaño de la cafetería en que vivímos. Le
mencioné que el primer lugar en el que mi familia había vivido también tenía un mostrador. Le señalé el mostrador de la cafetería en la
que estábamos comiendo, y le dije que era similar, pero que el nuestro estaba más sucio y era más viejo. Hizo una broma: "Parece como
si hubieras vivido en una cafetería". Lo miré y le confesé que así
había sido. Nunca había expresado esas palabras en voz alta; nunca
se lo había contado a nadie. A mis amigos les pareció fascinante y
empezaron a preguntarme sobre mi vida y por primera vez sentí
que podía ser completamente honesta con la gente sobre mi pasado
y supe por qué había sucedido. Cuando mi amigo fue tan honesto
sobre sus difíciles años de la infancia, me hizo sentir que estaba bien
compartir mi historia porque no me sentía sola.

A lo largo de mi niñez, me di cuenta de que eso por lo que tanto
luchaba era liberación. Un mundo de libertad en el que mi familia
y yo pudiéramos tener más, y no solo lo mínimo. Si había un momento en el que quería soñar, ponía el disco de Boston y escuchaba
"More Than a Feeling". Me sentaba en el piso y escuchaba la letra
porque para mí era literal. Cuando era niña, todo lo que quería era
un muñeco Cabbage Patch. Era el juguete que todas las niñas querían y yo sabía que nunca lo tendría. De hecho, muy pocas veces tuve
juguetes nuevos. Mi favorito era un viejo Big Bird de Sesame Street
que mi mamá me había comprado en una venta de garaje por una
bicoca. Pero mi hermana, Julie, consiguió un trabajo de mesera en
el restaurante donde mi mamá cocinaba y ahorró para comprarme

un muñeco Cabbage Patch. Lo había apartado para regalármelo en Navidad. A veces no teníamos comida, pero allí estaba mi hermana comprándome un muñeco Cabbage Patch porque sabía lo que era no tener cosas y no quería que yo sintiera lo que ella había sufrido. Todavía recuerdo la felicidad que sentí cuando recibí ese muñeco… Un niño blanco de cabello castaño claro que llevaba una sudadera roja de fútbol. Lloré porque no podía creer que estaba abrazando uno de esos muñecos… y que era mío.

Verán, ese es el tipo de sacrificio que mis hermanos y mi mamá hacían por mí, y por eso los amo. No es mi intención hablar por todos y generalizar, pero en el lugar donde crecí, en mi barrio, la dinámica familiar era muy diferente porque las familias no solo estaban compuestas por padres e hijos. En algunas, a veces los parientes tenían otros deberes. Mi hermana debía cuidarme cuando yo era bebé porque mi mamá trabajaba en un restaurante. Mi hermano mayor, Rubén, de adolescente tenía que trabajar para ayudar con el dinero, así que él fue una figura paterna para nosotros. Mi hermano Eloy me enseñó a practicar deportes y me guio como un segundo padre. Todos teníamos que hacer lo que fuera necesario para sobrevivir. Eso lo tenía claro.

Tal vez por tener el tipo de cimientos familiares que tuve desde el inicio de mis días siempre consideré que todo lo que hiciera no era solo para mí, sino para mi familia. Mi sueño siempre era mayor que yo, era más grande de lo que yo podía describir. Sé que suena ridículo, pero por eso "More Than a Feeling" fue tan importante para mí. Usaba el título de esta canción como un mantra que repetiría durante toda mi vida cuando no podía explicar por qué me sentía de cierta forma con respecto a mi sueño.

Viniendo de un mundo en el que nos preguntábamos si tendríamos futuro para luego preguntarnos qué deberíamos *hacer* con nuestro futuro, mi sueño de salir de mi pueblito para explorar lo que había afuera se cumplió con creces, no solo para mí, sino para mi familia. Ganamos.

Cada vez que algo maravilloso me sucede, escucho "More Than a Feeling" y sonrío. Me recuerda una época en la que me di cuenta de que un sueño no tiene por qué tener sentido para todos siempre y cuando lo tenga para ti. Es curioso que, después de todas estas décadas, todavía no pueda describir cómo me hace sentir esa canción.

De verdad que es MÁS que un sentimiento... y así lo acepto.

Yo, con apariencia de Dora la Exploradora. La pequeña construcción del fondo es el baño externo que teníamos cuando vivíamos en una cafetería abandonada.

"SAY YOU, SAY ME"
LIONEL RICHIE

En ocasiones me pongo mis shorts marca OP, amarro las agujetas de mis tenis K-Swiss, meto un casete en mi Walkman Sony y pienso: *¿Por qué a la gente le encanta vivir en el pasado?*

Voy a sonar como su abuelita, pero ahí les va: ¿Por qué no me han llamado por teléfono? No hablo de enviar mensajes, ni hacer videoconferencias por Skype ni por FaceTime. *Por teléfono.* Yo era niña en los años 80. En aquella época, no teníamos Google; teníamos enciclopedias (una enciclopedia es como Google, pero en libros). No podíamos atascarnos de programas de televisión. De hecho, era lo contrario. Si te perdías un episodio de una serie, a veces lo habías perdido para siempre. No los repetían, así que si eras aficionado a un programa como *Lazos familiares* y te lo perdías una semana, tal vez no sabías que Tom Hanks interpretó a un tío alcohólico en ese episodio.

La televisión era muy diferente de la televisión que conocen ahora. Bueno, si están de pie, quiero que se sienten porque les voy a decir algo que los va a impresionar. ¿Ya están sentados? Estoy hablando en serio. Bueno, ahí les va: los canales de televisión NO transmitían las veinticuatro horas del día. ¿Pueden creerlo? Los canales empezaban y terminaban todos los días. Al final del día, ponían "The Star-Spangled Banner" y después la imagen se volvía estática hasta la mañana siguiente. Ya lo sé: el impacto de mis palabras los ha de haber dejado petrificados. Pero déjenme petrificarlos todavía más. Vuelvan a sentarse (o siéntense MÁS, si encuentran la forma de hacerlo). No teníamos tantos canales como ahora. En lugar de cuatrocientos canales, había alrededor de treinta, pero SOLO si en casa había televisión por cable. De repente me siento como un profesor que está dando clase de historia por todo lo que les estoy contando.

Cuando por fin mi familia tuvo televisión por cable, no entendíamos en lo que nos estábamos metiendo. A mis hermanos y a mí nos presentaron MTV, un canal en donde salían películas cortitas musicales que se llamaban "videos" y que captaban la esencia de diferentes canciones. ¿Qué? ¿Radio visual? ¡Sáquense de aquí! Éramos muy pobres, pero siempre tuvimos televisión por cable. Para mi familia, era lógico gastar dinero en eso porque yo estaba sola en casa. Mis hermanos y mi mamá iban a trabajar y me dejaban solita con la televisión como mi niñera. Creían que, si me entretenía, no iba a pensar tanto en que estaba sola. Y funcionó.

Volvía a casa y hacía mi tarea viendo la televisión y me perdía entre los canales. MTV era uno de mis favoritos porque me encantaba la música. Recuerdo que me obsesioné tanto con "The Greatest Love of All" de Whitney Houston que veía el video una y otra vez para tratar de memorizar la letra. Tenía un cuaderno de Hello Kitty y, cada vez que ponían la canción, me sentaba en frente de la tele y escribía una nueva frase. Cuando por fin tuve la canción completa, sacaba el cuaderno y cantaba junto con Whitney Houston. Podía cantar tan fuerte como quisiera porque, de nuevo, era una niña que se quedaba sola en su casa por las tardes. Mi meta era aprender a mantener una nota larga como hacía Whitney al final de la canción. Practicaba y practicaba todos los días hasta que una vez mantuve la nota sin tener que respirar. Me emocioné mucho.

Con todo y eso, no me gustaba estar sin nadie más en la casa. Desde muy pequeña me dejaban sola y, cuando eres niño, cualquier cosa te puede asustar. Una cobija puesta de una forma rara podía crear una sombra que parecía un monstruo. Escuchaba ruidos, pero no me atrevía a investigar porque me daba miedo encontrar algo. Trataba de ver en la tele cualquier cosa para olvidar la idea de que algo podía sucederme. Estaba muy agradecida de tener televisión por cable porque, de cierta manera, no solamente se había convertido en mi mejor amiga, sino que se había vuelto mi cobijita protectora.

A mi familia le encantaba la televisión por cable tanto que pagamos por un canal supercaro que se llamaba Home Box Office. Sí, HBO. Era un canal de películas. Ni siquiera puedo expresar en palabras cómo me cambió la vida porque yo nunca iba al cine. No sabía que había salas de cine hasta que mi hermana me llevó a ver mi primera película en una sala: *Sesame Street Presents: Follow That Bird.* Después me llevó a ver *The Muppets Take Manhattan* en el centro comercial La Plaza, pero era tan caro para nosotros que no era una actividad frecuente. Si tuviera que calcular, diría que fui al cine menos de diez veces durante los primeros dieciocho años de mi vida. Mi familia consideraba en ese entonces que tener HBO era más barato que derrochar dinero en un boleto de cine, aunque tuviéramos que esperar meses para ver los grandes éxitos.

Bueno, en realidad, déjenme corregirme porque dije una mentira. Sí íbamos al autocinema los lunes, pero eso no lo conté. El autocinema al que íbamos proyectaba películas en español. Muchas de ellas se parecían y tenían al mismo dúo de protagonistas: los hermanos Almada. En las películas siempre salía uno o los dos hermanos Almada tratando de hacer lo mismo: usar sus balas para el bien y no para el mal. Todas las tramas incluían disparos entre ellos y los chicos malos (tal vez narcos) y se disparaban entre sí eternamente porque los dos bandos eran terribles para atinarle al enemigo y nunca necesitaban volver a cargar sus armas. Por lo general veíamos una tanda de dos películas, pero me quedaba dormida muy pronto, durante la primera película.

Cuando conocí a HBO, no entendía lo que estaba viendo. No entendía cómo era posible que viera una película que había estado en los cines meses antes. Por desgracia, como era un nuevo concepto, no tenían la cantidad de programación que hoy existe. No había series originales como hoy en día, así que, en aquel entonces, repetían las mismas películas una y otra vez, cosa que no me importaba porque me permitía memorizar todo lo que quería de las que eran mis favoritas.

La mayor parte de las películas que veía tenían como tema principal el baile. Me ENCANTABA ver a la gente bailar. Se me había vuelto una obsesión y no tenía idea del porqué. Veo en retrospectiva esa época y me doy cuenta de que, cuando algo te llega al corazón, no puedes controlarlo. Es como si vieras lo que sucede, pero no sabes exactamente QUÉ es lo que está sucediendo. Yo no tenía ninguna idea de que mi amor por las bellas artes estaba naciendo en aquel entonces y fue completamente por accidente. Mi familia no me llevaba a ver la ópera ni el ballet. Estaban demasiado ocupados trabajando para que hubiera comida en casa. No había manera de que alguien que estaba creciendo como yo tuviera contacto con el arte en mi vecindario, así que la televisión por cable me llevó el arte a casa.

Las películas que más me impresionaban eran las de *breakdance* porque no solamente muchos bailarines eran como yo (morenos), sino que provenían de vecindarios que me recordaban al mío; y muchas de las historias eran sobre un grupo de bailarines desamparados. Podía identificarme completamente con los desamparados. No digo que esa fuera exactamente mi historia, pero en comparación con otras películas en donde salía un tipo blanco bailando bajo la lluvia por pura diversión, las películas de *breakdance* me llegaban más al corazón.

Trataba de aprenderme los pasos y logré aprender algunos. Pasaba horas tratando de girar sobre mi cabeza, pero siempre me lastimaba. Mi mamá llegó al punto de preguntarme si alguien me pegaba en la escuela porque tenía moretones, pero nunca le conté nada. Recuerdo que bailé *breakdance* en la clase de educación física en primero y segundo en días lluviosos y no, no es broma, pero quiero que vean que en ningún momento dije que bailaba este baile bien. El entrenador me pedía que lo hiciera para que todos me vieran, así que una de dos: o era tan impresionante que él pensaba que debía compartir mis dotes con todo el mundo, o era un estúpido que quería que los alumnos se rieran de mí.

La forma en que HBO funcionaba era que ponían películas que repetían interminablemente durante un mes y, pasado el mes, ponían una nueva película que repetían sin parar. Uno de esos meses, me di cuenta de que HBO no tenía ninguna película de *breakdance* con las cuales yo pudiera sacar mi caja de cartón y practicar los movimientos, pero sí pusieron una película de baile que vi y que se llamaba *White Nights*.

Hemos llegado al punto en el que debo explicar que en los años 80 había muchas películas cuyo tema era la relación entre la Unión

Soviética y los Estados Unidos. Casi era un género en sí mismo. Odio echarles a perder la película a quienes no la han visto, pero creo que, como ya tiene más o menos treinta años, habrán tenido mucho tiempo para verla. La trama gira alrededor de un bailarín ruso (interpretado por Mikhail Baryshnikov) cuyo avión debe aterrizar de emergencia en Siberia. Lo llevan al hospital, lo reconocen como un desertor y le ponen vigilancia. Conoce a otro bailarín, uno de tap (Gregory Hines) y a su esposa rusa (Isabella Rossellini). Los tres quieren desertar la Unión Soviética. Supongo que estoy diciendo que es una excelente película infantil para ver con toda la familia. Ya sé que esta trama tal vez a muchos les parezca muy retorcida. La idea de que hubiera tensiones entre Rusia y los Estados Unidos es imposible de creer porque eso fue en los años 80 y hemos evolucionado muchísimo desde entonces (espero que puedan percibir mi sarcasmo porque no hay ningún tipo de letra que pueda enfatizarlo).

Al principio, la película parecía demasiado para adultos como para que yo la pudiera ver, así que pensé que no era para mí. Pero la descripción que venía en el *TV Guide* decía que había danza, así que decidí tratar de verla. No podía entender lo que pasaba en la película. Todo era muy confuso para mí hasta que llegué a las escenas de baile con Mikhail Baryshnikov y Gregory Hines. No tenía idea de quiénes eran. Recuerden que en aquel entonces no había internet. Si queríamos aprender algo, no nos conectábamos a la red y escribíamos los nombres en Google. Primero había que inventar a Google. La versión que mi generación tenía de Google era ir a la biblioteca y buscar videos o leer artículos y libros sobre esas personas para entender quiénes eran.

Recuerdo que unos días después de ver *White Nights* por primera vez, mis hermanos y yo vimos un video musical en MTV de una

canción titulada "Say You, Say Me" de un hombre llamado Lionel
Richie. No tenía ni triste idea de quién era Lionel Richie. Ignoraba
que había sido miembro de un grupo llamado The Commodores.
Habían pasado demasiados años para que yo supiera qué era "Brick
House". Recuerden que apenas era una niñita cuando salió "Say You,
Say Me". Me parece que es una balada rockera, o sea, que es más que
la típica canción de amor. Casi todas las canciones dicen cuánto una
persona ama a otra. Una balada rockera hace lo mismo, pero a un
nivel extremo.

La canción me gustó de inmediato. Siendo una niña pequeña,
con frecuencia me sentía atraída hacia las canciones de amor y las
baladas rockeras como si mi corazón se hubiera roto constantemente desde los cuatro años (solo imagínenme azotando la caja vacía
de la leche después de que me dejaran plantada en una cita para ir
a jugar). De inmediato me enamoré del video porque tenía escenas
de la película con Baryshnikov y Hines bailando. Pero después pasó
algo inesperado que hizo que me gustara todavía más. Había un cambio repentino en el ritmo a media canción que me enloqueció. Sin
ningún preámbulo, iba desde un tempo lento hasta una explosión
de energía. De repente empezó una compilación de mis escenas favoritas de la película en la que Baryshnikov y Hines bailaban juntos
exactamente en el cambio de ritmo en el video. Me dejó con la boca
abierta. ¿Qué estaba pasando? ¿Por qué me emocionó tanto? No recordaba esa parte de la película. Pregunté qué estaba viendo y mis
hermanos me explicaron que a veces la gente escribía canciones para
determinadas películas y "Say You, Say Me" era la canción principal
de *White Nights*.

Ojalá los videos musicales todavía fueran tan populares como en
aquellos tiempos porque este es un ejemplo perfecto de cuánta fuerza

podían tener cuando estaban bien hechos. La forma en que algunos videos cuadraban con las canciones era mágica. "Say You, Say Me" hizo que me encantara *White Nights* a otro nivel porque el cambio en el ritmo enfatizaba más el baile. En la película, la escena del baile con Hines y Baryshnikov es brillante y magistral, pero la música a la que bailan en esa escena es suave y sutil. En el video de "Say You, Say Me" había un énfasis que me hacía sentir como si estuviera viendo algo extraordinario. Es un poco cómico pensar que mientras la mayoría de los niños cantaba las típicas baladas rockeras infantiles como las de Parchís o Timbiriche, yo rockeaba con una canción que tenía fragmentos de un drama sobre unas personas que quieren huir de la Unión Soviética. Las típicas cosas de niños.

La siguiente vez que estuve sola en mi vida de "niña solitaria mientras su mamá trabaja", vi *White Nights* y esperé a que llegaran las escenas del baile. Cuando salieron, me parecieron mágicas. Esos dos hombres se movían por el piso de una forma hermosa y sin hacer esfuerzo. Me quedé repitiendo la canción de Lionel Richie en mi cabeza infinidad de veces, recordando cómo mi mente se quedó impresionada por ese cambio de ritmo. Pensé: *Tengo que hacer lo mismo que hacen ellos. Tengo que aprender a bailar como ellos.* Desde ese momento, cada vez que salía la película, esperaba por las escenas de baile y, despacito, trataba de imitar sus movimientos lo mejor que podía y me aprendía la rutina por partes. Cuando movían los pies hacia la izquierda, así lo hacía yo. Si daban tres pasos atrás, así lo hacía yo. Cuando saltaban alto en el aire y caían de pie, los miraba atentamente (no podía hacer todos los pasos; no tenía ni idea de lo que estaba haciendo).

Al final logré conseguir "Say You, Say Me" en vinilo. En aquella época, se podían comprar discos sencillos de las canciones que te gustaran y se les llamaba "discos de 45" por la velocidad a la que había que ponerlos en el tocadiscos para poder escucharlos. Siempre que estaba sola en casa veía la película y aprendía los pasos o escuchaba el disco para tratar de recrear la parte instrumental de la canción.

Me encantaba escuchar la canción mil veces seguidas. Empezaba tan despacio. El video iniciaba con una imagen del sol. Me encantaba que fuera una canción de amor, pero parecía una canción de amigos. Recuerdo que algunas partes de la letra me llegaban al alma porque parecían llenas de esperanza. Decían que debes creer en ti mismo, que eres un triunfador. La canción me servía de plática motivacional. Cada vez que escuchaba el cambio de ritmo, me levantaba y bailaba toda emocionada por la casa. La canción terminaba con el mismo tempo lento del principio y yo sentía que eso destacaba más el cambio de ritmo porque, como era una niña, pensaba que era como si hubiera una sorpresa a la mitad.

El tiempo que pasaba en casa mientras mi familia trabajaba, poco a poco se convirtió en un programa continuo de talento que yo escenificaba para un público inexistente. Bailaba sin descanso para mí misma. Cuanto más me aprendía la rutina, más imparable me sentía. No sé si lo hacía bien, básicamente porque, como ya dije, nunca bailé delante de nadie. Pero les diré algo: sentía que me salían muy bien casi todos los pasos que podía hacer. En cuanto aprendí la rutina del dúo Baryshnikov/Hines, sentí deseos de vencer un obstáculo aún más grande: quería aprender a bailar tap como Gregory Hines.

Baryshnikov es fenomenal, legendario. Hay que ser maravilloso para que alguien como yo (una niña mexicoestadounidense que crecía en la pobreza en un pueblo fronterizo) sepa quién eres en una época en que (de nuevo) la gente tenía que esforzarse para poder conocerte… Pero Gregory Hines… era eléctrico para mí. Zapateaba en el piso creando tales sonidos de tap que yo no podía creer que los hiciera una sola persona. No tenía idea de lo que estaba viendo, mucho menos de cómo se llamaba. No era como el baile que estaba acostumbrada a ver en otras partes. Era hermoso y él era hermoso porque su piel era morena como la mía. No fue hasta que me hice adulta que me di cuenta de que, de niña, en secreto anhelaba que cualquier persona que según yo se parecía a mí iluminara la pantalla para hacerme sentir esperanza.

(DESCARGO DE RESPONSABILIDAD: Esta es la parte de la historia en que la gente empieza a pensar: *Pero Gregory Hines no era latino*. Quiero explicar la burbuja en que viví de niña. Crecí en una comunidad muy poblada por mexicanos. Personalmente no estuve expuesta a mucha diversidad hasta que me convertí en adolescente y empecé a visitar a mi hermana en Dallas. Incluso era raro ver a gente blanca en mi barrio. Gran parte de mi exposición a diferentes grupos étnicos provenía únicamente de la televisión y de las películas que veía. Mi familia no iba de vacaciones a otros lugares del país. El único sitio al que viajábamos era México para visitar a la familia. Cuando era niña, pensaba que todos los que tenían la piel oscura se parecían a mí. Sin saberlo, anhelaba por una conexión con la gente que era como yo y que salía en la pantalla porque me hacía sentir que, si ellos hacían lo que hacían, yo también podría.)

Quería tomar clases de baile. Había un par de chicas en mi escuela que tomaban clases, así que pensé en preguntarle a mi mamá si yo también podía. Recuerdo su respuesta como si fuera ayer: "Ah, claro que puedes tomar clases de baile. Pero primero, diles a tus hermanos que van a tener que morirse de hambre porque quieres tomar esas clases y yo te llevaré". Así que… eso no solo fue un "no", sino también un recordatorio de que mi familia apenas sobrevivía y de que soñar era un lujo que no podíamos permitirnos.

Mi mamá solía decir: "Los sueños son para los ricos. La gente como nosotros necesita pensar en sobrevivir". Se me partía el corazón cuando decía eso. ¿Por qué yo no podía soñar como los otros niños? ¿Por qué *mis* esperanzas y sueños no importaban? Era porque a *ella* le habían dicho lo mismo. A ella le dijeron que sus esperanzas y sueños no eran importantes. Mi mamá quería ser cantante. Pero ¿cómo se convierte alguien en cantante si crece en un pueblo que no tiene ni luz ni agua corriente?

Cuando mi mamá me dijo que no podía tomar clases de baile, me partió el corazón. Escuchaba a las niñas de mi escuela cuando decían cuánto odiaban el baile, cuántas ganas tenían de dejarlo porque era "aburrido" y eso me hacía enojar un montón porque daban por hecho ese regalo. No se daban cuenta de lo afortunadas que eran. Pensaba que estaba desperdiciando mi talento y no, no sé de dónde me salió esa confianza en mí misma, pero me alegro de haberla tenido. Me dije a mí misma: *Vas a aprender a bailar. Ya encontrarás la forma.*

De una u otra manera, estaba decidida a aprender a bailar tap como Gregory Hines, así que hice lo que habría hecho cualquier niño. Le pedí a mi mamá que me comprara un videocasete VHS porque quería grabar *White Nights* en nuestro videograbador para así poder verla cuando estuviera a solas y aprender a bailar como esos hombres.

Debo recordarles a todos que la razón por la que teníamos una videocasetera (a pesar de vivir por debajo de la línea de la pobreza) era porque la televisión era la única forma de ver el mundo que había afuera de nuestro pueblito. Siempre veíamos a la televisión como una herramienta para aprender cosas nuevas. Fue una época anterior a los *reality shows*. Aprendí sobre las ciencias y la lectura de la televisión pública. Mi familia a veces grababa las noticias para mantenerse al día. La televisión nos enseñó que había un mundo más grande allá afuera al que no teníamos acceso, aunque esperábamos algún día lograr conocerlo.

Entonces, ¿qué es una videocasetera? Siento como si este capítulo se estuviera convirtiendo en un relato histórico de cómo era la vida hace décadas porque ahora debo tratar de explicar qué es una videocasetera. Ahí les va. Hace unos quince lustros y muchos años más, porque acabo de darme cuenta de que no sé muy bien cuánto es un lustro, hubo una época en nuestra historia en la que no podíamos saltarnos los comerciales cuando veíamos la televisión. Teníamos que verlos porque no podíamos grabar los programas y adelantar la programación con el botón de *fast forward*. Así es como muchos de nosotros nos aprendimos las cancioncitas de los comerciales que se nos grabaron en la memoria para siempre. Incluso ahora, a mis cuarenta años, puedo decirles que *my bologna has a first name* ("mi mortadela tiene nombre") y lo puedo deletrear. Puedo decirles qué me convierte en una niña Toys "R" Us. La parte positiva es que a muchos de nosotros tener que ver los comerciales nos enseñó a ir corriendo al baño y a la cocina durante esos cortes comerciales y para no perdernos ninguna parte del programa. Los niños de ahora no tienen estas pérdidas de tiempo porque pueden detener un episodio y seguir viéndolo al día siguiente. ¡AL DÍA SIGUIENTE!

Todo eso cambió con la introducción de una maquinita que se

llamaba videocasetera. Mi familia compró una. A mí no me dejaban tocarla, lo que significaba que siempre la usaba cuando no estaba nadie. La mejor forma de describir una videocasetera o VCR es explicando que era una versión mejor y más voluminosa de un reproductor de discos Blu-ray, el cual es una mejor versión de un reproductor DVD (es como un equipo tecnológico de muñecas Matryoshkas, en el que quitas una capa y un artefacto anterior y obsoleto está dentro de otra). Con esta probadita del futuro nivel *Star Trek* llamada videocasetera, podías grabar todo lo que quisieras de la televisión.

Un día, volví de la escuela y, como siempre, estuve sola durante horas. Mi rutina era la misma. Veía MTV mientras hacía la tarea, escuchaba los discos de vinilo que mis hermanos no me dejaban tocar (en esta parte del libro ellos se enteran de que no les hacía caso) y esperaba a que empezara *White Nights* en HBO. En cuanto empezaba, oprimía el botón para grabar y esperaba. Cada vez que las escenas de baile estaban a punto de salir, me levantaba y esperaba para bailar con ellos. Cuando venía el solo de Gregory Hines, trataba de seguirle el paso, pero no lo lograba. El baile de tap era tan rápido y yo bailaba descalza, así que mientras él zapateaba como loco, mis pies sonaban como si hubieran hecho un voto de silencio. Tenía que conseguir unos zapatos de tap. ¿Pero cómo?

Mi mamá acostumbraba comprarme un par de zapatos a la vez. Debía desgastarlos antes de tener un segundo par. Eran unos zapatos negros de charol con correa que compraba en una tienda del centro de McAllen o unos tenis blancos de Walmart que tenían velcro. Me ponía una blusa rosa con shorts morados y tenía el corte de pelo de príncipe valiente. Podía decirse que yo era la verdadera Dora la Exploradora. En aquella época, tenía los tenis blancos de velcro, lo cual era muy desafortunado porque creía que los zapatos de charol se parecían más a los de Gregory Hines. Debía trabajar con lo que tenía. Los tenis tenían suela suave, lo cual me parecía un problema en aquel momento, pero resultó ser una ventaja. Sabía que sería un reto, pero como tantos aspectos de mi vida parecían un reto, esto no era nada nuevo.

Traté de pegar centavos a la suela de mis tenis para que hicieran algún ruido cuando estaba aprendiendo los pasos de Gregory Hines, pero no sirvieron. Empecé a perder las monedas muy rápido y no podía darme el lujo de perder ni un centavo. Pensé que necesitaba algo que pudiera quitar y poner y así no tendría que destruir el único par de zapatos que tenía, pero muy pronto me di cuenta de que necesitaría una solución más permanente. Era cosa de pensarlo muy bien. Sabía que encontraría la forma, pero hasta que eso pasara, tenía que seguir practicando mi baile en silencio… Como si mi baile de tap estuviera en *mute*. ¡Vaya pues!

Acostumbrábamos ir a México los lunes para visitar a mi abuela. A veces manejábamos hasta su casa. Otras veces dejábamos el coche en Hidalgo y allí cruzábamos el puente internacional hacia Reynosa porque el tráfico que venía de México a veces era tan pesado que casi nos llevaba dos horas volver a los Estados Unidos. En aquellos días, el puente no tenía una reja alta para impedir que la gente se cayera. Había un tubo muy bajo y me asustaba. En uno de nuestros viajes, un chico me empujó y me caí sobre el tubo, y pude haberme caído del puente. No sabía nadar y eso me asustó de por vida. Ir a casa de mi abuela tampoco era cosa fácil.

Caminábamos al centro de Reynosa para tomar una *pesera*, que en aquel entonces era una camioneta vieja sin asientos para poder llenarla con más gente. Cuando estabas arriba, las camionetas tenían cajones de plástico que se utilizaban para transportar leche y los podías usar para sentarte, si tenías suerte. Si no encontrabas ninguno, te sentabas en el suelo. Teníamos que decidir qué ruta tomar porque debíamos ir por "la ruta cinco" y había dos opciones: Pemex o Charco. Pemex era supuestamente la ruta exprés que tenía menos paradas y nos llevaba por toda la refinería. Casi siempre, la puerta lateral de la camioneta se quedaba abierta para facilitar el ascenso y el descenso y, como era una niña, a veces eso podía ser aterrador. En ocasiones sentía que podía caerme de la camioneta cuando el chofer daba vueltas muy cerradas, pero, oigan, no teníamos otra opción. Calculo que el viaje duraba casi una hora de ida y otra de vuelta.

Cuando llegábamos a la colonia de mi abuela (un camino de tierra en el que vivía), nos bajábamos de la camioneta y caminábamos unas calles hasta su casa. Los peores viajes eran cuando llovía porque los caminos de tierra se inundaban fácilmente y se llenaban de lodo. Si no tenías cuidado, podías caer en agujeros que engañosamente eran más profundos de lo que parecía.

Una de las mejores cosas de ir a visitar a mi abuela era que sus vecinas de al lado tenían una tiendita improvisada en donde vendían muchos dulces mexicanos. Me encantaba ir allí y comprar tamarindos (dulces de tamarindo que generalmente tenían chile). En una ocasión, fui a la tienda de las vecinas y una de las hijas de la dueña estaba barriendo el piso. Estaba cubierto de fichas de botella para dar la impresión de que era un piso de verdad. A veces mojaban el suelo para pegar más fichas o para reacomodarlas, porque siempre cambiaba el diseño. Esta fue una de aquellas veces. Levanté las fichas de las botellas y traté de ayudarla, aplastándolas contra el suelo para que se quedaran pegadas. Procuraba tratar de ayudar porque a veces me regalaban dulces. Cuando terminé, me di cuenta de que hacía un sonido como un chasquido cada vez que daba un paso. Levanté la pierna para ver qué producía ese ruido y vi que, sin querer, me había parado en una de las fichas. Traté de quitármela, pero estaba atorada en mi tenis blanco porque me había parado sobre ella con el reverso de la ficha sobre el suelo. Y aquí se me prendió el foco. El ruido que producía con mi tenis era como el sonido que hacía Gregory Hines cuando bailaba en la película. ¿Había encontrado la forma de obtener mis zapatos de tap? ¡SÍ! Le pregunté a mi amiga si podía darme fichas para llevarme a casa y me dijo que sí. Agarré ocho; cuatro para cada zapato. Recuerdo que volví a casa como si me hubiera ganado la lotería.

Al día siguiente la rutina fue igual para mí. Fui a la escuela, pero no podía dejar de desear que acabara el día para volver a casa y arreglar mis zapatos. Cuando sonó el timbre, fui a casa y mis habilidades de MacGyver entraron en juego. Agarré las fichas de Coca Cola, Jarritos y Joya que traje de México y me puse a trabajar. Las coloqué en la forma que quería en mi zapato y traté de pararme sobre ellas con mis tenis del mismo modo en que accidentalmente había pisado una en México, con la parte plana contra el suelo. No fue fácil, pero al final lo logré.

Me puse de pie con las fichas en la suela de mis tenis de Dora la Exploradora y traté de hacer el sonido del tap. ¡SÍ FUNCIONÓ! Las fichas en la parte delantera de mis tenis se caían a veces, pero eso no era gran problema. ¡Estaba lista para hacer mi versión del baile de tap! Puse la película y la adelanté hasta el solo de tap de Gregory Hines. En cuanto inició su baile, empecé a hacer mi propia versión. No era ni cerca de lo que él estaba haciendo, pero puedo decirles lo que sentí porque recuerdo muy bien ese momento de mi vida. Sentí *orgullo*. Sentí que podía lograr cualquier cosa que quisiera. Aprendí que, aunque me dijeran que no, nada me iba a impedir hacer lo que yo quisiera. Había encontrado una forma de practicar mi baile a pesar de que mi familia no tuviera los medios. Me sentí tan poderosa y con tanto orgullo de mí misma. Nada me iba a detener.

Todos los días volvía de la escuela y practicaba. Trabajaba en el dueto que hacían Baryshnikov y Hines. Practicaba los solos del ballet de Baryshnikov y el tap de Hines como si me pagaran por hacerlo. Hacía la parte de ballet descalza. Me ponía los tenis blancos de Walmart con fichas para la parte de tap. Estaba haciendo mi propia versión infantil de *Fama*, sudando la gota gorda tratando de aprender a bailar. Empecé a consultar libros en la biblioteca sobre el baile para aprender lo que pudiera y ver si acaso no lo estaba haciendo tan mal. Aprendí los nombres de algunos pasos, pero de verdad no sabía lo que estaba haciendo. Solo sabía que estaba imitando lo que veía en la tele y me sentía imparable.

Después de meses de aprender los pasos de baile, hacía las escenas con Baryshnikov y Hines lo mejor que podía, cada vez con más facilidad. Aprender la coreografía me hacía sentir como una ganadora. Me dio una confianza en mí misma que poco a poco fui perdiendo cuando quise aprender más. No solo quería aprender otros estilos de baile. Sentía deseos de adentrarme en este hermoso y distinto mundo de las bellas artes. Descubrí la ópera siendo niña (la primera que vi fue *Carmen* de Bizet, en un video de la biblioteca pública). Todo esto lo hacía cuando estaba sola. Escondí mi amor por esas cosas de los ojos de todo el mundo como si fuera mi colección secreta de pornografía. Nunca le conté a mi familia lo que hacía cuando estaba sola. Me daba un poco de vergüenza porque no podía explicar mi amor por esto a nadie. Los niños de la escuela ya se burlaban lo suficiente de mí y mi familia era la típica en la que unos se burlaban de los otros por las cosas más ridículas, y quería ahorrarme la humillación de ser esa niña sabihonda a la que le gustaban "las cosas sofisticadas". Así lo veía yo. Pensaba que el baile y la ópera eran cosas sofisticadas que solamente los ricos podían disfrutar y no quería que nadie se burlara de mí.

Bueno, pues casi una década después, acabé tomando una clase de baile. Recuerdo que estaba muy emocionada. Sentía como si la niñita que estaba dentro de mí por fin fuera a tomar la clase de baile que tanto había añorado. Tenía pavor de ser pésima para el baile. Después de un par de clases, mi profesor me dijo que era buena y me preguntó qué había estudiado. En lugar de decirle diferentes tipos de baile, le dije el título de varias películas. Fue la primera persona a quien le conté y me dijo que era buena. Quería llorar. Sentía que había recibido el reconocimiento que hubiera deseado tener de niña cuando no sabía lo que estaba haciendo.

Cuando estaba escribiendo este capítulo, cené con un amigo. Hablamos sobre lo que había escrito acerca de Gregory Hines. A media conversación, él me dijo: "¿No es increíble todo lo que has logrado desde aquellos días? Todo empezó cuando eras una niñita. ¿Te puedes imaginar lo diferente que habría sido tu vida si Gregory Hines no hubiera estado en esa película?".

Más de treinta años después de aquella época en mi vida, estaba allí sentada, muda. Nunca había pensado en eso. Sus palabras fueron como un golpe directo a mi corazón porque me hicieron reflexionar sobre algo tan importante. Si Gregory Hines no hubiera participado en *White Nights*, ¿me habría interesado en la danza con la misma intensidad? No estoy segura de que hubiera sido así. Ver a Gregory

Hines en esa película me hacía sentir que podía hacer lo que él hacía. Sentí una conexión con él porque pensé que nuestro físico era parecido. Su baile me abrió la puerta a un mundo desconocido para mí.

Por eso creo que sentirse representado no solo es importante, sino absolutamente vital. Los niños como yo, los que crecen siendo pobres, viviendo de manera ilegal, pensando en cómo hacer para sobrevivir, tienen que descubrir a su propio Gregory Hines. Necesitan ver que pueden alcanzar la grandeza y que pueden vencer cualquier reto económico que tengan.

La mayor lección que tuve durante esa parte de mi vida fue darme cuenta de que soy mucho más fuerte y más perseverante de lo que yo misma creo. Siendo niña, me negué a que un "no" sé interpusiera en el camino de lo que quería lograr. Aprendí que la pobreza y estar sin las necesidades básicas no eran excusas para no conseguir algo. La pobreza y la necesidad complicaron las cosas, pero no las hicieron imposibles. Esta ha sido mi actitud durante la mayor parte de mi vida. Cuando llego a pensar que algo parece imposible, lo analizo y pienso: *Cristela, tienes que hacer tus propios zapatos de tap. Lo hiciste antes y puedes volver a hacerlo. Puedes lograrlo.*

A todos aquellos a quienes les hayan dicho "no" a sus sueños, todo lo que tengo que decirles es que, aunque sea difícil, ES posible. Soy prueba de ello. Puede llevarles más tiempo que a otras personas, pero siempre digo: "Si tienes un sueño de toda la vida, tal vez te lleve toda la vida hacerlo realidad, pero valdrá la pena." Todo lo que tienen que hacer es bailar a su propio ritmo. A veces, literalmente.

Esta foto muestra a dos de mis grandes amores: los Legos y *The Golden Girls*. También fue mi mejor intento por escribir un episodio con cruce de historias.

"THANK YOU FOR BEING A FRIEND"
THE GOLDEN GIRLS

Imaginen esto: San Juan, Texas, 1987. Una niña de ocho años vive con su familia en un pueblo fronterizo cuando, de repente y de la nada, conoce a cuatro mujeres maduras. Viven en Miami, y aun así, las cinco se vuelven amigas entrañables.

"Thank You for Being a Friend" fue una canción que sacó Andrew Gold en 1978, pero realmente se volvió un sello de la cultura pop estadounidense cuando Cynthia Fee cantó la versión que se convirtió en el tema principal del exitoso programa de comedia *The Golden Girls* que transmitía NBC. La primera vez que este programa estuvo al aire fue en 1985 y, décadas más tarde, se sigue trasmitiendo por televisión y ha desarrollado su propia vida. La canción comienza con la melodía de un piano como preludio de una frase que habla sobre la fuerza de la amistad y lo agradecido que debe estar uno por tener a un amigo tan increíble en su vida. Básicamente, *The Golden Girls* me estaban *rogando* que fuera su amiga porque sabían lo maravillosa que yo era. Tenía que complacerlas. Antes de contar la historia de esta amistad de toda la vida entre esas señoras y yo, hay que saber cómo empezó. Creo que debería modificar el inicio de este capítulo para darles una idea aún más clara.

Imaginen la situación: San Juan, Texas, 1986. [Susurros] Y también un año antes...

Ya les he contado que fui una niña solitaria, pero quiero describir cómo nació mi amor por la televisión desde una edad muy temprana.

Soy una estadounidense de primera generación criada por una madre inmigrante de México. Ella no hablaba inglés, y eso significa que, cuando yo era pequeña, tampoco hablaba inglés. El español fue mi lengua materna automáticamente. Mi mamá puso una regla en la casa: teníamos que hablar en español porque quería entender todo lo que decíamos a menos que mis hermanos le tradujeran las cosas, ya fueran las noticias locales (que ella veía en inglés porque no tenía opción) o documentos importantes del gobierno.

Soy la hija menor de la familia, con una diferencia de diez años con respecto a mi hermana (a la que sigo en edad). Pasé tánto tiempo a solas con mi mamá que mi inglés era muy limitado durante mis primeros años. Hablaba lo suficiente para comunicarme con mis hermanos, pero cuando fui a la guardería, el jardín de niños y primer grado, hablaba más español que inglés. No ayudaba que la mayoría de los programas que veíamos en televisión fueran de canales en español, pero volvemos a lo mismo, si mi mamá no sabía hablar en inglés, ¿por qué íbamos a ver cosas que ella no podía entender? Lo curioso de ver tantos programas en español cuando era niña es que había muchos programas de los Estados Unidos que estaban doblados al español y por eso creía que eran programas mexicanos. No tenía ni idea de lo que era el doblaje, así que pensaba que el *Auto Increíble* era mexicano. Veía episodios de *Batman* y me encantaba que Batman fuera mexicano (supongo que podría haberme referido a él como el Señor Batman). Incluso los programas infantiles que veía estaban en español y eso me dificultaba aprender inglés porque estaba aprendiendo cosas que no existían en inglés, como las letras extras que tiene el alfabeto en español (letras y combos como *ch, ll, ñ* y *rr* no existen en el abecedario del inglés).

The Price is Right fue uno de los programas con los que empecé a aprender inglés. Sí, aprendí a hablar inglés gracias a la televisión (ya les había dicho que la televisión fue mi maestra). Cuando empecé a ver ese programa con frecuencia, estaba convencida de que a mi primer hijo le pondría "Plinko" porque me fascinaba la palabra (gracias a Dios que no fue así porque no creo que a mi hipotético hijo le hubiera gustado mucho llamarse "Plinko Alonzo").

Recuerdo el verano antes de entrar a primer año. Empecé a ver muchos programas estadounidenses con mis hermanos y mi hermana porque ellos tenían vacaciones de verano en la escuela. Me sentaba rápido en el suelo y veía todo lo que ellos ponían. Empecé a imitar a la gente de los programas, tratando de hablar como ellos, y logré captarlo bastante rápidamente. Empecé a ver más programas de los Estados Unidos durante el día, cuando mi mamá se iba a trabajar, y aprendía palabras nuevas de aquí y de allá.

Mi inglés estaba mejorando. Lo que no había notado es que, como estaba aprendiéndolo de la televisión, también estaba aprendiendo a hablar con los acentos de los actores que imitaba, y así estaba creando mi propia entonación. Hasta la fecha, hablo con un acento diferente al de mis hermanos porque ellos vivieron una década en México antes de mudarse a Texas. Tienen un acento latino. En cambio, yo hablo con un acento que a veces se parece al de Bob Barker cuando trata de hacerte adivinar el precio de una caja de Rice-A-Roni para ganarte una Vespa.

Cuando acabó ese verano y entré a primero de primaria, todo era la misma rutina para mí en la escuela, salvo que algunos nos separábamos del resto del grupo para ir a una clase diferente. Leíamos libros en español, la maestra nos enseñaba a decir palabras de uso común en inglés; no sabía qué era eso, pero me gustaba. Tardé un par de meses en darme cuenta de que me habían puesto en algo que se llamaba grupo de ESL: Inglés como Segunda Lengua, por sus siglas en inglés. No entendía por qué me habían puesto allí porque pensaba que había aprendido a hablar en inglés durante el verano con la televisión. Le pregunté a mi maestra (en inglés) si yo no sabía hablar en inglés (porque yo sentía que sí) y me dijo que sí lo hablaba, pero que necesitaba un poquito de ayuda. Eso me confundió tanto… Si no sabía hablar en inglés, ¿cómo es que ella había entendido lo que le dije? Sentí que necesitaba ver más televisión para mejorar mi inglés.

Los programas que creía que me darían la mejor representación de lo que significaba ser estadounidense eran esas comedias de media hora que trataban básicamente sobre las vidas de familias que resolvían sus problemas en veintidós minutos (sin comerciales). Tenían una mezcla de referencias a la cultura pop y bromas sobre acontecimientos de esos tiempos en un mundo en donde vivía una familia superingeniosa. Se llamaban *sitcoms*, comedias de situación.

Las *sitcoms* pueden ser maravillosas y, al mismo tiempo, muy ridículas. A veces, cuando las veía, sentía como si estuviera haciendo un estudio antropológico. Todo lo que veía me lo creía y daba por hecho que lo que sucedía en las *sitcoms* eran representaciones reales de cómo era la vida en los Estados Unidos. Con frecuencia pensaba: *No creo que mi familia sepa cómo ser una verdadera familia porque no hacemos nada de esto.*

Muchos de esos programas seguían la misma fórmula. La canción principal se escuchaba y empezaba una escena. La familia hacía bromas entre sí que, por alguna razón, a nadie más en la escena hacían reír. Eso me parecía extraño porque, en mi familia, si alguien decía algo chistoso, todos nos reíamos. Después, de repente, había un problema. Aquí es donde la parte ridícula surge, pues muchas veces no podía identificarme con los problemas de las familias porque parecían demasiado pequeños en comparación con los de mi familia. Vi un episodio sobre una confusión muy loca por un pastel de cumpleaños y lo primero que me vino a la mente fue: *¡Vaya! ¿Entonces sí existen los pasteles de cumpleaños?* (Nadie en mi familia tuvo jamás un pastel en su cumpleaños). En mi casa, un episodio similar habría sido una confusión absurda sobre quién se suponía que iba a recibir el giro postal para ir a pagar la luz.

A veces, cuando veía esos programas de comedia, sentía que, aunque dos de mis hermanos y yo nacimos en Texas y mi familia vivía en los Estados Unidos, nosotros no éramos realmente una familia estadounidense. Por lo menos no en la forma en que la televisión mostraba cómo debería ser una familia. Las experiencias y la forma en que interactuaban entre sí me parecían extrañas.

La televisión me proporcionó un ejemplo durante mi temprana edad de lo difícil que me resultaría desarrollar una identidad como mexicoestadounidense de primera generación. Como ya he dicho, aunque nací y crecí en Texas, tenía una forma de vida muy mexicana que, obviamente, era lo único que mi mamá conocía. Mi madre no podía enseñarles a sus hijos nada sobre la cultura de los Estados Unidos porque la desconocía, así que nosotros tuvimos que aprender por nuestra cuenta. Y no solo eso; en cuanto los hijos aprendíamos algo nuevo, teníamos que enseñárselo a nuestra madre para que ella también aprendiera. En mi familia, los hijos eran responsables de enseñarle a su madre sobre la vida en este país.

Una noche de sábado en 1986, cambié de canal y puse NBC.

Estaban transmitiendo *Gimme a Break* y *The Facts of Life*, y a las ocho pusieron una *sitcom* de título *The Golden Girls*. Me encantó el tema musical desde el principio por el piano y porque era fácil de cantar. No sabía la letra, pero la frase "*Thank you for being a friend*" se repetía, así que me puse a cantarla.

El momento en que me di cuenta de que quizás adoraría este programa fue cuando un personaje de nombre Sophia Petrillo apareció. Era una mujer chaparrita con una gran presencia. Era sarcástica, se burlaba de todos y no le importaba si lastimaba los sentimientos de los demás. El momento en que dijo su primer insulto sin que le importara un pepino, pensé: *¡Dios mío, es exactamente igual que mi mamá!* Mi mamá medía más o menos 1,50 metros, pero insultaba como si fuera una gigante. Esa era su forma de demostrar su amor. Nunca había visto a una mujer así en la televisión. Sophia había tenido una embolia y la parte de su cerebro que debía censurar lo que decía se había dañado, lo cual le permitía decir todo lo que quisiera cuando quisiera. Eso me hacía preguntarme si lo mismo le habría sucedido a mi mamá.

Entonces empecé a esperar con ansia que llegaran las noches de los sábados. Deseaba escuchar a Sophia decirles sus verdades a todos. La veía e imaginaba que mi mamá sonaría igual que ella si hablara inglés. Cada vez que oía el comienzo del programa con la melodía del piano, me emocionaba. Si estaba en otro cuarto, corría a la sala para verlo desde el principio.

Los temas musicales de los programas ahora no son tan importantes como antes. Ojalá lo fueran porque son una parte esencial de la historia de la televisión. Algunos de los temas musicales más icónicos eran como un personaje más del programa porque te recordaban que estabas a punto de entrar a un mundo diferente. Piensen, por ejemplo, en el tema musical de *The Golden Girls*. Era perfecto para hacerte sentir que, en ese mundo, había una especie diferente de familia. Era una familia construida con lazos fuertes de amistad. Cada vez que escuchaba la melodía, recordaba que, en ese mundo específico, íbamos a seguir las vidas de Dorothy, Blanche, Rose y Sophia y recibiríamos sus lecciones sobre qué era la verdadera amistad. Eso era exactamente lo que hacían en cada episodio. Cuanto más veía el programa, más sentía una conexión con él. Me gustaba la manera en que las mujeres interactuaban. Constantemente había insultos similares a los que había en mi familia. Me encantaba cuando lo hacían porque los personajes señalaban cuando una persona decía algo insultante, ya fuera que Dorothy diera una respuesta astuta a Blanche insinuando que no era atractiva o que Rose las mirara como diciendo: "Ya sé que piensan que no soy inteligente". Entre los insultos, también había momentos en que se apoyaban mucho entre sí, como mi familia. Constantemente decían lo importante que eran las unas para las otras. Sentía que *The Golden Girls* era un programa que te hacía sentir bien y que presentaba una realidad que se parecía más a la mía. Las mujeres no siempre se llevaban bien. De hecho, tenían sus buenos pleitos. Eso me encantaba porque se sentía real.

Cuanto más veía el programa, más sentía una conexión con los personajes. En parte era por el tema musical. Me encontraba cantándolo mucho en la escuela. Estaba en clase y, de repente, iba desde tararearla quedito hasta cantarla a todo pulmón como si fuera Patti LuPone. No podía evitarlo; la canción me hacía feliz. Uno de los atributos de un gran programa con un gran tema musical es que, cuando la canción se le mete a alguien en la mente, lo hace sonreír porque le recuerda lo que siente al ver el mundo retratado en el programa. Eso me pasaba a mí con aquella canción.

Cortesía de Rubén Alonzo

Yo en mi clase de ESL tratando de aprender el idioma. A veces llegaba temprano a la escuela para tener más tiempo para aprender.

Después de esforzarme mucho para mejorar mi inglés, empecé a darme cuenta de que con mi clase de ESL en la escuela estaba haciendo gran progreso y creía que, en buena medida, se debía a la cantidad de programas de los Estados Unidos que veía. Obviamente, las profesoras fueron fundamentales, pero considerando el tiempo que pasaba en la escuela, incluso ellas se sorprendieron por la velocidad con la que estaba asimilando el idioma. ¿Quién hubiera dicho que la televisión me ayudaría a mejorar en la escuela?

Unos meses después, pude dejar el grupo de ESL. Cuando la maestra me lo dijo, la miré, extendí un dedo hacia ella y dije: *"Thank you for being a friend!"*. Ella se rio: un sonido que aún está en mi memoria.

Fue entonces cuando me di cuenta de que estaba adquiriendo una nueva responsabilidad por el hecho de ser una estadounidense bilingüe de primera generación. Tenía que unirme a la labor de mis hermanos y fungir como traductora para todo lo que mi mamá necesitara. Era como si me hicieran una fiesta de quince lingüística, solo que, en lugar de la fiesta, me hubieran dado papeleo del gobierno para llenar en nombre de mi mamá. ¡ERA DE FLOJERA!

Sentía mucha presión por tener que traducir para mi mamá cuando era niña. Eso me hizo madurar más rápido que mis amigos. Tenía responsabilidades de adulto que algunos niños no podrían imaginar. Mientras mis amigos juntaban ligas para fabricar sus propios resortes y jugar, yo iba con mi mamá a la oficina postal para comprarle giros que yo debía rellenar y enviar para pagar las cuentas. Una de las cosas que más odiaba era tener que traducir las noticias para ella porque no sabía de qué hablaban. Imagínense a una niña de siete años que trata de explicar la explosión del reactor nuclear en Chernobyl que liberó materiales radiactivos por toda Europa. APENAS había salido del grupo en donde el inglés era mi segunda lengua ¿y ahora estaba tratando de explicarle a mi mamá sobre una guerra nuclear? ¿Quién era yo? ¿Rose Nylund en el episodio de *The Golden Girls* en que les escribía a Gorbachov y a Reagan para pedirles que se deshicieran de las bombas nucleares?

Eso se volvió parte de mi vida. Todas las noches me sentaba en el suelo, cerca de mi madre, y traducía las noticias. El presentador decía un titular y yo tenía que traducirlo en un par de segundos al español. En realidad, esa era la parte más sencilla del trabajo. Después tenía que escuchar la historia real y traducir los puntos más importantes para mi mamá. Aquella parte era un poco como jugar a las adivinanzas porque tenía que encontrar un silencio en la noticia que me diera tiempo de traducirle a mi mamá sin tardarme demasiado, y hacerlo dejándome unos segundos para no perderme la siguiente noticia. Todas las noches sentía como si hiciera una reseña sobre lo que sucedía en los Estados Unidos (el noticiero) para el gobierno mexicano (mi mamá).

Poco a poco empecé a agarrarle el modo y me fui aprendiendo quiénes eran los políticos. Muchas veces las noticias eran la continuación de los titulares que ya había escuchado, así que me resultaba más sencillo explicarle a mi mamá quiénes eran esas personas porque le recordaba lo que ya le había contado acerca de ellos.

Me sentía mayor que mis compañeros de clase. Sé que eso suena sumamente ridículo si consideramos que tenía ocho años, pero tenía demasiadas cosas en la mente. Ser traductora para mi mamá significaba que debía saber todo lo que sucedía. Yo estaba para explicarle qué medicina debía tomar (porque, como ustedes sabrán, yo era la estrella de ese programa exitoso que se llamaba *Kid Pharmacist*). Si nos cortaban alguno de los servicios domésticos, yo tenía que ir con ella a la oficina, pagar la cuenta y fijar una fecha de reconexión. Estábamos en los años 80, así que no era tan sencillo como ahora. Básicamente me convertí en la niña que se sentaba en el comedor con sus compañeros y azotaba las cajas de leche contra la mesa como si fueran tarros de cerveza. A veces escuchaba a los niños cuando decían que se les había descompuesto un juguete, los miraba y les decía: "¿Y a eso le llamas un problema? Yo no me acuerdo de si le dije a mi mamá que tomara una o dos pastillas en la mañana. Podría matarla si me equivoco. Ahora cuéntame otra vez sobre tu muñeca, María…".

Mi mamá no me dejaba ver a mis amigos fuera de la escuela porque a ella tampoco se lo habían permitido cuando era niña. Así

que no podía entender por qué la gente hacía eso. Como yo tenía que
pasar tanto tiempo sola, estaba hambrienta por tener interacciones
humanas, lo que significa que tenía que inventarme mis propios amigos de la mejor manera posible, y esa fue la razón por la que me sentí
atraída hacia *The Golden Girls*, porque el tema principal literalmente
hablaba de amigas. Eran buenas amigas y yo necesitaba buenos amigos. Desde el cielo nos eligieron las unas para la otra.

Esperaba con mucha ilusión el programa todos los sábados por
la noche porque las mujeres me parecían conocidas. Las historias que
Sophia Petrillo contaba sobre su pueblo me recordaban a las historias
que mi mamá me contaba de cuando era niña. El tiempo transcurría
y había programas de televisión que iban y venían, pero *The Golden
Girls* permaneció. Cuanto más dura al aire un programa, más se de-
sarrollan sus personajes y más los conocemos por sus personalidades.
Vi cómo evolucionó la relación madre-hija entre Sophia Petrillo y
Dorothy Zbornak y sentí que era muy similar a la que yo tenía con
mi madre. A veces nos burlábamos una de otra, pero lo hacíamos con
amor. Una vez, mi mamá y yo estábamos acostadas y me empezó a
contar una historia. Me dijo en español: *"El año era como 1955, yo no
sé, y era una niña buscando comida…"*. Me reí porque me di cuenta de
que parecía una historia como las que contaba Sophia. No podía explicarle eso a mi mamá porque ella no sabía quiénes eran *The Golden
Girls*. Estaba en el trabajo cuando el programa salía al aire y nunca
había visto un episodio.

Cuanto más veía la evolución de Sophia, más me parecía un
homenaje maravilloso a las madres inmigrantes porque ella me recordaba muchísimo a mi mamá, a mis familiares y a las amigas de
mi mamá. Sophia constantemente hablaba de su pueblo, al igual
que muchas mujeres con las que crecí. Ninguna tuvo una vida tan

difícil como ella, o como mi mamá. Sophia hablaba de sus hijos de una forma que siempre revelaba en qué posición estaban, entre el consentido y el menos favorecido; de nuevo, igual que mi mamá. Estas similitudes que descubrí entre una mamá italiana ficticia y mi mamá mexicana me parecen interesantes porque me hacían recordar que, sin importar el color de la piel ni sus antecedentes, la gente puede tener algo en común si tienen una historia compartida, aunque no lo sepan. Sophia llegó a los Estados Unidos desde Sicilia para que su familia tuviera una vida mejor, igual que mi mamá. Dorothy Zbornak era una estadounidense de primera generación, como yo. También me gustaba que los otros personajes del programa hicieran referencia a sus culturas. Blanche Deveraux era una belleza sureña que hablaba con mucho cariño de su tierra y de una manera que, siguiendo las tendencias actuales, me habría dado deseos de hacerle algunas preguntas serias sobre sus ancestros. Contaba historias de su vida que incluían un baile de debutante (que, me imagino, es como una fiesta de veinticinco años para los blancos) y cómo se crio en una plantación. Rose Nylund era de un pequeño pueblo de Minnesota y a menudo contaba historias tan extravagantes como las de Sophia, pero siempre parecían tener un toque ridículo que me daba ganas de visitar St. Olaf en la vida real.

Lo que me gustaba del programa es que me permitía tomar un poquito de cada personaje con el que me podía identificar. En el programa no había momentos en que un personaje le dijera a Rose, "¡Ay, Rose eso es taaaaan escandinavo de tu parte!". No había situaciones en que se explicaran momentos culturales y otros personajes cuestionaran su validez. Creía que ese programa sería un buen barómetro para medir cómo sería la vida dependiendo de la forma en que se relacionaba la gente. Pensaba que *The Golden Girls* era uno de los programas con los que más me podía identificar hasta ese momento de mi larga (aunque realmente era corta) vida.

Tenía la costumbre de contar episodios de *The Golden Girls* en la escuela. Si alguien decía algo que me recordara a uno en particular, les preguntaba a los niños si habían visto el programa. Por lo regular, no lo habían visto. Entonces me sentía ofendida. Con el tiempo, los niños empezaban a desesperarse conmigo por lo mucho que me gustaba el programa y acabé fastidiando a mis compañeros no solo durante uno, sino muchos años escolares más. Rara vez me metía en problemas, pero sí me mandaron a la oficina de la directora cuando estaba en quinto grado por culpa del tema musical de *The Golden Girls*.

Era el primer día de clases. Los otros estudiantes se presentaron con sus estuches llenos de lápices y colores. La Cristela de quinto grado se presentó al inicio del año escolar con un enorme portafolios de plástico de color aguamarina. Me gustaba tanto la escuela que con frecuencia me presentaba como si fuera a trabajar a una oficina corporativa.

Mi maestra de quinto nos dejó escoger nuestro lugar y yo elegí un asiento en medio del salón. Estaba en el grupo de niños talentosos y normalmente me sentaba al frente porque a los niños de esa fila siempre les preguntaban más. Siempre fui de las primeras en levantar la mano hasta el punto en que mi maestra de cuarto grado me pidió que dejara de contestar tanto para darles la oportunidad a otros compañeros. Pensé que debería intentar algo diferente y cambiarme a un lugar que estuviera más atrás. Viéndolo en retrospectiva, esta fue una decisión muy tonta de mi parte. Estaba minimizando mi amor por aprender y, si algo he aprendido de adulta, es que tratar de minimizar aquello que se te da bien no beneficia a nadie.

Una vez que elegí mi lugar, me senté, abrí mi portafolios de plástico y saqué todos mis útiles escolares para ponerlos en el escritorio. Saqué mis lápices, y después saqué mi portalápices, que ese verano había hecho con Legos (era una niña superingeniosa). Una niña se sentó delante de mí. Iba muy bien vestida y tenía una larga cola de caballo. Era nueva en la escuela. No la reconocí. Parecía linda.

El primer día de clases fue como siempre. Nos presentamos, hicimos algunas actividades para conocernos, fuimos al recreo. En la tarde fue cuando todo se complicó. Estábamos en el salón, escribiendo algo. El grupo estaba en silencio. Empecé a cantar la parte en la que se escucha el piano del tema musical de *The Golden Girls*. "Dun, dun, dun, *thank you for being…*", canté bajito. Después de un par de veces más en que canté "Dun, dun, dun, *thank you for being…*", sin decir "agua va" (aunque ahora de adulta sé que me lo merecía totalmente), la niña nueva se giró hacia mí y me dijo que me callara. Su tono me enojó. Se volteó al frente y me le quedé mirando a la nuca pensando: *Perdón, ¿de verdad acaba de pasar esto?* Y allí empezó todo. De verdad no esperaba que fuera a pasar lo que ocurrió, y ustedes tampoco.

Esta es la parte del libro que se convierte en "Elige tu propia aventura". Si creen que dejé de cantar, pasen a la página… es una broma. Si creen que no dejé de cantar, quiere decir que son inteligentes y se dieron cuenta de que era una broma eso de que esta narración se vuelve un libro de "Elige tu propia aventura" y podemos ser amigos, porque por supuesto que seguí cantando. ¡NADIE REGAÑA A LA NENA QUE CANTA EL TEMA DE *THE GOLDEN GIRLS*!

Canté un par de veces más. Ella se estaba poniendo más molesta. Yo me estaba poniendo más contenta. Después de unas cuantas veces más, hizo lo impensable. Se volteó, agarró el portalápices de Legos que yo había hecho y lo puso en su escritorio. ¡Oh, no, por supuesto que esta niña NO me iba a quitar mis Legos! Me molesté tanto que empecé a cantar más. Era fácil no llamar mucho la atención porque estaba en medio del salón. Había más de treinta niños en el grupo, así que era fácil pasar desapercibida. Entonces se volteó otra vez y empezó a quitarme más cosas y, finalmente, dijo las palabras que hirieron mi alma: "¡Deja de cantar! ¡Odio esa canción!". ¿Decirme en mi propia cara que odias el tema de *The Golden Girls*? Ni por error. Siguió diciendo que no le gustaba el programa y básicamente insinuó que yo era rara porque a mí sí me gustaba.

Fue cuando hice lo impensable.

Imaginen la situación: San Juan, Texas, 1989. Una Cristela de diez años se sienta en su salón con el corazón roto porque le acaban de decir algo blasfemo. Abre su portafolios de plástico y saca las tijeras. Cristela agarra la cola de caballo de la niña y corta una parte pequeña de cabello, dejándolo intencionalmente disparejo. Le dice a la niña: "NO TE AGRADEZCO que seas una amiga". La niña se da cuenta, se levanta y le dice a la maestra lo que acaba de suceder. La maestra llama a Cristela y le pide más detalles. Le cuenta a la maestra lo que ocurrió y la mandan a la directora.

Cuando llegué, la directora me pidió que le explicara por qué había ido allí. Le conté todo. Me escuchó, me preguntó si estaba consciente de lo que había hecho y respondí que sí. Le dije que me sentía muy mal (porque así era). Me preguntó el nombre de la niña y, cuando se lo dije, me miró y me dijo algo muy gracioso: acababa de cortarle el cabello a la hija de la directora. Bueno, eso sí no me lo esperaba. Me castigó. Ni siquiera recuerdo cómo, pero supongo que no fue nada extremo porque lo recordaría. Sí recuerdo que tuve que disculparme con la niña y que me alejaron de ella porque, obviamente, si le corté el cabello una vez, podía hacerlo de nuevo. ¿Quién sabe? Solo sé que me alegré de no tener que sentarme junto a alguien que no podía ver la magia de *The Golden Girls*.

Ahora llegamos a la parte en que, desafortunadamente, debo admitir que soy muy consciente de haber sido una niña pesada por mi amor por la televisión. Todo el tiempo hablaba de episodios y películas. Lo aprendí de mi familia. Todavía lo hacemos. Cuando estamos juntos, hablamos de películas como *¿Y dónde está el piloto?, ¿Y dónde está el policía? De vuelta al colegio*, además de programas como *Lazos familiares* (¡Es Proper Penguin!, y eso va para mis hermanos nada más) y *El Chavo del Ocho*. Es curioso que de niño a veces no tienes conciencia de que eres pesado. Tardé años en darme cuenta del grado de frustración que a veces generaba en la gente y les ofrezco una disculpa por eso.

Era diferente a los otros niños y eso estaba bien en mi opinión porque no sabía ser nada más que yo misma. Algunos niños pensaban que era rara porque en realidad no interactuaba directamente con ellos. Por lo general, era la primera alumna en terminar su trabajo y encontraba la forma de matar el tiempo para no aburrirme. Me conocían por decir bromas en voz alta para hacer que todos se rieran. No tenía chistes propios, así que repetía los que salían en la televisión. Generalmente funcionaba. Tanto contaba programas de televisión que una vez mi maestra escribió una nota en mi informe de progreso escolar que decía: "Cristela es una estudiante brillante, pero habla demasiado de programas de televisión".

Mirando al pasado, solo de adulta me doy cuenta de cómo esos momentos eran indicios de la vida que tendría. Es un tema recurrente para mí. Me siento mejor estando sola que estando rodeada de gente porque nunca me enseñaron a interactuar con los demás. De nuevo, recuerden que no tenía permiso para pasar tiempo con mis amigos después de la escuela, así que me perdí muchos momentos importantes durante mis años de formación que me habrían enseñado a llevarme bien con la gente. Nunca me fui a dormir a casa de una amiga. Nunca fui a una fiesta de cumpleaños. Nada. Cuando no estaba en la escuela, estaba en casa, por lo general, sola. Las únicas amistades que tenía eran las que había creado en mi mente con los personajes de mis programas de televisión favoritos porque esas amistades eran más fáciles de llevar que las de la vida real. Era lo único que sabía hacer.

Adelantando el video de mi vida hasta el presente, estoy en la edad de los 40 y todavía veo *The Golden Girls*. Me reconforta. Sé la trama de los episodios tan bien que me doy cuenta de cuándo las bromas están editadas por falta de tiempo o cuestiones de contenido. Cuando veo que Sophia empieza a contar una historia, recuerdo lo qué sentía al tocar la mano de mi madre porque era algo que hacía con mucha frecuencia. Recuerdo sus manos; la izquierda tenía una vena muy resaltada. Sus arrugas, sus callosidades. Escucho las historias sobre la infancia de Sophia Petrillo en Sicilia e imagino cómo sería mi vida si mi madre aún estuviera aquí contando sus historias.

Veo las retransmisiones de *The Golden Girls* y siento que veo el tipo de relación que había pensado que tendría con mi madre en el futuro. Creía que íbamos a terminar como Dorothy y Sophia. No sabía quiénes serían Blanche y Rose, pero no importaba porque de lo único que estaba segura era de que tenía a mi propia Sophia.

Todavía canto mucho y creo que es muy gracioso que, incluso

ya de adulta, aun me venga a la cabeza el tema de *The Golden Girls* sin darme cuenta. Algunas cosas nunca cambian. Podrás educar a la niña, pero no te atrevas a quitarle su portalápices de Legos porque te cortará (el cabello). Ah, ¿y qué pasó con la niña a la que le corté el pelo? Acabamos siendo amigas durante toda la secundaria.

Los programas de televisión pueden ser mágicos. Para mí lo eran. Los tomo muy en serio porque sé qué efecto pueden provocar en las personas. Pueden ser muy especiales para gente como yo, la niñita solitaria sin amigos, porque me hacían sentir que no estaba sola. Eso es lo que creo que podría y debería hacer la televisión. Después de que cancelaron a mi propio programa de comedia, la gente me preguntaba cuándo iba a volver con una idea nueva, y siempre les contestaba lo mismo: "No lo sé". No trato de forzar las cosas. No trato de inventar algo solo para ganar fama o dinero. Este viaje que emprendí nunca ha tenido nada que ver con esas cosas. Siempre ha sido algo mucho más grande que yo misma. Este viaje es sobre crear un mundo que le hable a la gente a un nivel personal. Es sobre encontrar una historia y crear un mundo que haga al público sentir las mismas emociones que yo sentía cuando veía mis programas favoritos de televisión. Es sobre tratar de llegarles al corazón a los niños que están creciendo como yo lo hice y crear algo que permanezca en ellos por el resto de sus vidas. Es sobre crear algo que represente para alguien más lo mismo que *The Golden Girls* significaron para mí.

A veces, cuando las estrellas se alinean, se logra la combinación perfecta de actores, guionistas, técnicos, maquillistas/peinadores, coordinadores de audiencias, ejecutivos de redes, el servicio de alimentos y todos los demás, con una sincronía tal que se crea magia. Hago una lista de las personas que quizás ustedes desconozcan porque es importante saber que hay un mundo de gente que participa en la creación de un buen programa de televisión y todos son importantes para que tenga éxito. Hace falta una comunidad, como aquella de la que tanto contaba Sophia Petrillo.

En *The Golden Girls*, esa combinación perfecta son las respuestas sarcásticas de Dorothy cuando escucha las historias de Blanche sobre sus interminables encuentros amorosos, al mismo tiempo que Rose habla de gente de su pueblo que tiene nombres imposibles de pronunciar. Sophia entra en pijama, con su bolso de mimbre en plena noche, y comparten no solo un pastel de queso, sino su amistad. Era un grupo muy particular de amigas para esta pequeña latina. Me ayudaron a aprender inglés y a saber lo importantes que son las amistades. Hasta el día de hoy, siguen siendo la amistad más duradera que he tenido.

Así que, a las mujeres, a los guionistas del programa (uno terminó trabajando en mi programa y lo adoro), a la gente que trabajó en frente y detrás de las cámaras de *The Golden Girls*…

Thank you for being a friend.

Cortesía de Eloy Alonzo

Mi mamá y yo vestidas para ir a la iglesia. Cuando íbamos, escuchábamos la misa en español porque mi mamá nunca aprendió a hablar inglés.

"ONLY THE GOOD DIE YOUNG"
BILLY JOEL

Aunque nací y crecí en un pueblo pequeño, algo que no era nada pequeño era la presencia de Dios. Mi ciudad natal alberga una enorme iglesia católica llamada Basílica del Santuario Nacional de Nuestra Señora de San Juan del Valle, o como a mí me gusta llamarla, "la iglesia grande". Provengo de una familia muy católica. Teníamos la costumbre de encender velas por las velas que acabábamos de encender, por si acaso. Y aunque éramos una familia de cinco personas que vivían bajo el mismo techo, también debíamos dejar un espacio para el Padre, el Hijo y el Espíritu Santo.

Éramos el tipo de familia que iba a la iglesia por diversión. Íbamos los lunes para librarnos del calor porque era el único día de descanso de mi mamá. Después de todo, crecí en el seno de una familia católica. Mi mamá era tan creyente que hasta hizo que unas monjas se cuestionaran su compromiso con Dios. Siendo honesta, creo que se sentía más católica que las monjas porque muchos parientes nuestros se llaman Jesús.

El día que mi mamá descansaba y no tenía que trabajar, caminábamos a la iglesia y pasábamos horas allí sentados, rezando, caminando y viendo las imágenes. Cuando estaba en secundaria, la iglesia incluía el *Via Crucis*: un corredor externo que podías recorrer para ver varias esculturas que representaban la crucifixión de Jesús. Siempre que caminábamos por ese pasillo y llegábamos a la última estación, en la que Jesús aparece acostado para descansar en su tumba, mi mamá nos hacía caminar en reversa para que al final de nuestro recorrido Jesús siguiera vivo. ASÍ de católicos éramos.

Mi mamá no era como las que salen en los comerciales de televisión, en los que el niño derrama jugo de naranja en el suelo y los dos charlan sobre "todo el mundo comete errores y no pasa nada". Era el tipo de mujer que se enojaba cuando yo había derramado jugo por la sencilla razón de que era muy caro. También era una mujer católica, lo cual limitó las lecciones sobre la vida que yo recibiría de ella. (Lo más cercano que tuve a tener la plática de "los pajaritos y las abejitas" literalmente fue sobre los pájaros y las abejas que teníamos en el jardín trasero).

Mi mamá nunca me hablaba sobre los pajaritos y las abejitas a menos que literalmente quisiera hablar sobre pájaros y abejas. También había otras cosas además del sexo. Cuando estaba en séptimo grado, empecé a menstruar y creí que algo malo me estaba pasando. Mi mamá nunca me enseñó que la menstruación era algo que les pasaba a las mujeres. Durante meses lavé mi ropa a mano si se llegaba a manchar para que mi mamá no la viera porque no quería que se enojara conmigo. Después de un tiempo, se dio cuenta de lo que yo había estado haciendo y fue cuando tuve ese extraño momento con mi mamá que tanto había buscado. Recuerdo que, cuando por fin tuve que contarle lo que me estaba pasando, me puse a llorar como una Magdalena, esperando que no me pegara. Me miró, lloró y me abrazó. Fue cuando me explicó un poco lo que estaba pasando. Esa fue la vez que más se abrió mi mamá conmigo para hablarme de algo así, lo cual es decepcionante porque, ¿quién sabe cuántos momentos vergonzosos y angustiantes me pude haber ahorrado si tan solo se me hubiera permitido preguntarle esas cosas?

Cuando pienso sobre mi catolicismo, no puedo evitar pensar en "Only the Good Die Young" de Billy Joel. Mi primer concierto fue el de Billy Joel y lo he visto muchas más veces de las que quisiera confesar. ¿Qué puedo decirles? Me enloquece cualquier tipo que sepa tocar el piano. No me importa si es Billy Joel o el chavo de una tienda departamental durante la temporada navideña; si acaricia ese marfil, acaricia mi imaginación. La primera canción de Billy Joel de la que me enamoré fue "Allentown" de *The Nylon Curtain*. Tenía alrededor de seis años y esa fue mi canción de infancia. Una canción de infancia es una canción aleatoria con la que se siente conectado un niño y que lo hará cantar o bailar cuando la escuche. Se ha convertido en una moda para los padres subir a las redes sociales videos de sus pequeñitos cantando junto con Katy Perry, Bruno Mars o cualquier otro artista que se haya presentado en el Super Bowl. Bueno, el mío era Billy Joel. Ahora que lo pienso, el hecho de que me pusiera a bailar con una canción que habla sobre el declive del trabajo en las fábricas de los Estados Unidos y el deterioro de la industria manufacturera parece demasiado profético para una niña.

"Only the Good Die Young" fue uno de mis himnos porque se centraba en mi parte religiosa, en la que muy pocas canciones se enfocaban. Después de todo, el catolicismo estaba sembrado en mí como si fuera tan importante para mi identidad como el hecho de que mi familia viniera de México. Me gustaba ver caricaturas religiosas, y seguí viéndolas hasta la adolescencia, pues me daban lecciones sobre el bien y el mal. La moraleja de las historias siempre era la misma: ayuda a los necesitados, la fe es lo que nos ayuda a seguir

adelante, la cerveza es mejor que el licor, nunca me he sentido peor…
ya saben, lo de siempre.

Agradezco haber crecido con la educación católica que mi madre
me dio porque se basaba en la idea de que era importante tener fe.
La fe implicaba que lo imposible podía suceder. También significaba
que no teníamos el derecho de juzgar a los demás por lo que eran; en
lugar de eso, los *amábamos* por lo que eran. Mi mamá siempre me
decía que ella no creía en juzgar a la gente (aunque sí lo hacía como
si hubiera sido su trabajo de medio tiempo), porque sabía lo que sentía cuando la gente se lo hacía a ella y nunca quiso que otra persona
sintiera lo que los demás la hacían sentir.

Habiendo dicho el rollo obligatorio sobre el catolicismo, admito
que la religión sí me asfixió mucho, y todavía lo hace como adulta,
porque me limitó en una parte de mi vida muy importante: las relaciones, los novios, "hacerlo". Bueno, miren cómo me refiero al sexo.
Digo "hacerlo", ¡por Dios! (Por cierto, voy a encender una vela por
haber escrito "por Dios" porque creo que acabo de mentar el nombre de Dios en vano). Fuera de la narrativa "No juzgues y ama a los
demás", también me enseñaron la de "Espérate a que te cases para
poder hacer lo que quieras".

Mi hermana se escapó con su novio a los dieciocho años. Nadie
en mi familia sabía siquiera que salía con alguien. Él vivía en México,
cerca de la casa de mi abuela. Mi hermana iba a visitar a mi abuela
los fines de semana y, después de un fin de semana, ya no regresó.
Yo tenía unos ocho años cuando eso pasó y recuerdo lo furiosa que
estaba mi mamá. Me pegó porque pensaba que le había mentido
cuando dije que no sabía que mi hermana tenía novio. No tenía ni
idea. Entiendo por qué mi hermana lo hizo. Huyó de mi casa para
tratar de ser como las chicas de su edad. Quería probar algún tipo de

libertad. Así que aprovechó la primera oportunidad que tuvo para irse de la casa y no mirar atrás. Saber que huyó de la casa se sentía como la parte en *Sueño de fuga* en la que nos enteramos de que Andy Dufresne se escapó de la cárcel a media noche. ¡Ella lo había hecho!

Por desgracia, a mí me había dejado allí para arreglármelas con mi madre. Después de que mi hermana se fue de la casa, mi mamá se convenció de que no había sido lo suficientemente estricta. Lo que había pasado con mi hermana no iba a pasarme a mí. Mi madre decidió volverse aún más estricta. Decidió componer los errores que creía haber cometido y me tenía junto a ella todo el tiempo. Si ya antes me parecía estricta, no tenía la más mínima idea de lo que me esperaba.

No tenía permiso para salir con ningún chico. No tenía permiso ni siquiera de que me gustara algún muchacho. La idea de mi mamá era, "Ya tendrás novio cuando te cases". No creo que ella supiera cómo era eso del noviazgo. En el pueblo de mi mamá, uno no andaba noviando. Por lo menos a mi mamá no la habían dejado tener novio. Básicamente mi papá se la había robado. Se la había llevado de su casa y más bien la había convertido en su propiedad. "Así es como se hacían las cosas en aquel entonces", decía mi mamá. Todavía no comprendo por qué el canal Hallmark no ha hecho un programa de romance sobre este tema.

Mi madre fue programada para creer que el noviazgo es la vía rápida para embarazarse. No entendía el concepto de tener un novio, alguien que te llevara a los bailes de la escuela o al cine. Mi mamá quería que yo supiera que hacer cualquier cosa con un chico antes del matrimonio era pecado, ¡CUALQUIER TIPO DE CONTACTO ROMÁNTICO CON UN CHICO ERA UN PECADO! Creo que era más fácil usar el catolicismo como una forma para protegerme de los chicos que tratar de explicarme que el embarazo en adolescentes era muy común en mi pueblo; la mejor opción era inculcarme el temor de Dios para que nunca quisiera salir con nadie. En mi mente, Dios era como Santa Claus, en el sentido de que veía todo lo que yo hacía, y no quería que él me viera hacer nada que fuera en contra de lo que me habían enseñado.

Eso funcionó hasta octavo grado…

Cortesía de Rubén Alonzo

En octavo grado debía vestirme como si fuera a venderles un seguro a mis compañeros.

Toda mi vida hasta *junior high* fui alumna de diez porque así tenía que ser. ¿Conocen la expresión "Madre Tigre"? Pues mi madre era una "Mamá al estilo de los Tigres del Norte". De las pocas veces que yo sacaba una B, siempre era acompañada por mensajes de mis maestras que decían que hablaba mucho en clase y que distraía a los alumnos por querer hacerlos reír (ya sé, imagínense nada más). Ella "arreglaba" el problema pegándome. Creía que, al hacerlo, me iba a asustar, y así sacaría solo A, y por lo regular esto sí le funcionaba. Pero en octavo grado me aburría en las clases, distraía a los demás y hablaba más porque terminaba mis deberes antes de los otros alumnos.

También en una de mis clases estaba un chico en quien no podía dejar de pensar. Era lindo, deportista ¡Y CATÓLICO DE HUESO COLORADO! Ahora que lo pienso, era tan religioso que lo llamaré Judas, porque San Judas era el santo al que nuestras familias le tenían devoción (sí, las dos familias le tenían devoción a un santo). Me encantaba que fuera religioso porque eso me hacía sentir como si, por esa razón, yo estuviera a salvo de cualquier contacto físico con él. ¿Qué podría salir mal? (Sí, pongan aquí un ojo bien cuadrado).

Meses después de haber comenzado el año escolar, Judas me pidió mi número telefónico. Ningún niño me había pedido mi teléfono antes y yo sabía que no podía dárselo, así que le dije que no tenía y me eché a correr. Todo el tiempo pensaba, *¿Y si le doy mi número y me llama y mi mamá contesta?* NO me iban a pegar por culpa de este chico estúpido, guapo, atlético, al que yo le gustaba. ¿O sí?

Me fui dando cuenta de que Judas me gustaba mucho e inventé una historia una semana después sobre cómo mi familia consiguió un teléfono de repente y ahora sí podía hablar con él. No hace falta que les diga que nunca he sido una persona prudente. Recuerdo que le di mi número de teléfono un lunes, pero olvidé qué día era hasta que llegué a mi casa. La razón por la que el lunes es importante para esta historia es que era el día de descanso de mi mamá. Cuando volví a casa y la vi sentada en el sofá, casi me da un infarto. ¿Qué iba a pasar si él me llamaba ese día? JAMÁS en la vida me había llamado un chico a la casa. ¿En qué demonios había estado pensando?

Me senté en la mesa de la cocina y empecé a hacer mi tarea. El único teléfono que teníamos estaba en la sala. Calculé que, si llamara alguien, tendría alrededor de diez segundos para correr y contestar. No podía ser tan difícil. A mi mamá no le gustaba contestar el teléfono, así que, ¿cuál sería el problema? Pasaron un par de horas. Alrededor de las 5:30 de la tarde, mi mamá me dijo que quería que me fuera a bañar. ¡SANTO DIOS, NO! Eso significaba que tendría que alejarme del teléfono mientras me bañaba. ¡NO! Le dije que casi no había tocado nada y que seguramente seguía limpia desde el baño del día anterior. Me dijo que me fuera a bañar de todos modos. Podía entrar y salir del baño en unos cinco minutos. Entonces me gritó, "¡VE A BAÑARTE, CRISTELA!", y corrí. Me bañé más rápido que nunca. Seguramente un gato lamiéndose habría quedado más limpio que yo ese día, pero no me importó. Mientras no escuchara que el teléfono sonara, todo estaba bien. Salí, me vestí, entré a la sala. Me senté cerca de mi madre, que estaba viendo la televisión. Nos sentamos en silencio durante unos minutos, hasta que al final dijo: "Te llamaron cuando estabas en la regadera". ¡NO! Fingí que no me importaba. Le pregunté quién era. Me respondió: "Era un muchacho. Preguntó por ti. Le dije que nunca volviera a llamar y le colgué. ¿Quién es ese chico?". Le mentí y le dije que era un muchacho de la escuela con el que me había tocado hacer un proyecto, pero que le había dicho que no podía llamarme a casa y que iba a hablar con él al día siguiente para repetírselo. Sin embargo, en mi mente, me sentía muy avergonzada de solo pensar que iba a ver a Judas al día siguiente. Y lo que era peor, estaba aterrada de estar tan cerca de mi mamá. ¿Me iba a pegar otra vez? Me quedé sentada, esperando a que ella decidiera mi destino. Ella seguía viendo la tele. Me había salvado… Eso es lo que creí.

Me empezó a pegar, gritando entre los manazos: ¡PUM! "¡No puedo creer que estés arruinando tu vida por un muchacho estúpido!" ¡PUM! "¡Eres es una niña! ¿Qué haces con ese muchacho?" ¡PUM! "¡Hago esto para enseñarte a ser una buena persona!" ¡PUM! "¡Los chicos solo quieren una cosa! ¡Espera hasta que te cases!"

Yo no sabía qué quería decir con eso. Solo tenía doce años. Pero, de adulta, he logrado entender que mi madre era así como resultado de la forma en que a ella la educaron. Venía de una familia en la que los padres no eran los únicos que podían pegarle, sino sus hermanos también, porque eran hombres. Después de escuchar las historias que mi mamá me contaba sobre su infancia, sabía que, aunque me pegaba, yo tenía mejor suerte de la que ella había tenido. Eso no hacía que me doliera menos, claro. Había sido "mala". En la mente de mi mamá, el simple hecho de que un muchacho hubiera llamado a la casa preguntando por mí significaba que yo había pecado, aunque no fuera verdad.

Sabía lo que iba a pasar después. Tenía que alejarme de la vista de mi madre hasta que se calmara. A veces sucedía pronto; otras veces se quedaba con el rencor, ¡y vaya que podía guardar rencor! Si en las Olimpiadas guardar rencor fuera una categoría, ella habría sido su Michael Phelps.

Cuando dejó de pegarme, me senté junto a nuestro tocadiscos y esperé para ver si ya había terminado su castigo. En cuanto vi que así era, saqué *Greatest Hits Volume I and II* de Billy Joel y los puse. Cuando "Only the Good Die Young" empezó a sonar, pensé que Billy Joel estaba cantando acerca de mí. La canción describía a una niña llamada Virginia que había tenido una estricta educación católica. Había una parte de la canción que hablaba específicamente sobre cómo sus padres habían construido un templo para esta niña y allí la habían hecho prisionera. Cuando estaba en casa, yo me sentía como Rapunzel. Sentía que estaba encerrada en una torre, bajo llave.

Cada uno de mis movimientos era vigilado. Tenía que pedir permiso incluso para ir a la cocina por comida. Tenía que seguir reglas y había un constante recordatorio de que había que ser una buena persona porque Dios siempre estaba mirando.

Al día siguiente, fui a la escuela y vi al chico que me gustaba. Me contó lo que mi mamá le había dicho y, para mi sorpresa, dijo que lo entendía y lo respetaba. Dijo que le parecía "buena onda" que mi mamá fuera tan protectora. ¡¡QUÉ?! ¿Era o no este el chico más encantador del mundo? Seguimos platicando y conociéndonos. Hablábamos de la iglesia, deportes, la iglesia, música, música de la iglesia… ¿Notan un tema constante? Judas después me pidió que almorzara con él y pensé, *¿Es esta mi primera cita amorosa?* Y dije que sí.

No sabía qué hacer. Mi mejor amiga de aquella época era una chica educada en una familia de testigos de Jehová muy estricta y ella también le prohibían hablar con chicos. Juntas éramos una nulidad para hablar de romances. Así que pensé que lo mejor sería improvisar. Me reuní con Judas para el almuerzo sin saber qué esperar. Nos sentamos juntos y entonces lo sacó. No, no eso que están pensando. Sacó un fólder lleno de papeles. Los extendió sobre la mesa. Frente a mí había un montón de fotocopias de figuras serpenteantes, ¿serían de un bebé? No lograba entender. Empezó a hablarme sobre las fotos. Eran de fetos abortados. Empezó a darme un sermón sobre el aborto y sobre la necesidad de ser provida. ¿Qué diablos estaba pasando? Me quedé pensando, *¡Santo Dios! ¿ASÍ son las citas románticas?* Él me gustaba mucho, pero esto era muy extraño. Aun así, me quedé sentada, asintiendo con la cabeza y tratando de comer mi torta de carne molida mientras él me mostraba imágenes gráficas y me enseñaba la palabra de Dios. Ese almuerzo con ese sermón fue la primera vez que alguien, incluida mi madre, me hablaba del sexo. Ni siquiera entró en detalles; solo me dijo que los bebés se hacen por medio de las relaciones sexuales. Desde ese momento, pensé que así eran las citas románticas. Salir con chicos que te adoctrinen sobre la Biblia. No sabía por qué mis amigas estaban tan interesadas en salir con chicos y, lo que es más importante, no sabía por qué mi mamá no quería que hiciera esto. Incluso después de su extraño sermón durante el almuerzo, seguimos hablándonos. Nunca hicimos nada. Una vez me abrazó. Jamás nos besamos ni nada de nada.

Recuerdo que me puse muy triste cuando terminó el año escolar porque se había acabado el octavo grado. Al siguiente año, entraríamos a secundaria, y muchos de nuestros amigos irían a otras escuelas. Me sentía fatal solo de pensar que ya no volvería a ver a Judas. ¿Cómo íbamos a despedirnos?

El último día de clases, nuestro director permitió que los alumnos de último año pidieran canciones que se escucharían a través del intercomunicador de la escuela como una forma de despedirnos de los amigos. Recuerdo que iba caminando desde mi casillero, recorriendo con la mirada toda la escuela y temiendo que el día terminara. Entonces, desde el intercomunicador, escuché mi nombre. Mi galán me había dedicado "End of the Road" de Boyz II Men. Estoy escribiendo esta oración y me río al recordar cuánto me emocioné. Mientras se escuchaba la canción, sí lo vi y nos despedimos con un abrazo porque sabía que era imposible que lo viera durante las vacaciones de verano. Mi madre nunca me lo permitiría. Cuando me fui de la escuela ese día, iba deseando volver a verlo al inicio del siguiente año escolar.

Y así fue.

Estábamos juntos en la clase de inglés. Recuerdo que estaba nerviosa cuando lo vi. ¿Y si las cosas habían cambiado? ¿Y si ya no le gustaba? Nos sentamos uno frente al otro y empezamos con las preguntas de siempre:

> JUDAS: ¿Cómo te fue de vacaciones?
> YO: Bien, estuve leyendo mucho.
> JUDAS: Ah, yo no.
> YO: ¿Y qué tal tus vacaciones?
> JUDE: Bien
> YO: Qué bueno.

Lo sentía diferente y él también me sentía diferente. No lograba saber por qué. Los dos tratábamos de retomar la amistad donde la habíamos dejado, pero no estaba fluyendo. Hablábamos, pero las cosas eran distintas. Quise atribuirlo a que estábamos ocupados. Él jugaba fútbol y yo jugaba voleibol, practicaba teatro y me preparaba para el decatlón académico (y no estoy presumiendo).

Un mes después del inicio de clases, me dijo que me quería decir algo. Santo Dios, ahí venía. Estaba saliendo con alguien, por supuesto. A mí no me dejaban ni siquiera hablar por teléfono con él, así que, ¿cómo iba a estar esperándome? ¿Y esperarme para qué? De nuevo, yo era como Rapunzel: vivía en una torre a la que nadie fuera de la escuela podía entrar.

Me hizo sentar y de inmediato temí lo peor. Y eso fue exactamente lo que pasó: lo peor. Me dijo que había una chica. (Asentí con la cabeza despacio. *Está bien*). Se conocían desde hacía tiempo y se habían mantenido en contacto. (Volví a asentir con la cabeza. *Entiendo*). Estuvieron saliendo durante el verano. (Asentí tanto que tal vez parecía un dispensador de pastillas Pez. *Sí, estoy escuchando...*).

Y estaba embarazada.

Eh… perdón. ¿Qué? ¿Iba a ser papá? Los dos teníamos catorce años. No podía digerir lo que me estaba diciendo. ¿*Cómo* es que iba a ser papá? Quiero decir, suponía *cómo* había sucedido. Había empezado a ver películas para adolescentes en Cinemax meses antes; podía imaginármelo. Solo me quedé pensando en lo diferentes que habían sido nuestras vacaciones. ¿Él estuvo acostándose con esa chica mientras yo estaba en casa tratando de ganarle a Sonic el Erizo? Continuó con ese largo monólogo sobre lo confundido que estaba. Iba a tener un bebé con aquella chica, pero yo también le gustaba mucho. Siguió diciéndome que estaba enamorado de las dos y no sabía qué iba a hacer. Me quedé sentada y escuché todo lo que decía. Luego le pregunté si había terminado de hablar y con mucho cuidado pensé en qué iba a decirle. Entonces, como toda una adulta, le dije que no debería estar confundido acerca de nada. Era obvio a quién había elegido. Le recordé aquel almuerzo que habíamos compartido y cómo me había hablado sobre ser provida, pero que en ningún momento había mencionado nada acerca de esperarse al matrimonio para tener relaciones sexuales. Así que le dije que siguiera adelante y se volviera papá. Es lo que había elegido. Me alegré de no haber sido yo a quien eso le pasó.

Volví a casa y puse otra vez a mi hombre favorito, Billy Joel. Empezó a sonar "Only the Good Die Young" y me di cuenta de que fue la primera vez que realmente tenía el corazón roto, o lo que yo creía que era tener el corazón roto. En parte, culpé a la forma en que me educaban. ¿Por qué no podía ser "normal"? Estaba tan consciente de que no tenía las experiencias típicas de adolescente que mis amigas sí tenían, y eso me daba rabia. No podía hablar con chicos, no podía ir a una cita romántica. Tenía que aislarme, sacar buenas calificaciones e ignorar completamente el hecho de que poco a poco me estaba convirtiendo en adulta con todos estos nuevos pensamientos y sentimientos que no entendía. No podía hablar con mi mamá de estas cosas. No podía hablar con nadie de esto. Solo tenía que reprimir lo que pensaba y desear que desapareciera.

La manera en que escuchaba esa canción cambió ese año. Me hacía sentir bien haciéndome sentir mal. Es como cuando rompes con alguien y pones canciones de amor que te hacen recordar los buenos momentos y te hacen sentir todavía más miserable, lo cual de alguna forma es terapéutico. Cada vez que ponía la canción y escuchaba la letra que describía a las chicas católicas, me hacía recordar que yo era diferente a todo el mundo. Casi era de forma burlona, pero aun así me encantaba escucharla.

Mi primer año en la secundaria me puso en el carril de alta velocidad con dirección a los chicos. No solo me vi forzada a confrontar mi rareza; tuve que encontrar la forma de lidiar con ella. Era un poco marimacha. No me maquillaba ni me vestía de forma muy femenina. Recuerdo que mi camiseta favorita era una ya vieja de los Mötley Crüe que había comprado en una tienda de segunda mano por tres dólares. Me gustaba ver *Viaje a las estrellas: la nueva generación*, y me entretenía mucho con videojuegos. Recuerdo que jugaba con Super Mario Bros. y pensaba, *No entiendo por qué este plomero se empeña en salvar a la princesa. La has salvado ya tantas veces; incluso has hecho que tu hermano participe y AUN ASÍ, ella no saldrá contigo.* Jugaba mucho con mis hermanos también, así que, supongo, casi siempre vi a los chicos como amigos. Las chicas que eran lo opuesto a mí parecían quedarse con todos los chicos. Había algunas que se maquillaban todos los días e iban bien vestidas a la escuela. Ellas, yo no.

También fue el año en que realmente me involucré en el teatro y participaba en todos los concursos. En uno de los torneos durante el primer año, mi escuela había compartido un autobús con la secundaria vecina y acabé haciéndome amiga de un grupo de chicos de primer año. Conocía a algunos por las competencias de teatro en el octavo grado, así que me alegraba mucho de verlos porque casi no me llevaba con mis colegas de teatro en secundaria. (No tenía idea de que eso que pasaba en aquel entonces era el inicio de un acoso escolar muy fuerte. Pero esperen, ya llegaremos a esa parte en otro capítulo). Cuando no estaba compitiendo en los eventos del día, estaba con esos chicos. Hablábamos sobre rock pesado, deportes y videojuegos y, al mismo tiempo, no dejábamos de citar *El mundo según Wayne*. No me interesaba ninguno de esos chicos; solo me la pasaba bien conversando con ellos. Era como platicar con mis hermanos, y me sentía totalmente tranquila. Una noche, después de la ceremonia de premiación, subimos al autobús para regresar a la escuela. Escogí un asiento al lado de la ventana y puse mis premios junto a mí. Uno de los chicos del grupo con el que había estado platicando me preguntó si se podía sentar a mi lado y le dije que sí. Nos sentamos y platicamos un poco. Me dijo que le gustaban mis trofeos y recuerdo que le contesté, "Bueno, dime a quién no le gusta ganar". Entonces se acercó a mí y me besó. Bueno, ME BESÓ cuando abrió la boca y sentí su lengua. Me asusté y me aparté porque había sentido su lengua. No tenía ni idea de lo que acababa de pasar ni de *cómo* había pasado. ¡Yo no había hecho nada con este chico y ahí estaba él, fingiendo que yo me estaba ahogando y tenía que darme respiración de boca a boca! ¿¿Qué estaba pasando?? Recuerdo que todavía sentía sus labios después de haberme apartado de él. Tenía quince años y acababa de darme mi primer beso ese chico con el que unas horas antes estuve cantando "Foxy Lady" de Hendrix como Garth de *El mundo según Wayne*. Lo primero que pensé fue, *¡Dios mío! ¿Ya me embaracé?*

Lo que acabo de escribir no es broma. Me da vergüenza tener que escribirlo, pero debo ser honesta: pensé que este chico me había embarazado por haberme besado. ¡YA LO SÉ! ¿Cómo rayos alguien puede creer que un beso y hacer el amor sean lo mismo? Bueno, mi educación católica y la represión de cualquier cosa relacionada con el sexo contribuyeron, pero las telenovelas mexicanas también tuvieron parte de la culpa. Estaba en secundaria, cierto, pero nadie me había enseñado nada sobre la sexualidad, así que yo había sacado conjeturas basadas en la televisión y el cine para saber qué era el sexo y cómo se hacía. Todo el tiempo veía telenovelas con mi mamá. La diferencia entre las telenovelas y las *soap operas* de los Estados Unidos es que las telenovelas tienen un principio y un final; son series que terminan. En cambio, las *soap operas* de los Estados Unidos duran décadas. En los mismos cuatro meses en que una telenovela empieza y termina, hay amor, lujuria, crimen, corazones rotos y muerte; en cambio, en las *soap operas* de los Estados Unidos, en esos cuatro meses ves lo que sucede durante dos días en la vida de los personajes.

Las historias de las telenovelas con las que crecí en los años 80 y 90 se parecían mucho. Una chica bonita y joven (generalmente pobre) se enamoraba de un hombre mayor y guapo (normalmente rico). A veces los roles se revertían, pero que quede claro: alguien era pobre y alguien era rico. Siempre había un villano porque no puedes formar un triángulo amoroso sin uno, o sería como un amor entre solo dos, ¿y quién querría eso? La meta del villano era destruir esta relación de merengue por todos los medios posibles. Por lo regular, el villano cometía sus peores fechorías los viernes, para obligar a la gente a ver la continuación el lunes. Lo que de verdad me confundía era que, en las telenovelas que yo veía, había un momento en la historia en que la pareja se daba cuenta de que se amaba y se besaban. A veces la cámara hacía un paneo lento hacia un lado y venía un corte comercial. Unos cuantos episodios después, la chica se daba cuenta de que estaba embarazada. Las historias siempre se presentaban de manera muy conservadora. Nunca había sexualidad en las escenas, sino una sutil insinuación, lo cual me confundía mucho, porque tomaba las cosas literalmente. Ah, olvidaba mencionar que, en algún momento de la telenovela, si nuestra heroína se sentía confundida, iba a la iglesia y rezaba para que Dios la guiara (esto sucedía mucho en una de mis telenovelas favoritas de toda la vida, *Rosa salvaje*). Estos programas eran los ejemplos más frecuentes que vi desde mi infancia sobre las relaciones amorosas. Después de todo, mi mamá me educó sola; mis padres se habían separado, así que yo no tenía ninguna relación en la vida real de la cual pudiera aprender.

Estuve en *shock* durante una semana después de que me besaron por primera vez. Sentía que ya no era una buena chica católica. Me sentía sucia, y tuve que contarle a mi mamá lo que sucedió. Yo estaba angustiada. De verdad creía que podía estar embarazada. Quería hacerme una prueba de embarazo. Finalmente, me armé de valor para contarle a mi amiga lo que había sucedido y soltó una carcajada. No podía dejar de llorar de la risa. Creyó que estaba bromeando. "Espera, ¿cómo puedes ser tan lista y tan mensa a la vez? ¿Cómo es posible? Porque ahorita eres retemensa". Me contó cómo era la cosa en realidad. Al final había tenido una versión de una plática sobre el sexo, pero con alguien de mi edad. Me sentí estúpida y avergonzada porque fue, una vez más, uno de aquellos momentos en que sentí que no era normal. Hasta la fecha, aún recuerdo cuánto se rio porque su risa me pareció una prueba de que yo era rara. Era totalmente diferente a toda la gente que conocía.

Supongo que el mejor plan que tuve para sobrevivir secundaria fue ser malvada para que así nunca hubiera la posibilidad de que le gustara a algún chico. Empecé a hacerlo todo el tiempo; se volvió mi estrategia. Me volví horrible, lo sé. Si sabía que remotamente le podía gustar a algún chico, me portaba fatal con él, y lo hacía con toda la intención de que me odiara y no quisiera ni verme. Sabía que nunca podría relacionarme con ninguno de ellos. Daba igual cuánto me gustaran. Hacer eso me hacía sentir fatal porque en muchas ocasiones sí me gustaban los chicos, pero sentía que no me quedaba otra opción.

Mi plan funcionó. Los chicos no querían salir ni tener nada romántico conmigo, lo cual era mi meta. Luego vino el momento en que descubrí la ironía. Fue al mismo tiempo en que mi mamá empezó a preocuparse, a preguntarse por qué yo no era coqueta como las chicas y no me interesaban los muchachos. Quería saber por qué yo no era como mi hermana mayor. A ella le gustaban los chicos. Se arreglaba. Como ya les conté, se había ido de la casa a una edad muy temprana porque no le gustaba lo estricto que era todo. Mi mamá se preguntaba qué problema tendría yo. No tenía ni idea de que ella era una gran parte del problema.

Empezó a preguntarse si yo no sería gay porque no había mostrado ningún interés en los chicos. Me parecía increíble que fuera tan inconsciente de que ella me había llenado de miedo y por eso había borrado esa parte de mí. Me había convertido en una adolescente que constantemente hablaba del nulo interés que sentía por los chicos y que creía que el amor era una idea estúpida. Pensaba que era la única manera de quitarme a mi madre de encima. Había creado la mentira de ser una persona asexual, a quien nadie le interesaba. Era mi forma de tratar de que mi mamá me dejara en paz, pero ahora ella estaba convencida de que debía hacerme salir del clóset.

Mi mamá solía ver ese obsceno programa latinoamericano en el que constantemente aparecían adolescentes gays que salían del clóset delante de sus padres. La mayor parte de las veces, los papás se enfurecían, levantaban las sillas y trataban de golpear a sus hijos con ellas. Mi mamá veía esos episodios y se sentía terriblemente mal por los chicos. No podía entender que los padres dejaran de amar a sus hijos por ser como eran. En cuestiones relacionadas con la comunidad LGBT, era muy moderna. Era el tipo de persona que decía que no importaba a quien amaras, siempre y cuando fueras feliz. Yo no entendía cómo ella podía ser tan amorosa en ese sentido, porque si un chico llamaba a la casa preguntando por mí, me daba una golpiza.

Teníamos la costumbre de ver el programa juntas y empecé a darme cuenta durante mi último año de secundaria de que, cada vez que había un episodio sobre un adolescente que revelaba la verdad a sus padres, ella me miraba y me hacía muchas preguntas para sondearme. Llegábamos a la parte del programa en donde el adolescente revelaba que era gay y uno de sus padres se ponía furioso. Entonces, casualmente, me decía: "Sabes que, si alguno de mis hijos fuera gay, yo no lo dejaría de querer" al mismo tiempo que se giraba lentamente para verme. Bueno. Si había un comercial con una chica bonita, me preguntaba si la chica me parecía linda. Pues… Creo que sí. Me preguntaba una y mil veces y, por fin, un día me preguntó: "¿Te gustan las chicas? ¿Eres gay? No me voy a enojar si lo eres. Solo lo quiero saber. De todos modos yo te amaré". Le dije que no creía que lo fuera. Era una pregunta muy extraña, no por el hecho de querer saber si era gay, sino porque yo no sabía si estaba respondiendo lo que ella quería oír. Tenía que tratarla con pinzas. Le dije que no tenía ningún tipo de sentimientos por nadie, lo cual era una mentira enorme porque durante toda la secundaria me había gustado un muchacho un año mayor que yo. También yo le gustaba a él. Hablábamos por teléfono cuando mi mamá estaba trabajando. Me traía loca, pero no podía hacer nada más que hablar con él por teléfono. Así era como debía portarme con mi estricta mamá; le mentía mucho sobre mis sentimientos y mi identidad.

No fui a mi graduación de la secundaria; fue mi decisión. Cuando supe que tenía suficientes créditos para graduarme, dejé de ir a la escuela porque pensé que ya no tenía sentido. Siempre sentí que yo no encajaba allí, así que, ¿por qué seguir yendo si no tenía que hacerlo? Me habían enseñado a considerar la escuela como si fuera un trabajo y tampoco tenía tantos amigos como para extrañarlos. Solo tuve dos amigas durante toda la secundaria y eran un año más jóvenes que yo. Había decidido ir a la universidad de St. Louis y, en mi mente, ya vivía por mi cuenta. Mi mamá odió la idea de que me fuera. Creo que le dolía el hecho de que sus dos hijas la dejaran en cuanto pudieron, pero, ¿era nuestra culpa?

El primer día que fui a la universidad (y me refiero a las pocas horas de estar allí) conocí a un chico. Vivía en mi residencia de estudiantes y empezó a hablar conmigo. Salimos durante un tiempo. Era de Dallas y mi hermana vivía allá, así que teníamos eso en común.

Parecía buena persona. Hablemos de lo que pasó unas horas después. Estuvimos fajándonos. Borren eso. Déjenme corregir. Él estuvo en pleno faje conmigo y yo estuve intentando descifrar qué era eso del "faje". Todo lo que hicimos fue besarnos y recuerdo que no podía disfrutarlo porque me la pasé pensando si yo lo estaba haciendo bien. Sentía que había mentido en mi currículo; había obtenido un trabajo y ahora tenía que hacerlo y no tenía ni idea de cómo. Lo que quiero decir es que agradezco que las reseñas de Yelp sobre los fajes todavía no existieran. Yo era completamente inconsciente de lo que me estaba pasando, pero ahora que lo pienso, era muy obvio. Era la primera vez que estaba sola sin ninguna supervisión materna. Podía hacer todo lo que quisiera, y eso fue abrumador. Me estaba volviendo loca o, más bien, me estaba volviendo loca a mi manera. Con esta recién descubierta independencia, estaba compensando por el tiempo perdido. ¡Quería meterme con todos los chavos que veía!

¿Acaso pensaron que iba a decir que me acosté con todos los chavos que conocí? ¡Ja, ja! ¿No leyeron el principio de este capítulo? Hace unas cuantas páginas creí que me había embarazado por un beso, ¿y ahora creen que iba a caer tan fácilmente? ¡Por favor!

Si pienso en aquellos tiempos, para mí no era problema contarle a la gente que nunca había tenido relaciones sexuales; el problema era la reacción de algunas personas. A veces, si surgía en la conversación, había gente que actuaba como si yo tuviera algo muy grave. De repente querían hacer planes para que perdiera mi virginidad como si hubiera sido un muchacho en una película de secundaria que desesperadamente tratara de fornicar por primera vez antes de su graduación. La gente no dejaba de preguntarme por qué no me había acostado con nadie todavía, y la verdad era simple: no había salido con nadie y nunca había tenido novio. Nunca surgió la oportunidad.

No era que me aferrara a la parte religiosa. En cierto modo, simplemente no me lo había propuesto.

Un tiempo después, cuando cumplí veintiún años, trabajaba de mesera en un restaurante en donde todos sabían que era virgen y decidieron contribuir para darme un regalo y sorprenderme. Cuando lo sacaron, me dijeron que tenía que llevarlo a casa en la forma en que me lo habían dado y que se asegurarían de que me lo llevara intacto. También me dijeron que me darían el dinero de las propinas del día siguiente si hacía lo que me habían dicho.

Yo no entendía por qué la misión sería tan difícil porque, honestamente, no conozco la vergüenza. Yo podía caminar como un caballo a cuatro patas con un overol, y ya me conocían muy bien por cantar en la cocina durante mis turnos. Los comensales aplaudían y me daban una propina al terminar de cantar. ¿Qué demonios tratarían de hacer para avergonzarme?

Llevaron una galleta gigante que decía "Feliz cumpleaños" y luego otra mesera dijo que iría a por mi "regalo". Cuando dio la vuelta en la esquina y pude verlo parcialmente, me dieron ganas de llorar. Era un muñeco inflable con un pene erecto. Era moreno, con vello pintado en el pecho. Se parecía un poco a Burt Reynolds.

Y sí, estaba inflado.

Empezaron a reírse y no podían parar. Yo estaba aterrada. La mesera me lo dio y me dijo: "Diviértete llevándotelo a casa". ¿Ya mencioné que no tenía coche y volvía a mi casa en autobús? Cuando acabó mi turno ese día, me vieron salir del restaurante y caminar a la parada, cargando el muñeco inflable bajo el brazo. En cuanto me perdí de su vista, empecé a desinflar al tipo, pero estaba tardando mucho y el autobús llegó. Subí y me senté. La gente se me quedaba mirando, y yo les explicaba que era una broma de cumpleaños. Sentía tánta vergüenza. Después de unas cuantas calles, el muñeco no era más que una plasta… una plasta con un pene erecto.

Oigan, tenía veintiún años cuando perdí mi virginidad. Por supuesto que fue con el Burt Reynolds inflable que mis colegas del restaurante me regalaron. (Es broma). Prefiero no contar quién fue el chico; baste saber que me gustaba mucho y pensaba que era estupendo. La verdad es que nadie sabe quién fue. El chico que piensa que fue el primero en mi vida en realidad fue el segundo. Quise mantener el primero en secreto por la historia que les voy a contar.

Conocí a un chico en el trabajo. No en el restaurante, sino en otro trabajo. Por lo general, tenía más de un trabajo en aquel entonces. Él era muy guapo y supersarcástico. Teníamos prohibido salir con compañeros del trabajo, así que cada uno iba por su lado y nos encontrábamos fuera de la oficina. Después de unos meses de salir juntos, nos acostamos. Simplemente sucedió. Yo no estaba esperando hasta casarme porque, honestamente, no estaba segura de quererme casar. Fuimos a su departamento y tomamos unas cervezas. Estuvimos riéndonos el uno del otro y luego una cosa llevó a la otra. Acabamos en su recámara. Recuerdo exactamente lo que estaba pensando cuando eso estaba sucediendo: *¿Estoy haciéndolo bien? Y, ¿qué se supone que debo hacer?* De nuevo, la idea más cercana que tenía de qué hacer fue basada en las películas de medianoche que transmitía Cinemax, pero lo único que aprendí es que dormir con chicos ocasionales era la única forma de mantener abierto un lavado de autos con chicas en bikini.

Al día siguiente, cuando me desperté, tardé un segundo en darme cuenta de que no había soñado lo que pasó. Cuando vi que no estaba en mi departamento, miré alrededor y vi la cara del chico. Abrí los ojos enormes como si acabara de descubrir que un fantasma me estaba acechando. Me aparté de él, repitiendo en voz baja: "¿Qué cosa hice?".

El chico se despertó al poco rato y quiso abrazarme. Me preguntó si quería desayunar. Yo no sabía si debía desayunar. ¿Era eso parte del proceso? Salí rápidamente de la cama y le dije que se me hacía tarde. No tenía adónde ir, pero tenía que irme rápido de allí. No sé qué me pasó, pero pasé de sentirme mareada a llenarme de ansiedad en un dos por tres. Se ofreció a llevarme a casa (recuerden, iba en autobús a todas partes), pero le dije que no era necesario. Recogí mis cosas y salí volando.

No sabía por qué me había ido tan pronto. Técnicamente no había hecho nada malo. *Técnicamente.* ¿Observaron la palabra? No había hecho nada "técnicamente" malo, pero me di cuenta en ese momento de que sentía lo contrario. Allí estaba, pensando que no había problema si me acostaba con alguien porque no iba a esperar hasta el matrimonio, pero, en realidad, la enorme culpa católica inundó mi cuerpo como cuando el Mar Rojo se unió después de que Moisés lo había dividido. Fue cuando me di cuenta de que estaba sintiendo esa culpa que me habían enseñado. Me sentía horrible. No sabía qué hacer para sentirme mejor, pero lo más importante es que no sabía cómo demonios llegar a mi casa. ¿Dónde diablos estaba la parada del autobús? Acabé por tomar un autobús y cuando estuve cerca de mi barrio, bajé en una parada que conocía bien. Corrí de la parada a una iglesia católica a la que acostumbraba ir. Entré como si necesitara un exorcismo y fui al primer confesionario disponible que pude encontrar. Entré y le confesé al sacerdote que me había acostado con un hombre, pero, cuanto más me confesaba, más pensaba que hasta el cura creía que yo era rara. Tenía un tono en la voz como si esperara que hubiera algo más grave en la historia. Le conté todo en un tono más dramático para ver si lograba hacer que él reaccionara con más sorpresa: "ME ACOSTÉ con un hombre. "Me acosté… ¡CON UN HOMBRE!". Me dijo que repitiera algunas oraciones y ¡a otra cosa mariposa!

Ese día salí de la iglesia sintiéndome asfixiada. Había hecho algo completamente normal que muchos adultos hacen y allí me tienen, con una incapacidad total para saberlo manejar. Fue justo en ese momento cuando me di cuenta de lo reprimida que me sentía con algo así de intenso por la forma "correcta" en que mi mamá me educó, lo que en realidad significaba fingir que casi todo lo que era normal no existía. La forma en que me educó era una combinación entre ser una católica devota y también, supuestamente, tratar de ser recatada y decente.

Siempre me pareció extraño que la base de lo que me enseñaron como católica fuera siempre tratar de ser honesta, cuando, en mi caso, el catolicismo era mucho más un impedimento que otra cosa. No es que rechace a la religión. Sigo siendo católica. Es una parte de mí que no puedo sacudir. Si tengo tiempo libre y estoy cerca de una iglesia, entro. Tengo un altar a San Judas en mi departamento. Algo que fui descubriendo con los años es que puede haber un equilibrio entre nuestra fe y nuestro crecimiento. Uno puede ir de la mano del otro sin reprimirlo ni destruirlo. Entender esto me ha llevado años, y aún sigo aprendiendo.

Me gustaría pensar que sigo siendo religiosa porque, proviniendo de lo más bajo, te das cuenta de que la fe es lo único que tienes. Eso es, hasta que logras encontrarte a ti mismo. En las palabras de Billy Joel: *"Only the good die young"*. Solo los buenos mueren jóvenes.

Yo no quiero morir joven. Quiero morir siendo viejita, y eso implica que debo portarme un poco mal para lograrlo. Dios lo ha de permitir.

Selena Quintanilla es alguien con quien sentí una conexión a pesar de no haberla conocido en persona. Es el mejor ejemplo de lo que uno puede llegar a ser cuando es fiel a sí mismo.

"DREAMING OF YOU"
SELENA

Era 1995 y estaba en mi clase de francés en la secundaria preguntándome por qué, en todas las lenguas extranjeras, era tan importante aprender cómo pedir instrucciones para llegar a la biblioteca. Me imaginaba que tal vez era un requisito para viajar a otros países; debías ir a la biblioteca por alguna razón que descubriría cuando fuera adulta.

Tenía que tomar un curso de una lengua extranjera para cubrir los créditos y quería ponerme el reto de aprender francés porque ya sabía español. Por supuesto, yo era un ratón de biblioteca al que le gustaba ponerse retos con cuestiones escolares y sí llevé francés durante años, aunque ya no puedo hablarlo ni escribirlo. No era tan difícil porque el francés tiene las mismas conjugaciones que el español.

Fue el 31 de marzo de 1995 cuando el director abruptamente interrumpió la clase para darnos una noticia. "Lamento interrumpir, pero tengo que dar un aviso importante. Acabamos de enterarnos de que Selena Quintanilla acaba de morir".

El grupo se quedó en silencio durante un momento y después todo el mundo empezó a llorar. Yo no podía digerir lo que había escuchado. Una chica que se sentaba en diagonal a mí me miró y preguntó: "¿Por qué lloras? ¿A poco te gustaba?" Contesté: "Sí, me gustaba. Las dos íbamos en el mismo grupo de educación física". Fue cuando me dijo que había matado en mi mente a otra Selena. La Selena que había muerto era una cantante de un tipo de música llamada "texana". Me moría de la vergüenza. Me había equivocado de Selena. Sí había una en mi clase de educación física, pero, pensándolo con calma, ni siquiera sabía su apellido. Simplemente deduje que era ella porque tanta gente en mi grupo se había puesto a llorar. Tenía que ser una estudiante, ¿no? Cuando entendí de qué Selena se trataba, me sentí todavía peor y eso me confundió. Sí conocía a la niña de educación física personalmente, pero, ¿a la cantante? Nunca la conocí. ¿Cómo podía sentirme tan devastada por la pérdida de una extraña? Conocía su música, pero no a ella.

Antes de continuar, debo dar una clase relámpago a todos aquellos que no saben quién fue Selena Quintanilla. Selena era una cantante mexicoestadounidense que nació y creció en Corpus Christi, Texas (que está a dos horas de camino de San Juan, mi pueblo natal). Era la solista de un grupo llamado Selena y los Dinos, a quienes dirigía su padre, Abraham Quintanilla. En cierto modo, eran algo parecido a la familia Partridge en versión mexicoestadounidense. Ella se volvió famosa cantando un género de música conocido como "música tejana", que supongo podría describirse como música latino-texana. Normalmente tiene elementos de polka y rock, y las canciones son en español. A Selena le decían cariñosamente "La Reina de la Música Texana" y consiguió ese estatus cuando se convirtió en la artista latina más exitosa de los años 90.

Mi familia y yo veíamos a Selena y los Dinos muchas veces en un programa que salía los domingos llamado *The Johnny Canales Show,* un programa semanal de variedades que presentaba nombres prominentes en la música texana. En nuestra familia, ver a Johnny Canales era parte de la vida cotidiana. Nos sentábamos en el suelo de la casa y desayunábamos mientras lo veíamos. Todas las semanas lo veíamos con sus frases, que se volvieron clásicas: "Take it away!" y "You got it!".

La clase de francés era la última del día. Mi hermano me recogió y, cuando subí al coche, íbamos escuchando una canción de Selena en la radio. Cuando terminó, el DJ de la radio sollozaba al mismo tiempo que repetía la noticia: "Selena Quintanilla ha muerto", y siguió poniendo más música de ella. Mi hermano me preguntó si había escuchado la noticia. Sí la escuché, pero su música me puso todavía más triste. Me costaba trabajo aceptar lo que estaba escuchando. No me deprimí inmediatamente; fue algo que se acumuló poco a poco en mi interior. Cuando llegamos a casa, mi mamá estaba llorando por Selena. Fue la primera vez que viví este fenómeno de primera mano: una persona famosa se muere y todo el mundo a mí alrededor reacciona de esta manera, como si hubiéramos perdido a un miembro de la familia.

Una de las formas que pone en evidencia cómo la muerte de Selena fue diferente a otras es que la noticia logró llegar hasta el colchón de mi mamá. Mi mamá tenía la costumbre de guardar los documentos más importantes debajo de nuestro colchón en un espacio entre el colchón y el somier; era como la caja fuerte familiar. Siempre que necesitábamos un documento importante, una persona alzaba el colchón para que otra buscara el papel que hacía falta. Era una especie de programa de concurso sobre la pobreza porque teníamos que tratar de encontrar lo que estábamos buscando antes de que quien estaba alzando el colchón empezara a cansarse y lo dejara caer. Era interesante ver el tipo de cosas que mi mamá guardaba allí; casi era como una cápsula del tiempo de lo que representaba mi familia. Allí estaba el registro de cheques de la cuenta bancaria de mi mamá, que nunca tuvo más de trescientos dólares (las únicas veces que tuvimos ese dinero en el banco fueron cuando mi mamá recibía su devolución de impuestos). También había fotos escolares que nunca enmarcamos. Ni siquiera las habíamos comprado. La mayoría eran fotos de nosotros con una marca de agua que decía "muestra". Había una pintura de Jesucristo sumamente vieja, pero mi familia se negaba a tirarla porque pensaba que era un sacrilegio. Había sobres enviados por H&R Block con los cálculos de los impuestos de mi mamá y recortes de periódicos que ella guardaba. Esos artículos del periódico decían mucho sobre ella. Mostraban las cosas que le importaban. Tenía recortes de cosas diversas como uno de la bandera de los Estados Unidos, artículos sobre la gran iglesia católica que había en nuestro pueblo y un artículo sobre John F. Kennedy. Pero el más grande y el que sobresalía más era la página principal del periódico local, *The Monitor*, que anunciaba la muerte de Selena. Mi mamá lo guardó porque le pareció importante para la historia que quería recordar.

Debo admitir que no entendía por qué mi madre había guardado ese recorte y lo había puesto debajo del colchón, pero yo era muy joven. No fue hasta que vi la película protagonizada por Jennifer López que logré entender.

La película atrapó mi atención desde el principio. Se veía a Selena de niña mirando hacia el cielo y pidiendo un deseo. Cuando yo era pequeña, hacía lo mismo todos los días. Cuanto más me atrapaba la película, más descubría lo que me encantaba de ella. En lo personal, nunca soñé con ser una estrella de la música tejana, pero vi algunas cosas que me parecieron conocidas, como la dinámica que había en su familia. Su energía se parecía a la mía en el sentido de que a los hermanos les gustaba convivir, y los padres eran sobre protectores y amorosos. Me encantó ver que ella vivió en Corpus Christi porque yo nunca había ido a una ciudad "grande" como esa, tan diferente a mi pueblito de San Juan. La comparé con una de esas grandes áreas metropolitanas como San Antonio, que en mi imaginación era como la ciudad de Nueva York.

Un momento que realmente me impactó fue la escena en que Selena Quintanilla y su amiga están mirando un vestido en una tienda cara. Su amiga quiere probárselo y la vendedora deduce que no pueden pagarlo y no quiere perder su tiempo ayudando a personas que no son compradoras de verdad, porque, obviamente, eso se nota cuando la gente entra en la tienda. En esa parte de la película, alguien reconoce a Selena y corre para decírselo a otra persona; el efecto dominó empieza. En las siguientes escenas de la película, hay grupos de latinos amontonados alrededor de la tienda. Esto hace que poco a poco las vendedoras se den cuenta de que Selena era una cantante famosa (de la que, por supuesto, nunca habían escuchado). Lo que se me quedó en la mente de esa escena fue que sus admiradores eran latinos de la clase trabajadora que tenían trabajos como conserjes y mensajeros. Esa escena me reveló muchas cosas porque fue cuando me di cuenta de que yo provenía de una familia cuya matriarca tenía ese tipo de empleo. Me hizo dar cuenta de lo importante que era para la gente como mi mamá ver a alguien parecida a ella. También me hizo considerar que, independientemente de lo importante que fuera Selena para la comunidad latina, no era tan famosa como yo pensaba fuera de nuestra comunidad.

Hubo una lección incluso más grande para mí en esa escena, una que solo pude comprender a fondo cuando me hice mayor. Fue que, a pesar de ser tan rica o famosa como puedas ser, siempre habrá gente que piensa que no puedes lograr cosas por tu apariencia. Pensarán que no puedes comprar algo o que no perteneces al lugar al que has llegado. Lo he vivido en carne propia. Hace unos años, quería comprarme un coche nuevo. Mi programa de televisión se transmitía y yo quería comprar un coche porque ahora contaba con los medios para adquirir uno nuevo. Le pedí a mi amigo Steve que fuera conmigo a las concesionarias porque yo no sabía nada de la industria automotriz y él no solo se había dedicado a vender coches, sino que uno de sus mejores amigos de la infancia era gerente de una concesionaria en Texas.

Estábamos en el área de Beverly Hills y pasamos por una concesionaria bonita. Steve sugirió que entráramos a ver los coches. Yo ya había visto aquella marca de coches, pero no pensé que compraría uno porque el precio era muy alto. Pero pensé, *¿Y por qué no? Vamos a verlos.* Steve me había ayudado a ir descartando opciones y yo quería manejar específicamente dos modelos para probarlos. Llevaba puesta una camiseta vieja amarilla de *The Golden Girls,* que hasta la fecha sigo usando, y unos pantalones de mezclilla con sandalias. Nunca olvidaré ese atuendo. Steve y yo recorrimos la concesionaria durante un rato, pero nadie venía a ayudarnos. Los dos pensamos que quizás era el tipo de concesionaria en que los vendedores no querían parecer muy agresivos, así que terminamos por caminar hasta el mostrador para solicitar la ayuda de un vendedor. La mujer llamó al departamento de ventas y llegó un hombre que me miró e inmediatamente puso cara. Pensé que había sido mi imaginación. Le dije a Steve que él hiciera la negociación porque ese tipo de situaciones me intimidaban, sobre todo porque yo no sabía mucho de coches. Steve le dijo al vendedor que quería hacer una prueba de manejo con dos coches en particular. El vendedor me miró y dijo que no tenía ningún coche que yo pudiera probar. A Steve le pareció extraño. ¿Cómo era posible que una concesionaria de autos no tuviera coches que se pudieran manejar para probarlos? Steve le preguntó qué coches *sí* tenía disponibles y el vendedor respondió: "Pues… ¿cuál quiere comprar?"

Respondí: "No estoy segura. Por eso quiero probar dos coches".

El vendedor repitió que no tenía ningún coche que yo pudiera probar. Steve repitió que me interesaban dos modelos y el vendedor dijo que no podía ayudarnos en un tono tan condescendiente que le dije a Steve que nos fuéramos, y así lo hicimos. Salimos y Steve no podía entender qué estaba pasando; en cambio yo sabía perfectamente qué sucedía.

Cuando caminábamos a mi coche, Steve dijo que estaba muy molesto; no quería dejar las cosas así nada más. Llamó a su amigo en Texas y le contó lo que había sucedido y de inmediato su amigo respondió que eso era totalmente anormal. Le dijo que era evidente que el vendedor no quería ayudarme. Su amigo le dijo que, por coincidencia, otro de sus viejos amigos de Texas era el gerente general de esa marca de coches en el sur de California. Le aseguró a Steve que llamaría a ese amigo y le contaría lo que había pasado.

Mientras Steve hablaba por teléfono, yo estaba en el asiento del conductor, impactada por la forma en que me habían tratado. Siempre que hay momentos así (y sí, todavía me ocurre), se siente como si fuera la primera vez. Me da coraje, pero también me duele. Es un tipo diferente de dolor. En cierto modo, es una combinación de sentimientos del tipo "Nunca lograré hacer lo suficiente para que la gente piense que soy importante" y un poco de "¿Por qué debo lograr cosas increíbles con tal de que me reconozcan como un ser humano?". Cuando Steve terminó la llamada, me contó que su viejo amigo, el gerente regional encargado de esa concesionaria en particular, había llamado al gerente de la concesionaria para contarle lo que había sucedido. El gerente estaba en su oficina y quería hablar con Steve y conmigo. Le dije a Steve que no tenía ganas de volver a entrar ahí. Sí, sé que algunas personas habrían tomado una ruta más agresiva y habrían entrado para demostrar lo que había pasado, pero yo para nada tenía ganas de hacer eso. Empecé a llorar y le dije a Steve que no entendía cómo era posible que teniendo (en aquel entonces) un programa en televisión privada y siendo copresentadora de *The View* todavía siguieran tratándome como si no fuera digna de comprar un coche.

Steve regresó a la concesionaria. Quería contarle al gerente general cómo me había tratado el vendedor. Yo me quedé en el coche. Al poco rato, Steve me llamó desde la concesionaria y me dijo que el gerente general quería hablar conmigo. No quise ir. En ese momento, estaba tan enojada que no quería ni estar cerca de ese lugar.

Al volver, me contó que el gerente general se había disculpado y había despedido al vendedor. Quería compensarme y me hizo una oferta interesante. Dijo que se sentía mal porque su esposa era latina y no podía creer que algo así hubiera pasado. Incluso le dijo a Steve que si yo no quería ir a la concesionaria, él lo entendía y me llevaría el coche adonde yo quisiera para probarlo. Unos días después, le conté a Steve que quería comprar un coche que me llevaron hasta el estudio donde estaba grabando mi programa para que hiciera la prueba y había pedido que fuera un vendedor no caucásico quien me lo llevara para que él se ganara la comisión. Cuando llegó el vendedor, dimos una vuelta por el barrio y le pedí a Steve que me ayudara a negociar. En cuanto lo hizo, me llevaron el coche, otra vez hasta el estudio… y lo hizo una latina. Me contó que había escuchado lo que me había pasado y se sintió fatal. Me dio las llaves y me agradeció haberle dado otra oportunidad a la concesionaria.

Cuando le conté todo esto a una amiga, me respondió que yo había tenido un "momento a la Selena" y hablamos sobre la escena del vestido. Hablamos sobre cómo, a veces, a la gente no le importa *quien* seas porque, piensa en Selena: para muchos fue un ícono, pero se la juzgaba por *lo que* era. Hasta la fecha, algunas veces pienso en eso.

No podía evitar ser fan de Selena. Tenía un carisma a flor de piel; no tenía que decir ni una sola palabra para transmitirlo. Tenía una sonrisa increíble que te obligaba a darte cuenta de lo especial que era... Y lo percibías. Era una chica mexicoestadounidense morena de cabello oscuro. Me hacía pensar en muchas chicas que conocía, y eso me encantaba. La música que la hizo famosa era en español, pero se había compuesto aquí, no solo en los Estados Unidos, sino cerca de mi minipueblito, que no tiene el tamaño suficiente ni para aparecer en los mapas. Era muy diferente a mí porque yo había crecido escuchando básicamente canciones mexicanas en español cantadas por artistas de México. La idea de que esta chica (y cuando la descubrí, ella era una adolescente) fuera mexicoestadounidense como yo y se desenvolviera en ambas culturas hizo que me convirtiera en su admiradora. Cantaba en español, pero hablaba en inglés. Igual que yo.

Lo que más me gustaba de ella es que era una latina a quien yo podía tomar como modelo. Era "una chica del barrio" que siempre fue muy accesible, y lo más importante es que era una chica de un pueblo cercano. Vivía a dos horas de camino de mi casa, y si creces en un gran estado como Texas, en donde a veces hay tanto campo abierto entre un pueblo y otro, pronto te das cuenta de que dos horas no son nada. También tenía una vibra muy difícil de explicar, pero imagino que la mejor forma de describirla es que a mí me parecía ser "muy del sur de Texas", lo que significa que me resultaba *extremadamente familiar*.

Para mí siempre ha sido difícil describir el lugar donde crecí porque es diferente a otros sitios. Lo que he aprendido gracias a vivir en

Texas, Nueva York y Los Ángeles (entre otros lugares; soy una nómada) es que la comunidad latina es muy similar y diferente a la vez. (Por cierto, y para su información, no existe ningún país que se llame "Latinolandia"). Hay diferencias entre los países latinoamericanos que nos distinguen a unos de otros, como la lengua. Aunque muchos hablamos español, a veces hablamos diferentes variedades de español; las palabras tienen sutiles significados diferentes en diversos países.

La gran lección que aprendí (y sigo aprendiendo) es que, incluso dentro de mi propia comunidad mexicana, nuestros mundos pueden ser muy diferentes. La cultura mexicana con la que crecí en Texas a veces difiere de la cultura mexicana que he encontrado recorriendo el país.

Me parece importante enfocarse en lo que genera diversidad entre la gente de la comunidad latina. Durante demasiado tiempo nos han obligado a tratar de entrar en el cajón en que nos metieron. He observado mucho esto trabajando en la industria del entretenimiento.

También tengo un dilema: siento que debo informar a la gente sobre las cosas que desconoce y, *al mismo tiempo*, trato de explicar por qué es importante contar ciertas historias. En esos casos, a menudo me pregunto cómo espero que entiendan mi lucha si tengo que educarlos a lo largo del proceso. Recuerdo que, cuando mi programa estaba por salir al aire y yo tenía que hacer conferencias de prensa para promocionarlo, los altos mandos se enteraron de que hablaba español y (¡vaya sorpresa!) acabé haciendo más entrevistas en español que en inglés porque pensaron que si hablaba en español atraería a más latinos. ¿Por qué? Traté de explicarles que mi programa era en inglés y, por eso, las entrevistas también deberían ser en esa lengua, pero ni me escucharon. Ellos pensaban que yo hablaba español, al igual que todos los latinos, así que… ¡a complacerlos!

Para ser honesta, creo que a los latinos también les gusta meterse unos a otros en cajones. Tuve varias experiencias sobre esto cuando mi programa se transmitía. Había gente que me decía: "¡Los latinos no hacemos eso!" o "¡Los latinos no somos así!". Yo siempre les contestaba: "Lo sé". Mi programa de televisión era *Cristela*, no *Todos los latinos del mundo*. Es imposible cumplir las expectativas de todo el mundo y tampoco tenemos por qué hacerlo. Yo crecí viendo programas como *Roseanne* (el original, no la versión moderna) y nunca concluí que todas las madres blancas fueran así. Imaginaba que en ese programa contaban una historia en particular. Creía que recibiría el mismo respeto que yo concedía a los programas, ¡pero qué va!

Como parte del viaje que estaba haciendo a Miami para contarle a la gente sobre mi programa, los altos mandos pensaron que sería buena idea transmitir el programa piloto para diferentes grupos de latinos. Me opuse terminantemente a eso porque sentía que si mi público meta eran grupos latinos específicos y les mostraba el programa piloto era como si les preguntara si mi vida era digna de su atención y les pidiera permiso para compartirla. Yo quería estrenar el programa y que todo el mundo reaccionara de manera simultánea. Después de la primera transmisión del programa piloto en Miami, una mujer dijo que no le gustó porque era "demasiado estereotípico", lo cual me ofendió porque el programa era sobre mi familia y retrataba exactamente cómo era nuestra dinámica. ¿Acaso insinuaba que mi familia era un estereotipo? Salió con el típico "Los latinos no somos así". Le pregunté qué quería decir con eso y dijo: "Los latinos no somos así. La madre en el programa es demasiado estereotípica. No somos así". En cuanto dijo eso, le sonreí y pregunté: "¿De cuál madre habla? Porque hay dos madres en el programa: mi mamá y mi hermana. Solo quiero asegurarme de estar hablando de la correcta". Contestó que se refería a mi madre, y entonces empecé a explicarle la intención del programa. Quería llevar al público a un viaje para mostrarles cómo ciertas situaciones pueden reflejar el cambio de guardia, por así decirlo, con respecto a la forma en la cual manejamos situaciones específicas, dependiendo del contexto. Para mí era importante mostrar una diferencia sustancial entre las madres que aparecían en el programa y también entre ellas y yo. Ustedes podrían decir que no les gustaba el programa, está bien, pero yo no podía entender una afirmación general como: "Los latinos no hacemos eso". Noticia de última hora, doña: Eso con lo que usted no está de acuerdo es *exactamente* lo que mi familia y yo hacíamos. Mi único objetivo al hacer el programa era mostrar mi realidad con la esperanza de que otros se identificaran con ella, no tratar de ser el ejemplo perfecto de lo que todos los latinos somos. Nunca podría hacer eso. Yo no viví la vida de otros.

La historia general que traté de contar en mi programa era cómo las ideas y los pensamientos evolucionan a través de las generaciones, porque eso fue lo que sucedió en mi familia. Mi mamá era una mujer anticuada, de la vieja escuela, estricta, que siempre nos contó historias sobre cómo su propia vida había sido peor que la de todos nosotros. Mi hermana tuvo tres hijos y pude ver un cambio en la forma en que ella trató a sus niños en comparación con la manera en que nuestra madre nos trató a nosotros. Porque mi hermana creció en los Estados Unidos, en una cultura diferente a aquella a la que se había acostumbrado en México (mi hermana vivió allá los diez primeros años de su vida, aunque había nacido en Texas), fue capaz de entender que algunas ideas de mi madre estaban fuera de época. Por eso, ella se convirtió en una madre más "moderna", aunque a veces tenía un toque de esa mentalidad anticuada, porque los hijos aprenden lo que sus padres les enseñan. Aunque mi hermana tenía una mente más moderna que mi madre, también se casó y tuvo hijos siendo muy joven. Yo no me casé ni tuve hijos a una edad temprana porque quería salir de allí, hacer realidad mi sueño y forjar una carrera. Esto me colocó en una trayectoria diferente a la de mi hermana y, por lo tanto, me convertí en una persona que seguía conectada con sus raíces familiares, pero que también fue diferente al resto de la familia.

Al mismo tiempo, entiendo por qué la gente puede ser tan crítica con respecto a la forma en que se retrata en la pantalla a su comunidad. Sienten enormes deseos por verse representados y quieren sentir una conexión. Desean aportar sus ideas, lo cual agradezco, pero creo que podemos cambiar nuestra intención y nuestro mensaje simplemente reestructurando la manera en que decimos las cosas y conversamos entre nosotros. En lugar de decir que "Los latinos no son así" o "Se te olvidó cuando nosotros…", pueden decir "Cuando yo era niña, (pongan algo nostálgico aquí)" o simplemente "Mi familia no hacía eso", pero lo que nunca pueden hacer es negar MI vida ni MI experiencia por el hecho de que no hayan vivido lo mismo. ¿Cómo podemos evolucionar como comunidad si no nos abrimos y nos permitimos conocer historias que no encajan en la narrativa que conocemos? ¿Cómo podemos progresar y tener más representatividad si la gente está predispuesta a subestimar la historia de otros en un santiamén y decir que es un error, pero sin ofrecer una solución? ¿Se imaginan si lo hiciéramos todo el tiempo y menospreciáramos las historias diferentes a las nuestras? Como una latina que creció en un pueblo fronterizo del sur de Texas en los años 80 y 90, ¿con qué tipo de historias iba a identificarme siendo niña? ¿Qué programas podía ver en aquel entonces? No había historias que encajaran en mi molde. Por eso quise contar mi historia en televisión. No había visto una historia como la mía en la tele y quería que otras personas que tal vez tenían una vida similar a la mía supieran que no estaban solas. Quería contar mi historia, la de una niña promedio que logró hacer cosas extraordinarias. Por esa razón, Selena Quintanilla es un ícono no solo para mí, sino para muchas otras personas. Fue la chica "promedio" que fue todo menos eso. Su apariencia de "una chica del barrio" me hacía sentir como si yo fuera capaz de alcanzar el éxito porque ella lo había logrado, y ella no parecía ser una persona especial, pero precisamente eso la hacía especial.

Selena logró lo que yo actualmente estoy tratando de hacer: vivir mi sueño en mis propios términos. Ella fue una artista que no vivió en Los Ángeles ni en la ciudad de Nueva York. Logró materializar su sueño desde el pueblo en donde creció. Eso es todo un logro para mí. Yo crecí en un pueblo pequeño y quise salir para explorar el mundo, pero el hecho de que tuviera que dejar mi pueblito para tratar de lograr mi sueño fue aterrador. Me di cuenta de que, si quería tener una oportunidad, tenía que dejar todo y a todos los que amaba y aceptar que podría vivir en soledad, rodeada nada más por mis esperanzas y mis sueños. Había ahorrado y esperaba que eso fuera suficiente para empezar. Viví en mi coche cuando me mudé a Los Ángeles. He dormido en parques. No tuve cama de los diecinueve a los veinticinco años; dormía en el piso. Todo eso era necesario y era parte de mi plan para lograr hacer lo que deseaba. Selena lo había logrado. Cumplió su sueño, y no solo desde Corpus Christi; lo logró al lado de su familia. Ellos fueron parte de su éxito y eso me encantaba.

Cuando crecí, tenía una relación estrecha con mi familia. Los amaba y lo hacía todo por ellos. A los dieciocho años, cuando le dije a mi mamá que iba a dejar la casa para estudiar teatro, me dijo que no lo hiciera. Me lo prohibió y me dejó muy claro que no me lo iba a permitir. Yo nunca en la vida había desobedecido los deseos de mi madre, pero en esa ocasión decidí que era necesario hacerlo. Le dije que de todos modos iba a irme. Ella no pensó que estuviera hablando en serio porque, repito, yo era la niña que siempre obedecía a su madre, pero cuando se dio cuenta de que hablaba en serio, se volvió loca. Se puso de rodillas y me suplicó que no me fuera. Le corrían las lágrimas por la cara. Uno nunca olvida ese momento en que le rompe el corazón a su madre. Recuerdo que la miré y le dije: "¿Crees que quiero abandonarte? Este deseo… es más grande que yo y más grande que tú. Debo intentarlo. Si lo logro, será algo bueno para todos nosotros. Te lo prometo". Ese momento se me grabó para siempre en la mente porque tener que elegir entre quedarte con la vida que has conocido o arriesgarlo todo con la esperanza de alcanzar un sueño bastante improbable es difícil. Si hubiera podido hacerlo, me habría encantado traerme a mi familia durante todo este viaje, pero, por desgracia, lo que quería hacer no era algo que una familia pudiera hacer junta. Así que me fui.

Mi mamá quería que me quedara cerca de ella porque quería protegerme, tanto del dolor de la desilusión como de la vida en una gran ciudad. Eso me pareció bastante cómico cuando lo comentamos porque era como cuando el comal le dijo a la olla: "¡Qué tiznada estás!". Quería protegerme exactamente de lo mismo que ella había hecho. Ella había comenzado su vida en un diminuto pueblo de México y se mudó a un país extranjero habiendo estudiado solo hasta segundo grado de primaria, sin conocer la lengua, en busca de una oportunidad para vivir mejor. Me dijo: "Sí, pero lo hice porque tenía que hacerlo. No teníamos qué comer. Éramos muy pobres". La miré y le contesté: "Lo sé. Nos diste una vida mejor que la que habríamos tenido en México, pero aun así aquí crecimos siendo pobres. Yo quiero irme para hacer realidad mi sueño porque nuestra familia SIGUE sin tener comida y SEGUIMOS siendo muy pobres. Quiero hacer lo que tú hiciste por la misma razón. ¿No te das cuenta?" No se daba cuenta. Ya sé que parece una locura, pero haber visto cómo fue el ascenso de Selena hacia el éxito me hacía sentir que para mí también sería posible. Sentía que existía esa oportunidad... Y era todo lo que deseaba... una oportunidad.

Después de haber dominado el mundo de la música texana, Selena Quintanilla grabó canciones en inglés y pensaba hacer una mezcla de estilos, pero murió en manos de la presidente de su club de admiradores antes de poder realizar sus planes. Voy a ser honesta. La muerte de Selena fue algo brutal de aceptar porque sentí que había perdido mi proyecto. Ella me mostraba el camino a seguir en la búsqueda de mi sueño; era un mapa para mí. Era mi ejemplo. ¿Qué iba a hacer entonces? ¿Encontrar el camino yo sola? Su muerte me desoló porque significaba la muerte de una esperanza de lo que pudo haber sucedido.

Deseaba que Selena expandiera su éxito al resto del país y le revelara un secreto: los latinos son exactamente iguales a todos los demás. Yo pensaba que todo el mundo se enamoraría de ella y que Selena lograría que los demás se dieran cuenta de que la gente como yo era digna de respeto. Selena era alguien que podía demostrarle al país que no éramos esos estereotipos desgastados que muestran la televisión y el cine. No todos limpiamos casas ajenas, no todos somos pandilleros, no todos causamos problemas. Nunca entendí por qué hay muchas más narrativas que etiquetan a los latinos únicamente por su ocupación y no por su historia, como si solo fuéramos aspiradoras humanas sin gente que amar (y que nos ame) en nuestras vidas.

Pienso en cómo mi madre trabajó como cocinera en un restaurante mexicano durante años. Hacía doble turno. Quizás alguien la vio y pensó que ella se reducía a eso, pero tenía un corazón, un alma y una amplia historia que abarcaba luchas contra el patriarcado que existía en su anticuada familia y la forma en que logró labrarse un camino a través de años de dolor y sufrimiento para acabar trabajando en un restaurante de un pueblito en el sur de Texas. Quiero escuchar ese tipo de trayectoria más seguido en los relatos sobre personajes a quienes subestimamos porque, en ese ejemplo, esa mujer no es "nada más una cocinera"; es una madre para sus hijos y una hija para sus padres. ¿Cómo caramba puede la gente encontrar la dimensión humana de esos personajes si no la tienen escrita en su caracterización para que pueda ser descubierta? Aparte de hablar acerca de cómo hacer a los personajes mas "reales", también me parece importante contar las historias de la gente que quizás no tuvo que librar las "duras" peleas típicamente asociadas con la comunidad. Hay latinos que viven en este país y que provienen de varias generaciones de ancestros que han residido aquí y que quizás no hayan tenido el mismo tipo de conexión con el país de sus abuelos como yo, que soy una mexicoestadounidense de primera generación (alguien nacido en los Estados Unidos), pero eso no significa que sean menos latinos que los demás. Hay algunos latinos que no hablan español. ¿Y eso qué? Eso no los hace menos latinos. No saber español no disminuye su historia. Siguen siendo parte de la comunidad y necesitan que sus historias sean contadas.

Un par de críticas que la gente hacía sobre mi programa era que no entendía por qué la familia tenía que ser pobre. Me preguntaban: "¿Por qué no pueden ser exitosos y tener dinero?" Siempre les contesté lo mismo: "La familia en el programa es pobre porque el programa se basa en mi vida y mi familia era pobre". No comprendía por qué la gente no podía entenderlo. Si hubiera escrito un guion sobre una familia ficticia, entonces sí, me habría encantado mostrar una familia exitosa, pero en este programa en particular quería hacer un retrato de lo que fue mi vida y, créanme, me parecía que la familia representada en mi programa era demasiado rica. El hecho de que vivieran en una enorme casa de dos pisos no tenía sentido para mí, pero sentía que ubicarla bajo el mismo techo era lograr un acuerdo para que el estudio/la cadena de televisión pudiera presentar su casa estándar, que debía ser "grande y atractiva", y yo pudiera apegarme a mi verdad de que todos vivíamos bajo el mismo techo. Mi propósito era mostrar en el programa el ascenso de mi familia desde un estatus económico bajo a uno mejor conforme yo iba haciendo mi sueño realidad porque eso me parecía honesto. Esta fue la realidad de mi vida. Dejar mi casa para perseguir un sueño que, cuando lo lograra alcanzar, me ayudaría a llevar a mi familia a un nuevo nivel de vida.

Yo seguía recibiendo notas del canal/estudio que decían: "A las familias les encantan los programas aspiracionales", que yo interpretaba como si ellos quisieran que la familia empezara siendo exitosa. Esta fue mi impresión porque lo repetían una y mil veces y discutíamos por cosas insignificantes, como cuando yo preguntaba: "¿La cocina debería tener una estufa tan cara si mi familia no podía pagarla?". La respuesta era: "No debería tenerla." Recuerdo que había pedido específicamente que la cocina de mi familia tuviera un refrigerador y una estufa viejos. No quisieron. Traté de explicarles que mi idea era tener artefactos viejos porque quería hacer un episodio en el que mi cuñado sorprendiera a mi mamá con aparatos nuevos y teníamos que explorar lo que eso había significado para todos. Eso sucedió en mi vida. Estaba en la secundaria cuando por fin tuvimos una estufa con un horno que sí funcionaba y, durante varias semanas, mi mamá y yo estuvimos preparando alimentos para meterlos al horno. Metíamos la comida y encendíamos la luz para verla, pensando que la tecnología era sorprendente porque no entendíamos cómo los alimentos se cocinaban teniendo la luz encendida sin que el foco se dañara. Y sí, pensábamos que eso era tecnología. Un argumento así para mí era real. Una compra tan grande como esa significaba que a la familia le estaba yendo bien o que por fin habían recibido su devolución de impuestos. Cualquiera de las dos opciones era una señal positiva.

Sabía que ellos no entendían cómo eso podía ser lo suficientemente "grande" para hacer todo un episodio sobre el tema, pero era porque ellos no conocían ese concepto. Les costaba trabajo ver el verdadero trasfondo de lo que algo así representaba para una familia como la mía. Imagínense el parlamento que mi madre habría pronunciado en el programa contando cómo había sido su vida desde su infancia hasta ese preciso momento. Contaría desde cuando ordeñaba vacas hasta el momento en que logró tener una estufa con un horno que funcionaba *y* un refrigerador que producía hielo… ¡sin tener que usar moldes! Mi cuñado habría tenido un momento para hablar sobre lo que sentía siendo un buen proveedor, un cazador y un recolector como sus ancestros, sobre lo que yo habría hecho una broma como esta: "¿Así que a los hombres de las cavernas les gustaba Frigidaire?". Mi hermana se hubiera tomado *selfies* junto a los electrodomésticos para mostrarles a sus amigas que se los habían regalado y yo habría tenido un momento difícil cuando tuviera que agradecer a mi cuñado el habernos sorprendido a todos. Creía que explorar temas como estos haría que el programa sobresaliera por su autenticidad con respecto a mi vida, pero nunca logré contar esta historia. Así que mi casa en la televisión nunca tuvo un nuevo refrigerador, aunque sí tenía una estufa moderna muy bonita porque la idea de mostrar a una familia con dificultades para salir adelante puede ser un reto para la televisión de paga.

Mi idea de lo que debía ser un programa aspiracional era diferente a lo que otros pensaban. Yo creía que un programa de este tipo debía tener personajes que el público respaldara. No pensaba que se pudiera ser empático con una familia a la que se presenta siendo exitosa de la misma forma en que se le apoyaría si la viéramos empezando de la nada y acabando en una mejor posición, porque eso da esperanza a las familias que se encuentran en esa situación de lucha. Pensé que eso haría que las familias sintieran que tenían la posibilidad de cambiar su situación porque había una familia que pasaba por lo mismo y estaba progresando.

Solo miren a Selena Quintanilla. Era una chica común y corriente que, por cierto, era de tez morena. Fue la chica que asimiló las raíces culturales de su familia y, al mismo tiempo, apreciaba su ciudad natal en el sur de Texas. Selena es alguien que alcanzó un nivel legendario muy pocas veces logrado por alguien mexicoestadounidense (y mucho menos por una mujer) siendo auténtica, y esto hace que me pregunte por qué no hay más historias como esa que podamos contar. ¿Por qué no tenemos más historias que muestren las diferentes facetas de la cultura cuando tenemos la prueba del éxito que pueden lograr con un ejemplo de la vida real como Selena?

Durante años, hemos hablado de lo importante que es tener representatividad y ver más historias nuestras en el cine y la televisión, pero la verdad es que se trata de mucho más que eso. Necesitamos vernos en la música, en los deportes, en las noticias y en la política. Necesitamos tener una representación más precisa de lo que las estadísticas realmente muestran, no solo sobre los latinos, sino sobre todas las etnias que conviven aquí. Necesitamos mostrar cómo es la vida en realidad, porque solo con una representación precisa podremos empezar a generar un efecto dominó de cambio duradero. Un cambio que incluya que todo el mundo, sin importar su apariencia, sea tratado como si de verdad importara. Para lograr eso, todos los grupos deberían ser representados. Si pudiéramos hacer un cambio, entonces, tal vez algún día, algunos de nosotros podremos entrar a la industria del entretenimiento sin tener que preocuparnos que la gente piense que no merecemos estar allí.

Me encantó cómo la película *Selena* narró su vida. La vemos casarse con su novio, Chris. La vemos grabar sus canciones en inglés. La vemos convertirse en una diseñadora de modas. Luego vemos esa imagen icónica de un momento que se volvió sinónimo de Selena: el rodeo de Houston con el famoso traje morado. Era el año 1995, más o menos un mes antes de su muerte. Estaba cantando por el *Tejano Day* en el rodeo de Houston. Un público de más de SESENTA MIL personas estaba presente. Ella salió y dio un concierto que se consideró el más memorable de su carrera. Es difícil explicar lo monumental que fue ese momento para la gente. Muchos recuerdan dónde estaban el día del concierto. Recuerdan lo impresionante que fue y que, a pesar de la magnitud del evento, en el que decenas de miles de personas usaban el flash de sus cámaras para tomar fotos, la sonrisa de Selena brillaba mucho más que todos aquellos flashes. Con toda la esperanza y alegría que sentí cuando vi eso, pronto me quedé devastada porque ese haz de luz se apagó hasta volverse oscuridad. Llegué al terrible final de la película. Ese momento siempre me hace llorar (incluso después de décadas), como si fuera la primera vez que lo viera. Una rosa blanca cae al piso. Empieza a escucharse la música. Es una de sus canciones en inglés, "Dreaming of You".

La canción empieza con un ritmo lento y luego entra la voz de Selena. En la tercera línea de la primera estrofa, habla sobre pedir un deseo a una estrella, esperando que la persona a quien le canta también piense en ella. En el preciso momento en que canta esa línea, recordé el inicio de la película, donde la niña Selena mira al cielo y pide un deseo. La imagen de esta tierna niñita vino a mi mente, sabiendo qué iba a suceder y sintiendo un profundo temor por ello. Conforme la canción avanza, hay un montaje que muestra fragmentos del video de la noticia sobre su encuentro con la mujer que la mató. Cuando salió la noticia en el montaje, de inmediato me remonté al día en que murió y volví a sentir esa tristeza. Después viene esa parte del montaje en la que los doctores informan a su familia (la de la película, no la real) que murió, y en esos rostros se percibe el dolor de haber perdido su haz de luz, mientras la canción "Dreaming of You" sigue escuchándose sobre la secuencia de los acontecimientos. Es extraño pensar en lo bien que se adecuaba esa canción a un momento como ese porque era una canción de amor y uno podría asumir que este tipo de canción normalmente habla sobre amantes, no sobre una futura heroína del pueblo. Pero entonces te das cuenta de que una canción de amor puede hablar sobre el tipo de amor que tú quieras.

Ella no tuvo que esforzarse mucho para lograr que la amáramos. Simplemente fue auténtica. Recordando cómo fue la promoción de mi programa, básicamente en español y con tantas cosas en contra de mi voluntad, me queda claro que las cadenas de televisión y los estudios no tienen que esforzarse mucho para "atraparnos". Siempre pienso en algunas de mis cosas favoritas y reflexiono sobre *por qué* me gustan. Me encantan los programas como *Doctor Who* y *Viaje a las estrellas*. No veo esos programas porque tengan fotos de Vicente Fernández en las paredes en cada episodio o porque se escuche una canción de Juan Gabriel de fondo (aunque si eso fuera algo que la gente quisiera explorar con un interés real, estoy abierta a ello). Esos me parecen buenos programas, y ya. No veo algunas de mis películas favoritas, como *Duro de matar* o *Superpolicías*, porque tengan mariachis. Veo lo que veo porque me parece bueno. No debería haber un esfuerzo extra para tratar de atraer a una comunidad específica porque, muchas veces, acaba por sentirse poco auténtico. ¡Si lo sabré yo! Tuve que lidiar con muchos de estos temas en mi programa y algunas veces llevé las de ganar porque me di cuenta de que no tenía nada que perder. Esa fue una de las lecciones más poderosas que aprendí al crecer siendo tan pobre. Mi pobreza me enseñó a tomar decisiones sin preocuparme por el resultado, porque ¿qué sería lo peor que podría pasar? ¿Volver a ser pobre? Crecí con esa forma de vida; estoy acostumbrada a ella. Siempre me ha gustado luchar por las cosas y no me importa si pierdo al final porque sé que lucho por lo que considero correcto. ¿Había gente criticona en mi programa que hablaba a mis espaldas? Sí, claro que había y sé bien quiénes eran. Me lo imaginaba; no me importó. Estoy orgullosa de lo que intenté hacer en el programa y estuve satisfecha con las historias que contamos. ¿Había demasiados estereotipos? Algunas personas podrían decir que sí y tal vez para ellas parecía demasiado, pero eso se apegaba bastante a mi vida en realidad.

La autenticidad es lo que yo tengo para ofrecer y aprendí eso de Selena. Ella no trataba de inspirar a la gente, pero lo hizo tan solo por vivir su vida. Eso me sirvió de inspiración. Aprendí a hablar inglés viendo programas de televisión y entonces decidí que quería hacer programas de televisión. Mi vida entera ha sido una apuesta arriesgada; estoy acostumbrada a este viaje.

Aun cuando no puedan entender la importancia cultural que tuvo Selena para alguien como yo, pueden entender su impacto desde un punto de vista empresarial. Porque hay que admitirlo: el color universal que todo el mundo reconoce es el verde del dinero. Es increíble pensar que aun después de haber muerto hace más de veinte años, su legado es tan fuerte como lo era cuando vivía. Cada vez que un producto que lleva su nombre se pone a la venta, se agota. La colaboración de Selena Quintanilla con MAC Makeup fue un lanzamiento tan exitoso que inmediatamente vendió todas las existencias en línea y hubo gente que esperó formada durante horas para tratar de conseguir cualquiera de los artículos empaquetados en el icónico color morado de Selena (también un reconocimiento a mi amiga latina Paty Rodríguez, la innovadora que fue responsable de iniciar el proyecto y volverlo realidad). Una cadena de abarrotes de Texas, H-E-B, lanzó una línea de bolsas para la compra reutilizables con el rostro de Selena y la gente las compró como si fueran de oro. Pero, ¿por qué? ¿Cómo es posible que se siga vendiendo una mercancía de ese tipo? La respuesta es muy sencilla.

En lo personal, me gusta mantener vivo su recuerdo porque no quiero que su legado se borre de la historia. Es absolutamente necesario que la gente recuerde que una mujer mexicoestadounidense fuerte nos aportó un legado que ha sobrevivido a su muerte durante décadas. Para gente como mi madre, Selena era importante porque la hacía sentir contenta por la dirección que estábamos tomando como comunidad, ya que tenía una esperanza similar a la mía. Esperaba que la gente se diera cuenta de lo grandiosa que es nuestra cultura al tener a alguien como Selena, a quien no solo se le permitía brillar, sino triunfar.

He mantenido muchas conversaciones con la gente sobre cómo Selena fue nuestro modelo de la esperanza. Fue uno de los únicos modelos que tuve, y eso fue bueno porque algunas personas nunca llegan a encontrar un ejemplo para seguir. Me parece que la forma en que murió es lo que fue tan devastador. No tuvo una enfermedad que la hubiera aniquilado poco a poco, no logró tener una vida larga que durara décadas. Mi ejemplo para seguir murió cuando le disparó la presidente de su club de admiradores cuando la familia descubrió que faltaba dinero en sus cuentas. Es una forma trágica de acabar con la esperanza que tantas personas tenían. Incluso años después de su muerte, su luz sigue siendo mi guía y recordándome que todo lo que haga debo hacerlo desde el lugar honesto de la persona que soy.

Voy a confesar algo que nunca le he contado a nadie. Cada vez que escucho "Dreaming of You" en la radio o en la selección aleatoria de música en mi celular, siempre interrumpo lo que estoy haciendo y me pongo a escucharla y a recordarla a ella. Si es por la noche cuando escucho la canción, miro hacia el cielo, escojo una estrella y pido un deseo, así como lo hacía cuando era niña, de la misma forma en que la pequeña Selena lo hacía en la película. En esos fugaces momentos, siento que todo es posible para mí. Pienso en el lugar en que empezó mi vida y el lugar donde me encuentro ahora y me pregunto cómo rayos llegué hasta aquí. Pienso en lo que Selena representa para mí, y es una combinación de esperanza, ambición y fe.

Selena Quintanilla es una parte importante de nuestra historia. Es un ejemplo de lo que somos capaces de hacer con una mezcla de lo que pudo ser. Pero además de su sonrisa de un millón de dólares y de su voz, Selena también fue una sencilla niñita del sur de Texas que persiguió sus sueños y los hizo realidad. Me hizo creer que yo también podría hacerlo porque yo soy también una sencilla niñita de Texas que persigue sus sueños.

En eso consiste la verdadera representación.

Una de las últimas obras de teatro de la secundaria en las que participé. En mis presentaciones de la secundaria, gané alrededor de doscientos trofeos en las competencias de teatro.

"LOVED BY THE SUN"
TANGERINE DREAM

Odio las reuniones con gente de la secundaria. No veo la razón de hacerlas. Cada diez años, te llega una invitación que básicamente dice: "¡VEN A ENCONTRARTE CON EL ACOSADOR QUE CONVIRTIÓ TU VIDA EN UN VERDADERO INFIERNO! ¡AHORA YA TIENE PERMISO LEGAL PARA BEBER!". Una de las razones por las que no entiendo por qué las organizan quizás sea porque yo odiaba la secundaria con todo mi ser. ¿Para qué querría regresar y recordar los viejos y malos tiempos? ¿Pueden imaginarse hacer volver a alguien y reconstruir cosas terribles que quería dejar atrás? "Oye, bisabuela, ¿recuerdas cuando ibas en el *Titanic* y se murió tu amigo? ¡Hay que regresar y volver a vivirlo!". Prefiero las reuniones para hablar de las veces en que bebí demasiado cuando tenía veintitantos. Me encantaría tener una "reunión de pérdida de la conciencia" a la que fuera gente que me contara las cosas que hice en aquellas noches que no puedo recordar. Ahora que lo pienso, ¿no se ha convertido Facebook justamente en esto? ¿En una reunión de la secundaria que nunca termina? A veces me llegan solicitudes de amistad de personas que se portaron terriblemente mal conmigo en aquella época y lo primero que pienso es: *¿Tienes amnesia?*

"Loved by the Sun" es la mejor canción que pudiera elegir para mi época en la secundaria porque era una canción importante para mi clase de teatro. Era de Tangerine Dream, un grupo de música electrónica de Alemania, y fue tema de una película de los años 80 que se llamaba *Leyenda* y que protagonizó Tom Cruise porque lleva en el mundo del entretenimiento tanto tiempo (imagínense *Misión Imposible* pero con unicornios). Mi secundaria tenía como tradición ponerla como la última canción previa a cada obra escolar mientras el público iba llegando porque, obviamente, queríamos mostrarles a todos lo fantásticos que éramos. En el momento en que escuchábamos "Loved by the Sun", nos daba más emoción porque sabíamos que la obra estaba a punto de comenzar.

En realidad, es una canción muy bonita. Tiene un sonido etéreo; el tipo de música que crea un ambiente celestial que haría que cualquier oración se escuchara majestuosa. Podrías tener un diálogo como: "Odio comer *hot dogs* con catsup", pero con el estilo de música por el cual Tangerine Dream se volvió famoso, el diálogo podía convertirse en el grito de guerra ideal para exclamar justo antes de matar al dragón. Era lógico que acompañara una película de fantasía oscura como *Leyenda*. Siento que las películas fantásticas eran más comunes en los años 80. Películas como la *Historia sin fin*, *Willow* y *Laberinto* narraban historias de dragones, criaturas místicas y monstruos. Siendo una latina, me parece interesante pensar en cómo esas historias sobre mundos mágicos tuvieron más oportunidades para producirse que una historia sobre latinos que simplemente viven sus vidas, pero supongo que las escenas con demonios en una batalla campal por controlar el mundo parecen más realistas que ver a una mujer no blanca que trata de convertirse en ingeniero e ingresa a la universidad.

Cada vez que escuchaba esa canción, mientras corríamos a nuestros lugares antes de que se subiera el telón, me sentía llena de esperanza. Las últimas palabras de la canción, "creer en la bondad del hombre…", se repetían varias veces hasta desaparecer en el silencio, y recuerdo que creía que esa frase era verdad. Era algo en lo que realmente creía: la bondad del hombre. Creía (y todavía creo) que somos capaces de generar grandeza y bondad. Creía que, si intentabas ser una buena persona, la gente no tendría por qué rechazarte.

Estaba equivocada.

Parte de la tradición vinculada a la canción era que los personajes de la obra se reunían en un círculo y se abrazaban, dándose palabras de aliento detrás del telón. Pero esas palabras de aliento se volvieron vacías para mí. La canción que alguna vez anhelaba escuchar por la esperanza que me trasmitía poco a poco se convirtió en una canción que me marcó de por vida. La verdad es que cada vez que la escuchaba, no percibía esperanza. Escuchaba mi dolor. Cada frase que ofrecía amor y comprensión se transformó en un constante recordatorio del infierno que estaba viviendo, porque durante esos años en esa escuela, siempre que llegábamos a la parte en la que los actores se reunían, había tres chicos en el círculo que no querían que yo estuviera allí. Eran los chicos a los que les encantaba hacerme sentir fatal acerca de mí misma. Eran mis acosadores, liderados por su amigo, un chico que era un año mayor que yo. Ese tipo pasó años aterrándome por pura diversión. Cuando escuchaba la frase "Creer en la bondad del hombre…", yo esperaba que hubiera la posibilidad de que él escuchara esas palabras y dejara de ser cruel, pero eso nunca sucedió. Disfrutaba enormemente haciéndome sufrir.

Yo era muy estudiosa en la secundaria. Estaba en el equipo de decatlón académico. Era miembro del equipo de mentes maestras, un programa de juego local en el que las secundarias competían entre sí. También era la editora de fotografía del anuario de la escuela. A pesar de todas esas cosas, era más conocida en secundaria como la sabionda de teatro. Era presidente del Club de Teatro y gané más premios en las competiciones que nadie. En promedio, ganaba un mínimo de cinco premios por torneo, lo cual me hizo ganar alrededor de doscientos premios durante mis años de secundaria. Impresionante, ¿verdad? Dedicaba todo mi verano a prepararme para el siguiente año escolar y tratar de dominar esas competiciones de teatro. Podrán pensar que era una adolescente bien adaptada que seguramente era popular y muy feliz en la escuela, ¿no? Pues para nada. Era muy infeliz.

Había una razón por la que me esforzaba tanto para ganar todos esos premios: la venganza. Me esforcé mucho por ganar premios por culpa de mi acosador de la secundaria. No me molestaba solo porque fuera una obsesionada con el teatro. De hecho, él era otro adicto al teatro. En realidad, nunca logré entender completamente por qué mi tirano de la secundaria me hacía vivir un infierno. Supongo que esa es la peor parte de sufrir acoso: siempre te preguntas qué hiciste para haber provocado que alguien tenga como misión en la vida hacerte sentir terrible.

¿Cómo es que un *nerd* puede acosar a otro *nerd*? Esa idea no tiene sentido. Yo me sentía sumamente agradecida por haber encontrado el teatro porque sentía que, en las otras tantas partes de mi vida, yo no encajaba, pero en el teatro ser diferente no solamente era aceptado sino celebrado. Cuando empecé a actuar, pensé que sería mi salvación, pero en realidad se convirtió en un mundo más en el que tampoco encajaba por culpa de ese bravucón.

Me enamoré del teatro después de ver los premios Tony en 1991. Tenía doce años y había cambiado de canal una noche de domingo a

CBS para ver un capítulo de *La reportera del crimen*. Esa semana no salió el programa. En lugar de ver a Jessica Fletcher volar hacia otro lugar donde tendría que atrapar al asesino porque los policías eran unos verdaderos ineptos, se estaba transmitiendo un programa de premios de Broadway. En aquella época, no tenía ni idea de lo que era Broadway. Los domingos por la noche siempre veía CBS, así que me quedé viendo ese canal. Vi a Jonathan Pryce interpretando una canción llamada "El sueño americano" de un musical de título *Miss Saigon*. Su personaje era asiático, pero yo sabía que él no era de Asia. Salió y empezó a cantar y a bailar en el escenario. El coro salió y bailó en el fondo. El escenario tenía colores brillantes que resplandecían cuando él cantaba su versión del sueño americano. De inmediato me atrapó. Fuera lo que fuera, me quería apuntar a eso. ¿Cuál sería mi versión del sueño americano? Recuerdo que vi todo el programa de los premios Tony con mucha admiración, sin poder entender que eso que esa gente estaba haciendo era un trabajo real por el que le pagaban. ¿Cómo puede ser un trabajo divertido? ¿Cómo puede uno dedicarse a eso? Siempre me enseñaron que los trabajos eran algo que uno odiaba pero que tenía que hacer porque la comida y la renta cuestan dinero. Ignoraba por completo que la mayoría de esos artistas habían estudiado y trabajado para perfeccionar su arte mediante clases de actuación, baile y canto. Ignoraba por completo que la clase de teatro fuera algo que existiera en la escuela hasta que llegué a octavo grado. Había estado en un coro hasta entonces, pero nos quitaron esa clase del plan de estudios por cortes al presupuesto, porque, ya saben, las artes no son importantes (claro que sí). Decidí apuntarme a la clase de teatro porque durante la primaria participé en algunas obras. La primera obra en la que estuve fue *Hansel y Gretel* el primer año. Hice el papel de la madrastra malvada. En tercer grado, representé a la malvada madrastra de Blanca Nieves, la reina. En cuarto grado, mi papel fue el de Clara en *El cascanueces* y en quinto fui la CPU en una obra que describía cómo funcionaba una computadora. CPU es la abreviatura de "central processing unit", unidad central de procesamiento. La forma en que mi maestra me lo había explicado era que yo era el "corazón" de la computadora. Sin la CPU, no habría obra, así que básicamente si esa obra hubiera sido el *Titanic*, yo habría sido el barco. Como podrán ver, era una niña con una amplia gama de posibilidades.

La idea de una clase de teatro me intrigó. Pensé que haríamos un par de obras al año, pero también había una parte en mí que pensó que me estaba inscribiendo para ser parte del elenco de *Fama*. (Por alguna razón, pensé que debía comprarme calentadores para asistir a la clase). El primer día, aparecí en clase y nos presentamos como era debido. En realidad no conocía a nadie más del salón, pero nuestro profesor de teatro nos puso a hacer ejercicios de confianza con nuestros compañeros. Yo no tenía idea de qué diablos estaba pasando. ¿Qué era eso de un ejercicio de confianza? ¿Ayudaba a quemar calorías? Debíamos hacer una caída de confianza, ya saben a qué me refiero. De esas en que te dejas caer hacia atrás y "confías" en que quienes están detrás de ti te van a atrapar. Si hubieran conocido mi barrio, sabrían que eso no funcionaría. El sentido del humor con el que crecí en mi vecindario era decirle a la gente que sí la atraparíamos, pero la dejaríamos caer y nos moriríamos de risa cuando la persona se quejara del dolor.

En otro ejercicio, nuestro profesor nos pidió que eligiéramos un artefacto y que fingiéramos serlo. ¿En qué demonios me había metido? Dijo, "¡YA!" y todos los alumnos empezaron a sacudir el cuerpo como si estuvieran vibrando, saltando como si los hubieran mordido hormigas de fuego rojas. Esto me recuerda esa parte de la canción "Nothing" de *A Chorus Line* en la que el personaje de Morales duda de los ejercicios de actuación que todos los demás están haciendo porque no entiende nada. Yo estaba confundida así también. Me sorprende no haber muerto por tener tanto tiempo los ojos abiertos como platos. Me quedé ahí de pie sin moverme mientras mis compañeros actuaban simultáneamente como si estuvieran poseídos. El profesor de teatro caminó hacia mí porque quería saber por qué no estaba haciendo el ejercicio. Le respondí que sí lo estaba haciendo. Me preguntó qué artefacto era y le contesté: "Una aspiradora, pero estoy descompuesta". No insistió más.

Al día siguiente, estaba en la clase de historia cuando repentinamente me llamaron a la oficina del director. Cuando entré, me dijeron que habían cambiado mi horario sin mi consentimiento. No entendía qué estaba pasando. Me gustaba mi horario. Mi mejor amiga y yo compartíamos la hora del almuerzo. Este nuevo horario implicaba que iba a tener una hora para el almuerzo diferente a la de mi mejor amiga y eso no podía pasar. Me dijeron que el profesor de teatro me había cambiado a la clase competitiva. ¿Clase competitiva de teatro? ¿De qué demonios me estaban hablando? El director me dijo que no había nada que yo pudiera hacer al respecto.

Confronté al profesor de teatro en su salón y le pedí respuestas. Me dijo que pensaba que yo necesitaba estar en la clase avanzada de teatro. Recuerdo que le pregunté si me estaba castigando por lo que le había dicho un día antes sobre la aspiradora. Me explicó que le gustó mi respuesta y creyó que el teatro era algo que podía ser muy bueno para mí. Le repliqué y me molesté, pero al final, me dijo lo mismo que el director: no tenía opción. Estaba atrapada en esa nueva y estúpida clase y tenía que presentarme un par de horas más tarde. Me explicó que parte de las actividades de esa clase era competir en torneos de teatro y que nos calificarían dependiendo de cuánto trabajáramos en nuestras obras. El profesor indicó que los torneos eran obligatorios.

Eso era inaceptable. Yo no podía competir en torneos. Mi mamá no me dejaba hacer nada después del horario escolar. Si la escuela terminaba a las 3:00 de la tarde, yo debía estar en casa a más tardar a las 3:15 de la tarde. Mi mamá vigilaba cada uno de mis movimientos prácticamente minuto a minuto. Cuando le expliqué eso a mi profesor, creo que pensó que estaba mintiendo. Me dijo que tendría que ingeniármelas.

Fui a casa y traté de explicarle a mi madre lo que había sucedido. De inmediato pensó que estaba inventando todo eso para quedarme con mis amigas después de la escuela. Le insistí que era verdad. Después le conté a mi hermano mayor lo que había pasado. Como él había empezado a dar clases y comprendía cómo eran las cosas, le explicó a mi madre que era cierto lo que yo le estaba diciendo. Después de rogarle a mi mamá durante semanas, por fin me dio permiso para ir a *un* torneo, pero solo porque vio en mi reporte de progreso que no me estaba yendo bien en teatro. Le recordé que eso era porque competir en los torneos era parte de mi calificación.

Recuerdo que le conté a mi profesor de teatro sobre la primera vez que mi mamá me había dado permiso para ir a un torneo. Me miró con cara de: "¿En serio?". Esa misma semana había un torneo en el que yo podía participar. Uno de los alumnos se había apuntado, pero al final no podía y me ofreció su lugar en un evento llamado "prosa". Básicamente era narrar una historia en unos siete minutos con alguna inflexión en el texto, pero hablando con naturalidad. En la clase de teatro de *junior high*, la prosa significaba sobreactuar las palabras como si estuvieran escritas en mayúsculas y subrayadas.

Mi profesor me dijo que todo lo que tenía que hacer era subir y leer la historia como si la estuviera viviendo. Parecía bastante fácil. Entonces me preguntó si quería participar en otro evento en donde había algo que se llamaba "improvisación". Me dijo que todo lo que debía hacer era sacar un trozo de papel con un tema escrito y hablar sobre eso durante más o menos cinco minutos. Recuerdo que pensé, *Ese evento debería llamarse "vida". ¿No es lo que todos hacemos? ¿Recibir un tema y decir lo que se nos va ocurriendo?* Acepté hacer eso también, porque pensé que me ayudaría a subir mi calificación.

El día del torneo llegó y tuve que pedirle a mi hermano que me llevara supertemprano un sábado por la mañana para tomar el autobús escolar que nos llevaría hasta allá. No tenía idea de qué iba a hacer ni qué esperar. Hice lo que me dijeron. Mi maestro me dijo a dónde caminar y básicamente que todo lo que tenía que hacer era leer la historia e ir al otro evento y hablar. Me pareció fácil. Cuando terminé, le dije a mi profesor que ya había hecho mi parte para tener una buena calificación. Pensé que ya no tenía nada que hacer ese día.

Me equivoqué. Al rato, mi profesor me dijo que había avanzado a las semifinales en los dos eventos y que tenía que volver a hacerlo todo otra vez. Avancé a las finales en los dos eventos y acabé obteniendo el primer lugar en ambos. Mi profesor obviamente estaba muy feliz y lo único que pasó por mi cabeza fue, *¿O sea, que me va a poner una A?*

Después de ganar esos dos primeros premios, mi maestro obviamente quería que siguiera compitiendo y, para ser sincera, también yo lo quería. Era la primera vez que me sentía parte de algo. Ganar me hizo sentir bien, pues *nunca* me había sentido bien conmigo misma. Toda la vida he sufrido de una autoestima sumamente baja. Siempre digo que tengo baja autoestima porque tiene la mitad de las calorías que la autoestima normal. Así que encontrar algo que me hacía sentir que no solo era capaz de hacerlo, sino de hacerlo bien era una nueva experiencia para mí. Poco a poco mi mamá me dejó ir a más torneos; no a todos, pero a un par más.

Acabé enamorándome del teatro. Cuanto más me adentraba en ese mundo, más me encantaba. Seguí participando en torneos y empecé a preguntarme si era posible que yo pudiera hacer algo bien. ¿Podría pasarle eso a alguien como yo?

Hacia el final de octavo grado el teatro había empezado a darme una confianza que me ayudaba a combatir el miedo que tenía de entrar a la secundaria el siguiente año.

Encontrar tu rumbo en el primer año de la secundaria puede ser complicado. En la mayoría de las clases, estás con gente de tu propio grado, pero a veces te juntan en la misma clase con chicos mayores que tú, y se supone que a todos nos consideran como iguales. Así era la clase de teatro. Todos los estudiantes que participaban en concursos y en todas las obras de la escuela tenían la misma clase. Yo odiaba la idea de que me pusieran en grupos con todo el mundo porque siempre fui muy rara en situaciones sociales. Sé que eso suena extraño, considerando que soy una comediante de monólogos, pero estar en salones con extraños siempre me ha puesto muy nerviosa. Finjo estar bien, pero la verdad es que, si no tengo un amigo en el salón, siempre me dan ganas de camuflarme y salir lo antes posible. Esos sentimientos vienen de los momentos en que mi mamá me enseñó a nunca sobresalir, lo cual hacía que mi interés por el teatro le pareciera todavía más extraño. (Ignoraba por completo que, décadas después, descubriría que padezco de ansiedad social).

Entré al mundo del teatro con el pie derecho. Pero un día, vi a ese chico hacer comentarios sobre mí… enfrente de mí… a los demás.

Creo que debería mencionar (porque es una parte importante de esta historia) que toda mi vida he tenido problemas por mi apariencia. Cuando era pequeñita e iba a la escuela primaria, se burlaban de mí por tener "tez oscura". Los niños se burlaban de mi piel y me ponían sobrenombres. Y, por cierto, muchos de esos niños también eran de piel morena; yo solo era ligeramente más oscura que ellos. Pasaba el recreo corriendo y jugando con los chicos a "los encantados" y me bronceaba por el sol. Pero por naturaleza era más morena que los niños que se burlaban de mí. Siempre me pareció extraño que, dentro de mi propia comunidad latina en mi pueblo, la gente se burlara de mi color de piel, considerando que la mayoría de nosotros éramos morenos; simplemente parecía que yo no tenía "el tono correcto" de café. Durante los meses de verano, mi mamá no me dejaba salir, así que me quedaba en casa y perdía un poco de bronceado; conforme fui creciendo, me di cuenta de que mis compañeros me hacían halagos cuando volvíamos después de las vacaciones de verano porque me veía "más clara". Cuando eres una niña, no te gusta que la gente se burle de ti porque duele, así que cuando me di cuenta de que los niños dejaban de burlarse porque ya no era tan morena, empecé a evitar salir porque no quería que los niños me dijeran lo fea que era. (¡Dios! Odio escribir esas palabras). Tardé años en entender lo equivocada que era esa forma de pensar; que mi piel era parte de mi belleza y, lo que es más importante, era parte de mi historia.

Otra cosa que yo tenía "mal" (por lo que otros niños me decían) era un diente "feo". Me había salido chueco, pero en sexto grado una niña me pegó y eso lo enchuecó aún más. Mi familia tenía muchas dificultades para salir adelante; no había forma de que me llevaran al dentista. (Me lo arreglaron ya pasados mis treinta años porque hasta entonces no pude pagarle a un dentista). En el primer año de la secundaria, no me acordaba mucho de mi diente chueco. Pero ese día mi acosador lo mencionó de la forma más brutal.

Nunca olvidaré ese momento. Ese bravucón y sus amigos estaban sentados en unas tarimas que habíamos colocado frente al escenario en nuestro salón de teatro. Yo estaba sentada en el lado opuesto a ellos, leyendo un libreto. Él estaba allí, con tres de sus amigos, incluido uno que estaba en mi año. Oí a mi acosador hablar, pero no le puse atención. Entonces poco a poco empezó a alzar la voz y escuché que hablaba de mí. Al principio parecía inofensivo y durante un instante pensé que no podría haber hablado de mí porque en realidad yo nunca había interactuado con él. Entonces oí cuando habló sobre mi diente torcido. Dejé lo que estaba haciendo y lo miré. Siguió hablando con sus amigos, actuando como si yo no estuviera escuchando, pero dirigiendo intencionalmente sus palabras hacia mí. Decía que me veía muy rara cuando sonreía. Empezó a abrir la boca muy grande, enrollando el labio hacia arriba para mostrar las encías. Sus amigos se le unieron y dijeron que yo tenía una sonrisa fea. No dije nada. Ni siquiera entendía qué estaba pasando. Yo no había hecho nada, pero él siguió hablando sobre lo fea que me veía cuando sonreía. Empecé a flaquear y se me arrasaron los ojos de lágrimas. Eso a él le *encantó*.

Fui a contarle al maestro lo que pasaba, pero como ese chico era un año mayor que yo y yo era nueva, el maestro lo conocía más y me dijo que eso era típico de este chico. Estaba haciéndose "el gracioso", así que el maestro no hizo nada al respecto. Supuse que tenía razón porque conocía a ese chico mejor que yo. Quizás yo le estaba dando mucha importancia.

No fue así.

Conforme pasó el tiempo, el tipo empeoró. Uno de los profesores de teatro nos puso la película *El club de los cinco*. No recuerdo por qué, pero debió ser por una razón válida. Todos la vimos en clase y, después, el profesor nos hizo formar un círculo y decir qué personaje pensábamos que éramos. Todos dieron su respuesta sin recibir reacciones negativas ni críticas, excepto por mí. Dije que me consideraba más como el personaje de Ally Sheedy, la "rara". La escogí porque el personaje de Molly Ringwald era demasiado "femenino" para mí. En cuanto dije eso, el chavo empezó a burlarse de mí. Hizo comentarios insistiendo en que yo no era nada como ella y que yo intentaba parecer más buena onda de lo que era. De nuevo, sus amigos le hicieron segunda. Yo era un fracaso; no era nada parecida a ella. Y eso siguió y siguió. Después de un rato, el profesor le dijo que ya se aplacara.

De verdad el primer año de secundaria sufrí en la clase de teatro. Me encantaba porque me había dado la esperanza de que, tal vez, solo tal vez, hubiera encontrado un mundo en el que podía ser aceptada, pero a estas alturas, ya no sentía que fuera aceptada por la gente en ese mundo tampoco. El chico se volvió más atrevido conmigo y totalmente cruel. Yo se lo decía a los dos profesores de teatro (un hombre y una mujer), y de nada servía. Decían que no me agredía físicamente. En cierto momento durante mi primer año, el profesor me sugirió que probara otro club como el del Cuerpo de Entrenamiento de Oficiales de la Reserva Junior. No podía creer lo que estaba escuchando. Me negué a dejar la clase porque, aun cuando era insufrible, el teatro era lo único que me hacía realmente feliz.

Había empezado a participar en el evento humorístico, pero era difícil, sobre todo porque pocas mujeres lograban entrar; en la ronda final normalmente eran todos hombres. En ese torneo en particular, había logrado llegar hasta la final, y mucha gente (incluyéndome a mí) estaba *verdaderamente* asombrada de que lo hubiera logrado porque era joven y era la única chica. Estaba sumamente emocionada hasta que me enteré de que el terrible chico de mi clase de teatro también había llegado a la final. Cuando él y sus amigos se dieron cuenta, empezaron a decirme cosas horrorosas. Llegaron a tal punto que nuestra maestra de teatro intervino y le preguntó por qué se estaba comportando como un idiota. Él no tuvo nada que contestar. Y ya le había colmado el plato a ella. Me defendió, y en ese preciso momento me di cuenta de que yo no estaba loca. No había estado imaginando cosas. Ese tipo se portaba terriblemente mal conmigo y ella no solo se dio cuenta, sino que se sintió obligada a confrontarlo. Era extraño porque yo estaba contenta de haber tenido la razón todo ese tiempo, pero también me sentía fatal de haber tenido la razón todo ese tiempo. En esa ronda, terminé en último lugar. Creo que él quedó en tercero; no estoy segura. Lo único que recuerdo es que, durante el viaje de regreso a la escuela en el autobús, él hacía comentarios sarcásticos sobre mi último puesto porque, obviamente, me tenía que recordar que era una fracasada. Lo miré todo el camino de regreso sin decir nada. En cuanto llegué a casa, empecé a llorar desconsoladamente.

Me alegré mucho cuando empezaron las vacaciones de verano porque ya no podía soportar mentalmente a ese tipo. Tenía que decidir si iba a permitirle que me obligara a dejar algo que me encantaba hacer o si seguiría adelante, sabiendo que mi vida sería un infierno durante los siguientes tres años. ¿Qué era más importante, mi salud mental o mi amor por el teatro? El teatro ganó. Ese verano estuve pensando en cuál sería la mejor forma de protegerme de él, pero me di cuenta de que no podía hacer nada. Ese chico solo iba a empeorar porque iba a conocerme más, lo cual significaba que tendría más cosas que decir sobre mí. Empecé a preguntarme si yo podría hacerle lo mismo y, de alguna manera, devolverle sus ofensas, pero ¿cómo? Y entonces me llegó la iluminación. En el último torneo al que fuimos durante mi primer año, yo había logrado llegar a las finales de esa ronda humorística, un evento que a mucha gente le gustaba… Especialmente al chico que se estaba convirtiendo en mi pesadilla. Un alumno iba a representar una versión condensada de una comedia. Era uno de los eventos más populares, esos a los que todo el mundo asiste a la ronda final porque las actuaciones generalmente eran graciosas. Yo sabía que el chavo pensaba que era gracioso. Sabía que él quería ganar. Sabía que quería que los demás lo reconocieran como la estrella de nuestro equipo. Sabía lo que yo tenía que hacer: decidí esforzarme por ganarle en todo lo que él intentara. Si iba a odiarme, a burlarse de mí y hacerme llorar, pues entonces yo le iba a dar una razón para hacerlo. No quería hacerlo pensar que era un fracasado; quería que supiera que yo lo había hecho *convertirse* en un fracasado frente a mí.

Ese verano previo a mi último año, decidí trabajar en mis temas para las competiciones de teatro del siguiente año. Le pedía a mi hermano Rubén que me llevara a la biblioteca pública de McAllen todos los días. Me quedaba allí hasta la hora de cierre para pasar todo el día leyendo cuanto libreto pudiera tener entre mis manos. Decidí apuntarme a cada evento en el que ese idiota quisiera competir y a otros eventos para los que quedara tiempo. Quería ganar cada maldito torneo. Quería sostener esos trofeos en mis manos y verlo en el momento en que yo los recibía. Cuando empezó el año escolar, me encontré en la clase de teatro con ese chico y sus amigos que hacían comentarios sarcásticos sobre mí. Él estaba planeando una reunión e intencionalmente invitó a todos los que estaban sentados alrededor mío, pero no a mí. Una vez, alguien le preguntó si me iba a invitar porque yo me sentaba cerca de ellos, y el muy grosero contestó: "No, ¿por qué carajos iba a invitar a esa cosa?".

Entonces llegó el momento de nuestro primer torneo del año. Tenía curiosidad por ver si me había preparado tanto como creía. Para prepararnos para los torneos, debíamos organizar sesiones de práctica con los profesores de teatro. Yo no quise hacerlo porque no quería que nadie supiera con qué obras estaba trabajando. Para entonces, nos habían puesto a una nueva maestra de teatro y, para ser sincera, se me había hecho difícil confiar en la gente porque incluso las personas que consideraba mis amigas se juntaban con mi acosador. No existía la lealtad.

El primer día de nuestro torneo llegó y fuimos a la competición. Yo me había inscrito en siete eventos, lo cual se consideraba una locura, pero les aseguré a mis profesores que estaba lista para todos. Ese día, competí en los siete eventos y me vi avanzando a las finales en *todos,* incluido el humorístico. Me di cuenta de que iba a competir contra mi tirano en esa categoría. Nadie en la escuela sabía lo que yo estaba haciendo porque decidí no contarles nada. Recuerdo que llegué tarde a la ronda final del evento humorístico porque estaba corriendo a las finales de las otras categorías. Cuando llegué allí, fui la última en actuar. Subí y lo hice. Había escogido una obra en la que tenía que interpretar a siete personajes diferentes, lo cual era supergracioso. Como yo había aprendido inglés viendo programas de televisión e imitando la forma en que hablaban los actores, había aprendido por accidente cómo hacer diferentes voces, así que cada personaje que interpreté tenía su propio acento, su propio *todo,* cosa que no cualquiera podía hacer. Realmente me fue bien en esa ronda pero, como había llegado tarde, no había visto actuar a mi acosador. Solo me quedaba esperar que ocurriera lo mejor para mí.

En la entrega de premios del torneo, todos nos sentamos por escuela y se empezó a anunciar a los ganadores de los eventos. Yo había ganado el primer lugar en un par de ellos desde que actué en el final. Seguí ganando más; anunciaban mi nombre una y otra vez. Entonces llegó la categoría humorística. Ahora, en este torneo en concreto lo que hacían era empezar a nombrar a los ganadores a partir del tercer lugar y continuar en orden ascendente, así que quienes hubieran obtenido del cuarto al sexto lugar no serían mencionados. Esto se hacía para ahorrar tiempo. Yo deseaba resultar ganadora, pero no lo creía porque, como ya dije, no había visto la actuación de los demás y no llegaban muchas mujeres hasta las finales. Cuando empezaron a mencionar a los ganadores, me quedé mirando a mi acosador a la cara para ver si ganaba. Mencionaron al tercer y al segundo lugares. No fue ninguno de nosotros. La gente creía que él iba a ganar porque, ¿y quién más había quedado, no? Cuando mencionaron al ganador del primer lugar, anunciaron mi nombre. ¡YO GANÉ EL EVENTO! Mis ojos se desorbitaron y sonreí con mi (según él) fea sonrisa con mi diente torcido. Recuerdo que me quedé mirándolo un segundo extra cuando me abrí paso para recoger mi *séptimo* trofeo. Gané un premio en cada uno de los eventos en que había participado. Todos los de mi equipo estaban impresionados. Lo que sentí que fue incluso mejor que ganarme los trofeos fue que me di cuenta de que mi acosador estaba mucho más callado en el viaje de regreso en el autobús. Así comenzó un patrón para mí. Empecé a ganar un promedio de cinco trofeos en cada competición a la que asistía. Me estaba convirtiendo en la estrella del equipo y disfrutaba cada minuto de ello. Cuanto más ganaba, peor se ponía él. Era terrible. Yo odiaba eso, pero era un alivio saber que, una vez más, si él iba a odiarme, yo le iba a dar una razón para hacerlo.

Empezaban a elegirme para las obras de la escuela, lo cual era bueno y malo a la vez. Era bueno porque me daban un papel, pero era malo porque cuando estaba en las obras, me recordaban que yo no era nada. Él seguía dominando nuestro grupo de teatro. Era el más popular. De hecho, creo que para entonces realmente yo era el mayor objeto de sus burlas porque yo era quien ganaba siempre en los torneos. Durante los ensayos de las obras, él decía cosas terribles sobre mí a todos los que estaban alrededor mío y en mi propia cara. Eran "bromas", claro, así que no podía hacerse nada porque todo era de "juego". La cosa se puso peor cuando mi mamá me compró un coche usado. Era un viejo Camaro que me compró porque quería que yo pudiera llevarla a todas partes. Cuando mi acosador y sus amigos descubrieron que tenía coche, fue mi perdición. Después de los ensayos, lo rodeaban, se inclinaban para agarrarlo de la parte de abajo y empezaban a sacudirlo por pura diversión. Les decía que no lo hicieran, pero entonces lo hacían con más ganas.

Uno de mis recuerdos favoritos que tengo de él (y lo digo con sarcasmo) fue una ocasión en que estábamos en una obra y yo no podía encontrar las llaves de mi coche cuando habíamos terminado. Pasé mucho tiempo buscándolas sin resultado. Al final terminé por llamar a mi hermano para que fuera a recogerme. No teníamos un juego extra de llaves, así que no tuvimos más opción que dejar el coche en el estacionamiento toda la noche y volver por él al día siguiente. No podía entender qué había pasado con mis llaves. Siempre las dejaba en el mismo lugar. Solo esperaba poder encontrarlas. Cuando volví al día siguiente, descubrí que mi coche había sido vandalizado. Las llantas estaban acuchilladas, las ventanas rotas. Estaba arruinado. Mi familia se enojó porque arreglar el coche iba a costar un dinero que no teníamos y, milagrosamente, encontré las llaves del coche en el salón de teatro, donde una noche antes las había buscado sin suerte. Habían aparecido de la nada.

Nunca tuve ninguna prueba de que aquellos muchachos hubieran tenido algo que ver con los daños que sufrió mi coche, y honestamente, una parte dentro de mí tenía la esperanza de que ellos no hubieran sido los responsables porque eso habría significado que tenían maldad en el alma. Ya sea que hubieran tenido o no algo que ver con ello, lo que sucedió esa noche me fastidió. Íbamos a presentar la obra a la noche siguiente y todo el mundo estaba activo, preparándose. Yo me sentía verdaderamente mal porque estaba preocupada pensando en lo que le había pasado a mi coche y estaba más lenta que de costumbre. Justo cuando la obra iba a comenzar, la canción "Loved by the Sun" empezó a escucharse. Todos nos reunimos en un círculo y, como parte de la tradición, la gente empezó a darse palabras de ánimo. Fue entonces cuando los chicos, incluido mi acosador, empezaron a dar *su* versión de palabras motivadoras, las cuales tenían que ver con mi coche. Se estaban burlando de mí, riéndose de lo que había pasado, y a mí no me quedaba más que estar allí y soportarlos.

Cuando el último año de mi tirano se acercaba, yo sentía como si también fuera mi último año. No podía esperar a que saliera de mi vida. No quería volver a verlo nunca más. A esas alturas, yo siempre ganaba. Me había convertido en la estrella de mi clase de teatro. Tenía el papel principal en las funciones, ganaba un montón de trofeos y el chico al que yo despreciaba pronto se iría de allí. En la última semana de clases de ese año, él llegó al salón con invitaciones para su fiesta de graduación. Las repartió entre todos, (excepto a mí, obviamente). Fue la última vez que, con su enorme dedo medio volteado hacia mí, se aseguró de invitar a todo el mundo, incluso a mis mejores amigos. Les dio el boleto justo enfrente de mí y, si no me equivoco, supongo que al final ellos también fueron. Ya para entonces me daba igual. Simplemente estaba agradecida de no tener que verlo nunca más. Y, como en el Mago de Oz, "Ding, dong, la bruja murió" (para mí, o al menos eso fue lo que pensé).

Mi credencial del último año de la secundaria. Una de las pocas fotos escolares que tengo.

Pero tuve que volver a encontrarlo. Acabamos en la misma universidad. ¿No es gracioso? Y con "gracioso" quiero decir que sentí ganas de agarrar un tenedor y clavármelo en los ojos para no tener que verlo de nuevo. Una vez más, él tenía la sartén por el mango porque era un año mayor que yo, la gente lo conocía y yo era nueva. Bueno, tenía la esperanza de que un año en la universidad lo hubiera hecho madurar, pero estaba muy equivocada. La ola de terror empezó muy pronto.

No fue tan grave. El verano después de mi primer año en la universidad, mi mamá me dijo que tenía que dejar mis estudios porque mi hermana necesitaba ayuda con sus niños. No quería desertar. Siempre estuvo en mis planes graduarme de la universidad, pero como con frecuencia digo, "A veces la vida se atraviesa", y esa fue una de aquellas veces. Dejé la universidad y regresé a Texas. Por una parte, tenía roto el corazón por tener que abandonar mis estudios sin querer hacerlo, pero por otra estaba feliz de no tener que lidiar con mi verdugo otra vez. Sentía como si me hubieran quitado un peso de encima. Recuerdo que mi hermano Eloy fue por mí al campus para llevarme a casa. Cuando nos estábamos alejando, la canción de Green Day "Good Riddance (Time of Your Life)" empezó a escucharse en la radio y me sentí como en una película. Me marchaba de ese lugar que, en teoría, no quería abandonar, pero estaba sumamente feliz de no tener que verle otra vez la cara a mi acosador.

Odiaba la idea de nunca poder cerrar ese episodio con él. Odiaba la idea de marcharme sin tener algún tipo de compensación. Quería que el karma me demostrara que sí existía. Quería que esa estúpida canción de Tangerine Dream resultara verdad… Quería creer en la bondad del ser humano. ¡Quería que el tipo bueno (o sea, yo) ganara al final! Pero eso no sucede en la vida cotidiana y normal, ¿verdad? Una persona normal que ha sufrido acoso no tiene más que soportarlo y seguir adelante. A una persona común y corriente rara vez le llega su momento de Armagedón. Gracias a Dios, yo no era una persona común y corriente.

A los veintiséis años, estaba viviendo en Los Ángeles, haciendo giras por todo el país, participando como telonera de un comediante famoso en aquella época.

En octubre de 2005 tuve que viajar a la ciudad de Nueva York en un vuelo nocturno porque al comediante con el que colaboraba le tocó trabajar en Caroline's, un club de comedia en Times Square. No pude dormir cuando llegué allá porque tenía que reunirme con él y su equipo para una conferencia de prensa. Su equipo lo conformaban su asistente, su esposa, un fotógrafo, el otro telonero y su director de giras. El novio que yo tenía en aquella época todavía vivía en Dallas, pero había planeado volar a Nueva York para reunirse conmigo y vendría más tarde a donde nosotros estábamos.

Todos estábamos exhaustos y empezamos el día con Sirius XM radio. Ninguno había podido dormir y tratábamos de vencer el cansancio. Mientras estábamos esperando, la asistente del comediante trató de subirnos los ánimos. Sacó su teléfono y dijo que nos iba a leer el pronóstico chino del día. Era una cita motivacional diaria que le mandaban de una página a la que se había suscrito. Leyó el pronóstico, que hablaba sobre ser agradecido por tus amigos y tus enemigos porque ambos te han convertido en quien eres. Cuando leyó eso, fui la primera en decir que estaba de acuerdo con esa idea y empecé a contarles sobre mi acosador. Como estuvimos esperando un rato, les conté todo tipo de historias y cómo el hecho de querer vencerlo en la secundaria me hizo esforzarme más que él. Al final, agradecía que me estuviera yendo tan bien y esperaba que, si algún día volvía a verlo, yo tuviera una posición más ventajosa que él.

Unas horas después, mi novio fue a buscarme. Yo estaba exhausta. Solo quería hacer mi actuación e ir a la cama, pero tenía que ir a Caroline's a hacer la primera presentación de la semana. Se habían vendido todos los boletos y, aunque estaba agotadísima, tenía mucha emoción por hacerlo porque era la primera vez que hacía una función de monólogos en Nueva York. Después del show, todo el grupo se moría de hambre. Buscamos un lugar para comer que estuviera cerca del club porque nadie quería perder tiempo. El representante nos dijo que el restaurante cercano, Ruby Foo's, estaba abierto hasta tarde, así que por conveniencia fuimos allí.

Llegamos y nos sentamos en una mesa redonda grande; a ninguno le quedaba una pizca de energía. Parecíamos una mesa llena de zombis que solo querían comer rápido unos cerebros e irse. Yo no dejaba de bostezar. Todos habíamos llegado al punto más alto del cansancio. Traté de animar el ambiente y le pedí a la asistente que nos diera el pronóstico del día. Se rio cuando se lo pedí y me dijo que sería lo mismo que nos había leído en la mañana. Me dio risa darme cuenta de que había olvidado que era el mismo día, pero ella lo sacó y volvió a leerlo para matar el tiempo mientras esperábamos al mesero para que viniera y nos tomara la orden de bebidas. Repitió eso sobre estar agradecido por los amigos y los enemigos, y yo me acerqué a mi novio para decirle que les había contado sobre mi acosador. Él conocía las historias sobre aquel tipo. Entonces apareció nuestro mesero; estaba parado detrás de mí. Nos dio la bienvenida y nos preguntó qué queríamos beber. En cuanto escuché su voz, me congelé. *Un momento, reconozco esa voz.* No podía ser verdad. ¿O sí? Mi novio notó cómo me cambió el semblante; todos en la mesa lo notaron. Todos supieron que algo malo me estaba pasando, pero no sabían qué. Me di la vuelta muy despacio, esperando haberme equivocado, pero, conforme iba girando hacia atrás, me daba cuenta de que tenía razón.

El tipo que hizo de mi vida un verdadero infierno, el que me había hecho odiarme a mí misma, estaba parado detrás de mí. ¡Mi acosador de la secundaria era nuestro mesero!

Me miró, completamente sorprendido, y dijo: "¿Cristela?". En un tono muy extraño, le dije hola y le pedí una cerveza. Todos los demás ordenaron su bebida y, en cuanto se retiró, tuve un montón de preguntas que no podía contestar. Estaba totalmente paralizada. El comediante del que era telonera me preguntó qué me pasaba. Logré reunir las palabras y contesté: "¿Recuerdan al chico, del que les conté, que me hizo vivir un infierno? Es él. ¡Nuestro mesero!". Nadie podía creerlo. ¿Por qué lo creerían? ¿Qué posibilidades había de que eso ocurriera? El comediante me preguntó si era una broma. Le dije que no. Les pedí que, si lo dudaban, le preguntaran dónde me había conocido. Cuando regresó con las bebidas, hicieron exactamente eso.

Cuando mi acosador estaba repartiendo las bebidas, el comediante se lo preguntó y el acosador contestó que habíamos ido juntos a la secundaria. Luego otros quisieron hacerle preguntas y así se enteraron de que habíamos estado juntos en las obras de teatro, habíamos ido a la misma universidad durante un tiempo; todo lo que les había contado lo estaban confirmando. Mi novio no dejó de preguntarme durante toda la cena cómo me sentía y, honestamente, no sabía qué responderle. Sentía como si en un instante me hubieran transportado en el tiempo y fuera la adolescente a quien él aterraba. Ese sentimiento pronto se desvaneció cuando el comediante le preguntó a mi verdugo a qué se dedicaba. Les contó a todos que vivía en Nueva York con uno de sus mejores amigos de la secundaria (uno de los idiotas que también me odiaba) y que estaban tratando de entrar al mundo de la actuación. Yo quería decirle que a mí me estaba yendo muy bien, pero no sabía cómo hacerlo sin que pareciera que estaba desesperada porque él se enterara. Fue entonces cuando el comediante intervino y exclamó: "¡Ah, qué bien! Cristela nos contó que iban juntos a la escuela. ¿Y sabes qué? A ella le está yendo muy bien…". Empezó a contar todo lo que yo había hecho y yo me sentí sumamente feliz dentro de mí porque me encantaba que mi verdugo escuchara todo eso sin que fuera yo quien lo dijera. Se convirtió en un juego. Cada vez que mi acosador venía a nuestra mesa, alguien mencionaba algo maravilloso que yo había hecho y seguía haciendo comentarios sobre lo "curioso" de que él fuera mi mesero. Yo estaba fascinada.

Como todos los de la mesa supieron que realmente él era mi antiguo tirano, trataron de ponerlo a trabajar mucho más. Le pedían que volviera a llenar las copas, que trajera cosas extras que realmente no necesitábamos. Hicimos de todo para hacerlo ir y venir y atendernos más. A mitad de la cena, el verdugo mencionó que había tratado de conseguir boletos para ver al comediante del que yo era telonera, pero que los boletos se habían agotado. Bueno, SÉ MUY BIEN que este tipo no estaba tratando de conseguir boletos por medio de nosotros, ¿verdad? CLARO QUE SÍ LO ESTABA INTENTANDO. En el momento en que lo mencionó, se me escapó de la boca: "Todas las funciones ya están llenas. Lo siento." El comediante lo confirmó.

Al final de la cena, el comediante pagó y yo no sabía qué hacer. ¿Irme sin decir adiós? Lo despreciaba, así que era lógico, ¿pero fue la cena una venganza suficiente como para perdonarlo y seguir con mi vida? Nuestro grupo salió del restaurante y el comediante me preguntó qué estaba pensando. Él sabía que algo estaba en mi mente porque no escondo las emociones muy bien. Le dije que no estaba segura de qué debería hacer. Me detuvo y me dijo que tenía dos opciones. Podía ser la persona madura y regresar para darle boletos para la función y así él tuviera que ir para verlo actuar, lo cual significaba que tendría que verme *a mí* actuar, o podía retirarme sabiendo que probablemente nunca más volvería a verlo y quedarme con la satisfacción de que, al final, yo estaba en una mejor posición porque a mí las cosas me estaban funcionando mucho mejor que a él. Entonces me preguntó qué quería hacer. Miré hacia el restaurante y medité durante un minuto. Miré a mi tirano y dije que no quería volver a ver ese tipo nunca más. Quería que su última interacción conmigo fuera sirviéndome. Quería que él siempre supiera que cada vez que me llevó una cerveza, yo ponía mi horrible sonrisa con mi diente torcido sabiendo que lo había derrotado. Salí de allí sin mirar atrás.

Nunca esperé volver a ver ese tipo, pero me alegro de haberlo hecho. Me dio la oportunidad de ponerle un final a esa parte de mi vida. No todo el mundo tiene esa suerte. Lo último que escuché acerca de él es que se había ido a Alaska a hacer teatro. Le deseo lo mejor y con eso quiero decir que no lo deseo en absoluto.

La película *Leyenda*, en donde salía la canción "Loved by the Sun", contaba la historia de una persona que tiene que luchar contra la Oscuridad, personificada por una criatura que al final es derrotada por el bien. Antes de desaparecer, la Oscuridad le recuerda a la gente que la maldad vive dentro de todos y que todos somos capaces de ejercerla, así que, en teoría, la Oscuridad nunca puede morir realmente. Aunque derroté a mi propia oscuridad, comprendo que él aún sigue dentro de mí. Se metió a la fuerza a mi mente y, me guste o no, es parte de mi historia. La cuestión es que ahora tengo el poder de vencerlo siempre.

Esa noche, volví al hotel, me puse mis audífonos y escuché la canción de Tangerine Dream y, por primera vez, la sentí diferente. Por primera vez en décadas, sentí la misma esperanza que tuve la primera vez que escuché la canción. Fue la primera vez, ya como adulta, que podía escuchar esa canción sin llorar. Cuando llegué a la parte de la canción que habla sobre creer en "la bondad del hombre", no pude evitar reírme porque, al final, mi vida se había parecido a la película *Leyenda* porque, después de todo ese tiempo y dolor, finalmente la Oscuridad había perdido.

"SHAPE OF MY HEART"
BACKSTREET BOYS

Mi mamá y yo en la casita en que vivimos
después de la cafetería. Nunca imaginé que,
años después, esta foto aparecería en un perfil
mío en el *New York Times*.

Este es el capítulo en el que muere mi madre.

No escribí eso para sonar melodramática, sino más bien para
que sirva de advertencia. He hablado sobre mi madre y su muerte
mucho en el pasado y no puedo empezar sin decirles cuántas veces
la gente se ha puesto a llorar conmigo cuando me conocen porque

dicen que mi madre les recuerda a la suya. He conversado con varias personas sobre la muerte de alguno de nuestros padres y de cómo nunca logras recuperarte por completo, sobre todo cuando fuiste quien se dedicó a cuidarlo. Yo lo hice con mi madre y quise ser compasiva y asegurarme de que quienes lean este libro estén mentalmente bien para continuar con este capítulo y también para decirles que no hay problema si no pueden. Yo sufro de crisis de depresión severa, ansiedad y ansiedad social y sé lo duro que algo como esto puede ser. Antes que nada, quiero estar segura de que ustedes (los lectores) estén preparados. Seré honesta: este es el capítulo que más temor tenía de escribir y el que me costó más tiempo, y ciertamente lloré mucho mientras lo hacía. Hecha la advertencia, aquí va.

Crecí adorando los grupos musicales de chicos: Menudo, New Kids on the Block, New Edition, Backstreet Boys, Boyz II Men, 'N Sync, etc. Básicamente si había algún video musical en el que salieran cuatro o cinco hombres cantando sobre su indiscutible amor por una mujer bajo la lluvia, no dudaría en decir que yo me convertía en su admiradora. Lo cual, por cierto, siempre me confundió. Cuando las bandas de chicos confiesan su amor por alguien, ¿se trata de la misma muchacha?

"Shape of My Heart" es una canción de los Backstreet Boys que salió en el año 2000 como parte del álbum *Black & Blue* y me encantaba. Era una canción de amor, aunque si me preguntaran de qué trataba, no podría decírselo. En el video, ellos aparecían tomando una clase de actuación y eso me dejó muy confundida. Compré *Black & Blue* en nuestro Walmart local en McAllen, Texas, a medianoche y no, no era una fanática de hueso colorado que acampaba y esperaba hasta que el CD saliera a la venta. Fui a una de mis visitas de medianoche a Walmart con mi madre porque ella no podía dormir… otra vez. Creo que la razón por la que me sentí tan conectada al CD fue porque yo lo compré y fue una de las pocas posesiones terrenales que yo tenía.

Soy la menor de cuatro hermanos y siempre estuve al lado de mi madre; así se suponía que debía ser. Algo de lo que no me di cuenta era que la responsabilidad de tener que estar al lado de mi madre implicaba ser parte de sus buenos y sus malos momentos. Cuando tenía alrededor de ocho años, estaba acostada en la cama individual que compartí con mi mamá hasta que cumplí dieciocho años. A veces nos acostábamos y simplemente hablábamos y nos reíamos como si fuéramos las mejores amigas, porque lo éramos. Me dijo que quería que yo fuera quien se hiciera cargo de ella cuando se hiciera mayor. Me expresó que sabía que yo lo haría y le contesté que sí sin saber a qué me estaba comprometiendo. Francamente, su comentario surgió de la nada y en realidad me tomó por sorpresa porque fue en ese momento cuando me di cuenta de que mi madre no era inmortal. Cuando eres niño, piensas que tus padres siempre van a estar cerca. También me contó que quería comprar una casa; ese era su sueño americano. No quería nada elegante; solo una casa que tuviera un buen drenaje.

Recuerdo la casa de sus sueños. Era una casa prefabricada color café de una compañía de New Braunfels, Texas. Pasábamos por esa compañía y veíamos algunos de sus modelos cuando íbamos en coche a visitar a mi hermana en Dallas. Una vez nos detuvimos para ver el exterior de una casa en particular que a mi mamá le gustó. Fue una de las pocas veces que recuerdo la cara de mi mamá llena de asombro y haber pensado, *Le voy a comprar esa casa.*

Cuando estaba en *junior high* descubrimos que mi mamá tenía hipertensión. Tuve que faltar a clases ese día para llevarla al doctor porque no se había estado sintiendo bien. Siempre tuve que faltar a clases para hacer cosas por mi mamá y mi familia. Caminábamos al consultorio del doctor porque yo no tenía edad suficiente para manejar. Literalmente vivíamos al otro lado de las vías (de verdad teníamos que caminar sobre las vías) que estaban pasando nuestra parada habitual de autobús Greyhound para ir al doctor Boneta. Cuando recuerdo aquellos tiempos, no puedo evitar pensar lo ridículo que era el hecho de que mi mamá se sintiera mal y tuviera que caminar hasta el doctor (que cobraba demasiado para ella) para saber de qué estaba enferma. Tener la presión alta no era tan terrible porque mucha gente es hipertensa y la combinación de un cambio en la forma de vida y el medicamento puede controlarla. El medicamento era la parte problemática para nosotros. Después de que el doctor le dio a mi mamá una receta para las pastillas que quería que tomara, cruzamos la calle hacia Medico, nuestra farmacia local, para que la surtieran. Costaba cincuenta dólares al mes. Mi mamá se angustió porque las píldoras costaban un tercio de lo que ella recibía de pago semanal. No podíamos pagar esa cantidad por un medicamento cada mes. Fue cuando mi mamá me dijo que tendríamos que ir a ver el precio del medicamento la siguiente vez que fuéramos a México. Esa era una de las mejores cosas de vivir en una ciudad fronteriza. Podías ir a México y comprar medicinas mucho más baratas que en los Estados Unidos. Cuando cruzamos la frontera hacia Reynosa, Tamaulipas, fuimos a la farmacia más cercana y la provisión de un mes nos costó menos de cinco dólares. México realmente salvó la vida de mi mamá (en aquella ocasión).

A veces, cuando menciono las dificultades que tenía mi familia por la falta de dinero para pagar médicos o medicamentos, algunas personas dicen: "¿Y por qué no se metían al programa X o Y del gobierno?" o "¿Por qué no iban a 'bla, bla, bla'?". Siempre contesto: "No sabíamos nada sobre ningún programa ni sobre ningún tipo de ayuda que pudiéramos recibir". Miren, es difícil saber qué opciones puedes tener cuando la mayor parte de la sociedad te deja abandonado. Mi familia era la más pobre entre los pobres. Mi sueño era poder vivir en las casas subsidiadas porque eso era un progreso para nosotros. También deben recordar que, en aquella época, no teníamos internet. No podíamos "googlear" palabras clave para tener respuestas que nos ayudaran cuando nos enfermábamos. Ir al doctor era nuestro último recurso porque significaba que, por el hecho de ir, tendríamos que prescindir de cosas triviales que necesitábamos, como la comida. Para mi familia, ir al doctor era nuestro último recurso.

Durante toda mi vida, he visto a mi familia ponerse muy grave y solo rezar y esperar a que todo mejorara. Recuerdo una vez que mi mamá se enfermó por varios días. Yo no estaba segura de qué iba a sucederle. Estaba tan enferma que no fue a trabajar. Yo sabía que era una situación complicada porque, si mi mamá *no* iba a trabajar, la cosa debía ser grave. Estaba débil. Se quedó en la cama durante días. Parecía una persona diferente. Todo el tiempo le preguntaba si no tendría que ir al doctor, pero como no había ido a trabajar durante días y no tenía permiso por enfermedad, le iban a descontar esos días de su pago. Recuerdo haberme quedado en casa durante ese tiempo para cuidarla porque, repito, esa fue la responsabilidad que ella me pidió asumir.

Eso sucedió en diferentes momentos a lo largo de mi vida. Momentos en que se me pedía que pusiera una pausa en mi vida y renunciara a mis sueños para ir a cuidar a mi madre. Abandoné la universidad para ayudar a mi hermana a cuidar a sus hijos la primera vez; después traté de regresar a la escuela, pero tuve que volver a abandonarla por segunda ocasión para cuidar a mi mamá, que empezaba a tener más problemas de salud.

Mi vida cambió completamente en 2002. Vivía en Los Ángeles y mi hermano me llamó días después de mi cumpleaños, que es el 6 de enero. Las cosas no habían sido fáciles para mí cuando estuve en Los Ángeles, sobre todo esa semana en la que recibí la llamada. Había pasado poco tiempo desde que me habían despedido de una agencia de viajes a la medida que atendía a las celebridades. Era como un trabajo de asistente personalizado, en cierto modo. Piensen en la película *El diablo se viste de Prada,* pero con la asistente latina que nunca consiguió el "cambio de imagen" para poder encajar allí. Básicamente, tenía que encontrar la forma de satisfacer cualquier capricho que tuviera un famoso, ya fuera recoger un par de botas en la terminal de carga en un aeropuerto enviadas durante la gira por Europa de algún cliente y llevarlas con urgencia a Los Ángeles para la grabación de un video musical en más o menos un día (meses después de 9/11), o encontrar un reproductor de DVD en Ámsterdam a medianoche que fuera compatible con los DVD de los Estados Unidos. Me despidieron porque mi jefa se enteró de que estaba buscando otro empleo. No la culpo. Encontró un currículo en mi escritorio cuando yo estaba trabajando en un encargo.

Mentalmente no podía manejar la vida que tenía en ese momento. Mi trabajo era 24/7. Compartía un estudio con dos compañeras. Dormía en un colchón inflable que a veces tenía que llevar a la parte de la "cocina" del estudio para poder hacer llamadas a Europa a medianoche. Me molestaba que a veces tenía que comprar para un cliente velas caras que costaban más de lo que yo pagaba de renta. (Lo que quiero decir es que ese trabajo no era para mí). Mi coche estaba

en el corralón porque una antigua compañera de piso lo había mane-
jado y le habían puesto multas por estacionarse en lugares indebidos
y no me lo había dicho. Finalmente logré reunir el dinero para pagar
las multas y sacar mi coche del corralón. Si recuerdo bien, tuve que
pagar alrededor de 1.200 dólares. Pero cuando recuperé mi coche,
me fui a casa, lo estacioné y me fui a la cama. Cuando desperté al día
siguiente, a mi coche le habían puesto un candado. Llamé para preguntar por qué y resultó que lo que había pagado no cubría *todas* las
multas. Había más del condado de Los Ángeles y tendría que pagar
más dinero del que tenía.

Recuerdo que me puse a llorar. Me senté en la banqueta, mirando
el candado de mi coche, y lloré con todas mis fuerzas. No entendía por
qué me pasaban esas cosas. Me empeñaba tanto por salir adelante. ¿Era
esa una señal de que no debía estar allí? Es en esas ocasiones cuando
la gente empieza a decirte clichés. "Lo que no te mata te hace más
fuerte". Sí, ¿pero qué tal si, en lugar de decirme sus frases de tarjeta de
felicitación, me dieran su NIP del cajero automático? No podía llamar
a casa y pedir dinero. Mi familia no tenía dinero extra; debía arreglármelas yo sola. Me senté allí, llorando sin parar, dándome cuenta de
que iba a perder mi coche. No había forma de que pudiera reunir el
dinero necesario para pagar las multas y volver a pagar lo del corralón.
Era una situación sin salida. Tardé tanto tiempo en reunir el dinero la
primera vez que los cargos aumentaron por cada día que el coche estuvo encerrado. No tenía dinero ni trabajo, y pronto tampoco tendría
coche, y en un mes o dos, me quedaría sin casa (otra vez). No dejaba
de pensar que las cosas no podían ser peores.

Pero sí podían.

Mi hermano me llamó para decirme que mi mamá estaba en su
lecho de muerte. Llevaba un mes con neumonía. Lo sabía porque

prácticamente todos los días hablaba con ella por teléfono. Era el tipo de persona que no podía entender lo lejos que estaba de ella. Si empezaba a llover en mi pueblo natal, me llamaba a Los Ángeles para decirme que tuviera cuidado porque estaba lloviendo. Mi mamá me había preguntado si podía visitarla cuando tenía neumonía y yo quería hacerlo, pero mi jefa no me dio permiso porque era Navidad, una época muy mala porque nuestros clientes estaban muy ocupados viajando. Así que le dije a mi mamá enferma que no podía ir. Y lo lamenté porque nunca le decía que no a mi mamá. Por suerte, en cuanto se recuperó, me sentí menos culpable porque, si algo le hubiera pasado, no hubiera podido vivir con ese remordimiento.

Pero estaba en el teléfono con mi hermano, y no podía entender lo que él trataba de decirme. Debió de ser una de las llamadas más difíciles que tuvo que hacer.

Mi mamá había tenido una recaída. Volvió a tener neumonía y era improbable que se recuperara. Uno de sus últimos deseos era verme antes de morir.

Bueno. Oficialmente, las cosas habían empeorado y se habían vuelto imposibles. Recuerdo que lo primero que pensé fue, *¿Cómo diablos me voy a ir a casa?* No podía manejar. Mi coche tenía un candado. Busqué autobuses desde Los Ángeles a Texas, pero me di cuenta de que me llevaría días llegar y no tenía tiempo que perder. No tenía dinero para pagar un boleto de avión, especialmente un vuelo de última hora, y la verdad es que no quería hacerlo. No sabía qué esperar. Despedirme de mi madre era algo que obviamente sentía que necesitaba hacer, pero también tenía pavor de hacerlo.

Les conté todo a mis compañeras del departamento y una llamó a su padre y le pidió que me ayudara. En unas cuantas horas, su papá había usado sus millas para conseguirme un boleto de ida a mi casa.

Yo había querido un boleto de ida porque, si mi mamá se estaba muriendo, no estaba segura de cuánto tiempo tardaría en volver. Hice una pequeña maleta con mi ropa y, al salir del departamento, les dije a mis compañeras que las mantendría informadas.

Cuando llegué a McAllen, mi hermano me recogió en nuestro pequeño aeropuerto y me llevó directamente al hospital. En el camino, nos sentíamos incómodos; estábamos demasiado callados. Nuestra familia nunca había hablado sobre qué haríamos si algo le ocurriera a alguno de nosotros y ahora que nos encontrábamos en esa situación, ninguno tenía idea de qué había que hacer.

Llegamos al hospital y subimos en el elevador al piso de mi mamá. Mi hermano Rubén me advirtió de que mi mamá se veía diferente. Quería prepararme para que no me asustara. Caminé lentamente hacia el cuarto y allí estaba, acostada en su cama. Recuerdo cuánto se alegró cuando me vio entrar. ¡Dios mío! Recuerdo la cara que puso en ese momento. Estaba tan contenta de verme, de ver a su bebé. Ya era técnicamente una adulta, pero para ella siempre sería su bebé. Estaba eufórica y, sin embargo, Rubén tenía razón. *Estaba* diferente. Su cara estaba hinchada por la cirugía. Sí, la cirugía. Para lo que no estábamos preparados eran todas esas pruebas que el hospital le había realizado y que ella nunca antes se había hecho. Fue cuando descubrimos lo enferma que estaba mi mamá. Tenía varios problemas de salud que se habrían tratado fácilmente *si ella hubiera podido cuidarse*. El mayor problema que las pruebas revelaron fue que, sin saberlo, mi mamá había sufrido infartos a lo largo de su vida y cada uno había debilitado aún más su corazón. Quiero enfatizar esto: mi mamá había tenido infartos que ella misma se obligó a superar.

Cuando estás con alguien en su lecho de muerte, te encuentras colgando de un hilo, sabiendo que tu corazón muy pronto se romperá, pero ignorando cuándo lo haría. Dormí esa noche con ella en su cuarto. Estaba lista para despedirme de mi mamá en cualquier momento. Bueno, la verdad es que eso es una mentira. No estaba lista para despedirme de ella, pero el momento se acercaba, me gustara o no. Recuerdo que pensé que esa era mi oportunidad para decirle todo lo que quería. Claro que nos abrazábamos y nos dábamos besos todo el tiempo, pero nunca tuvimos esos momentos que se prestan a decir "Me alegro de que hayas sido mi madre", y supongo que esa era mi oportunidad. Así que la aproveché. Le expresé lo mucho que ella significaba para mí, que sabía que nadie me amaría como ella, que una parte de mí iba a morir con ella... le dije todo lo que quería expresarle antes de que muriera.

Pero no se murió.

Al día siguiente, mejoró. Después de unos cuantos días, ya podía caminar. Había huellas marcadas en el piso del hospital que ayudaban a medir la distancia que los pacientes caminaban, así que tenían metas diarias que cumplir. Nos tomábamos de la mano cuando la sostenía del brazo y la ayudaba a caminar. Era un verdadero milagro. Yo no había pensado que ella superaría la muerte. Nos habían dicho que no había esperanza. Algunos días después, los doctores nos dijeron que había mejorado y podía irse a casa. Nos sorprendimos mucho. Después de haber crecido en una familia religiosa, yo no podía evitar pensar que la fe era precisamente eso: la idea de unir tu corazón y tu mente en un concepto imposible de ver físicamente. Una parte de mí pensaba que estaba siendo ridícula hasta que mi hermano me dijo algo. Me pidió que no le contara a mi mamá que él me había dicho eso. Cuando mi mamá se estaba muriendo y pidió verme, le había pedido que le consiguiera una foto mía y una imagen de San Judas. Ella tomó mi foto, la ató a la estampa de San Judas y rezó para que yo volviera a casa a verla antes de que nos dejara. Me di cuenta de que todo lo que mi madre quería en aquel momento, que ella pensó que sería el último de su vida, era tenerme a su lado.

Cuando salió del hospital, volvimos a nuestra resquebrajada casita. Como ya se sentía mejor, yo empezaba a pensar en cómo volver a Los Ángeles. Fue cuando mi madre me dijo: "Cristela, mejoré porque estabas conmigo. Por favor, no te vayas. Quédate conmigo. Necesito que estés conmigo".

Yo quería regresar y tratar de seguir luchando por mis sueños, pero viendo la cara de mi madre, ¿qué otra opción tenía más que quedarme? Ella había visto de frente a la muerte y, contra todos los pronósticos, la venció. Ese fue un tema recurrente en su vida. Había venido a este país sin saber el idioma, con muy poca educación, casada con un hombre terrible y aun así no se dio por vencida. Yo sabía que no tenía opción. Tenía que estar allí por esa mujer que siempre estuvo allí para mí. Llamé por teléfono a las chicas con las que compartía el departamento en Los Ángeles y les dije lo que estaba pasando. Les pedí que juntaran mis cosas y las llevaran a una tienda de segunda mano. No tenía que preocuparme por mi coche. Lo habían remolcado y ahora pertenecía a la ciudad de Los Ángeles. Tuve que esforzarme por aceptar el hecho de que Los Ángeles ya no era una opción para mí. Lo había intentado, pero no funcionó. Hubo un momento en que pensé que quizás mi mamá tenía razón cuando me dijo que los sueños son para los ricos. Nosotros, la gente pobre, teníamos que resignarnos al hecho de que nuestros sueños tenían como destino solo eso: ser sueños. Me quedé en casa y cuidé a mi madre, sin saber cuándo tendría la oportunidad de hacer mi vida, si acaso la llegaba a tener.

En cuanto mi mamá volvió a casa, empezamos a hacer cuentas

y vimos que su estancia en el hospital nos iba a hundir todavía más económicamente. Si había una manera de ser tres veces pobre, nosotros la habíamos encontrado. Los doctores le habían mandado medicamentos que sin seguro médico nos costarían quinientos dólares al mes. Ir a México a esas alturas no era viable porque ya se necesitaba un pasaporte para cruzar la frontera, a diferencia de cuando yo era niña. Tuve uno, pero había expirado y no tenía los medios para renovarlo, y tampoco tenía el tiempo.

Mi mamá nunca volvió a ser la misma después de regresar a casa. Yo tenía que dormir a su lado (cuando ella *podía* dormir), pero casi siempre las noches eran una eterna queja de dolor. A veces le daban fuertes ataques de ansiedad que la despertaban y le impedían dormir. Yo me quedaba despierta con ella cada vez que no podía conciliar el sueño. Tenía que hacerlo porque dormíamos juntas. Yo apenas pasaba de los veinte años y no tenía ni idea de lo que estaba haciendo. Quería ayudarla, pero no sabía cómo. Se me ocurrían ideas para distraerla de la ansiedad (repito, era una ignorante en todo eso) y decidí llevarla a un lugar maravilloso lleno de chucherías sin fin. Lo adivinaron: la llevé al Walmart que estaba abierto las veinticuatro horas.

La primera vez que la llevé manejando hasta Walmart, ella no entendía por qué íbamos si era tan tarde, pero también se dio cuenta de que necesitaba hacer algo. Ya casi no dormíamos. La ansiedad la hacía llorar mucho y lo que yo menos quería era ver a mi madre llorar.

Íbamos a Walmart más o menos desde la medianoche hasta las cuatro de la mañana, caminábamos por la tienda, tratando de evadir las cajas de mercancía nueva que los empleados estaban acomodando para el día siguiente. Le conseguía a mi mamá un carrito que le sirviera como andadera porque no planeábamos comprar nada.

Durante uno de esos viajes, vi el CD de los Backstreet Boys

Black & Blue. Lo compré una de esas noches de caminata por Walmart y lo puse en mi reproductor de discos camino a casa.

Lo escuchaba mucho. Supongo que a veces me servía para mantenerme conectada a otra versión de mí misma, en otra dimensión, que se imaginaba viviendo todavía en Los Ángeles, tratando de lograr que algo sucediera. Recuerdo que escuchaba "Shape of My Heart" y me parecía una canción bonita. Imaginaba a todas las chicas de mi edad saliendo con muchachos, yendo a la universidad, graduándose, forjando su propio camino. Y mientras, yo estaba en casa, escuchando esta bonita canción y, muchas veces, los coros de fondo eran los gemidos de dolor de mi mamá que atravesaban mis audífonos.

De vez en cuando mi mamá podía dormir por la noche. Yo no tenía esa suerte. Me había acostumbrado a estar alerta y cualquier sonido que ella hacía me despertaba y me mantenía en vigilia. A veces simplemente la observaba mientras dormía, agradeciéndole a Dios que pudiera relajarse esa noche. Ponía mi CD de los Backstreet Boys y realmente me sentía feliz cuando podía escucharlo completo porque eso quería decir que, durante ese lapso, ella no había sentido dolor. Y yo tampoco.

Al poco tiempo de haber vuelto a casa, mi familia se dio cuenta de que las cosas no estaban saliendo bien. Mis hermanos trataban de comprar los medicamentos, lo cual mermaba significativamente su economía. Yo no podía buscar un trabajo porque ya tenía uno y era cuidar a mi mamá las veinticuatro horas del día, los siete días de la semana. Mi hermana ofreció recibirnos a mi mamá y a mí en su casa para poder ayudar con los medicamentos. Su casa tenía calefacción y aire acondicionado y no dudamos en aceptar. Rubén nos llevó hasta Dallas con lo poco que mi mamá y yo pudimos meter en el coche. Lo mío fue sencillo porque había dejado todas mis cosas en Los Ángeles. Mi mamá, en cambio, tuvo que condensar todo lo que tenía en el espacio que había en el coche de mi hermano. Fue doloroso para mí ver que la vida entera de mi madre tenía que reducirse a lo que cupiera en la cajuela de un coche. Y en unos cuantos días, estábamos viviendo con mi hermana en un suburbio de Dallas. Nos habíamos cambiado de nuestro pueblito de San Juan a la gran ciudad de Carrollton.

Aquí voy a hacer un pequeño paréntesis para mencionar algo que me parece importante. El programa *Cristela* que tuve en televisión durante un año se basaba en esta época de mi vida, cuando tuve que mudarme con mi hermana y ayudarla a cuidar a sus hijos y a mi madre. Originalmente quería compartir esta parte de mi vida para mostrar que muchos de nosotros teníamos que llevar este tipo de vida, fueran nuestros deseos o no. Era algo que teníamos que hacer como miembros de la familia. Nunca fui a la facultad de derecho. En la vida real, quería actuar, pero escogí la carrera de abogada en el programa porque creí que explicar la abogacía era más fácil que el deseo de dedicarme a la actuación. Quería mostrar la forma en que mi familia se mantuvo unida durante esa época, aunque todos estábamos luchando por sobrevivir; fue una época en que me sentí más apegada a cada uno porque todos teníamos una meta en común: salvar a nuestra madre.

Mi hermana nos había dedicado la recámara de mi sobrina. La niña era pequeña y se iba a dormir con mi hermana y mi cuñado en su cama. El cuarto de mi sobrina era diminuto y no tenía cama, así que mi mamá y yo teníamos que dormir sobre la alfombra encima de unas cobijas. No nos importaba porque, como ya había dicho, la casa tenía calefacción y aire acondicionado, así que estábamos viviendo nuestra versión de progreso. Para mí era raro volver a vivir en casa de mi hermana. Ya había vivido con ella cuando la ayudé a cuidar a sus hijos y nunca pensé que volvería, solo que ahora en compañía de mi mamá.

Estuvimos en Dallas durante un tiempo. Para ser honesta, no sé cuánto. Durante ese periodo de mi vida, en verdad perdí el concepto del tiempo. No quería estarlo midiendo, especialmente porque con las quejas de mi madre y su constante lucha contra el dolor y la ansiedad, esta parte de mi vida me parecía un único día que no llegaba a su fin. Las rutinas eran las mismas. Nos despertábamos, mi hermana y su esposo se iban a trabajar y yo me quedaba en casa cuidando a mi mamá. Limpiábamos y nos dedicábamos a los quehaceres del hogar para pasar el tiempo, y también porque así éramos nosotras. Yo iba por los niños a la escuela, los ayudaba con la tarea y hacía cualquier cosa que me pidieran. Una vez más, como no podía buscar un trabajo para ayudar con los gastos, trataba de hacer lo que pudiera para no sentirme como una carga para los demás, pero siendo honesta, siempre sentí que estorbaba, y la verdad es que estuve a disgusto conmigo misma durante todo ese tiempo. Trataba de hacerme cargo de las necesidades de mi madre y trataba de hacer que todos se sintieran felices, pero la verdad es que me sentía desdichada. Como una fracasada.

Recuerdo una noche en que todos nos habíamos ido a dormir. La casa estaba en silencio y lo único que podía oír eran los gemidos de mi madre. Se dormía a unos centímetros de mí y parecía que el volumen de cada gemido se multiplicaba por mil. Eso ya me tenía harta. Me puse la almohada sobre la cabeza y pensé, *Por favor, ya basta. Ya no sigas. Ya no tengo fuerzas para seguir escuchándote. Por favor, detente. Ya no lo soporto.* Todavía tengo en mi mente esa noche y no puedo quitarme de la cabeza la idea de que fui muy mala hija. ¿Qué tipo de persona podría pensar algo así? Por supuesto, mi vida

había cambiado en un segundo, pero también la de ella, la de todos
nosotros. Mi madre no podía evitar quejarse. Yo lo sabía, pero tampoco era una superheroína. Era una chica de veintitantos años que
se preguntaba si así iba a ser su vida siempre… Pero no sería así para
siempre. De hecho, poco después de esa noche, se cumplió mi deseo
e incluso ahora no puedo evitar mirar hacia el pasado y sentirme
culpable por lo que pensé. Hasta el día de hoy cargo con esa culpa.

A mi familia la habían invitado a la fiesta de un pariente por
parte de mi padre. Si recuerdo bien, uno de mis primos iba a organizar la fiesta de quince para una de sus hijas. Muy pocas veces nos
invitaban a algo así, así que cuando nos llegó la participación, mi
madre decidió ir, y eso implicaba que yo también tendría que ir y
no quería.

Teníamos que conseguirle un vestido a mi madre para la fiesta,
así que mi hermana nos llevó a algunas tiendas para encontrar algo
que pudiera usar. Mi mamá se había estado quejando de lo mal que
se sentía ese día y todo el tiempo estuve preguntándole si no quería ir
al doctor. No dejaba de repetirme que se iba a poner bien. Habíamos
entrado en todas las tiendas de bajo costo a las que generalmente íbamos. Las llamo la "trinidad de bajo costo". En el catolicismo, cuando
hablamos de la Trinidad, nos referimos al Padre, el Hijo y el Espíritu
Santo. Las tres entidades son el mismo ser divino. Mi trinidad de
bajo costo incluía a "Marshalls, Ross y T.J. Maxx", es decir, tres tiendas que son el mismo ejemplo de grandes, grandes ahorros. La última
tienda a la que entramos fue Marshalls. Las tres registramos los estan-
tes tratando de encontrar un vestido. Finalmente, después de buscar
durante lo que parecía una eternidad, encontramos un vestido azul
marino que le gustó a mi mamá por cuarenta dólares. Mi hermana
pagó por él y volvimos a casa.

Mi mamá siguió quejándose del dolor el resto del día. Seguí diciéndole que teníamos que ir al doctor, pero ella siguió insistiendo en que iba a sentirse mejor. Después de varias horas de decirle que debíamos ir al hospital, por fin aceptó. Jamás en la vida voy a olvidar la cara de mi mamá cuando aceptó ir. Se veía totalmente derrotada. Creo que ella sentía que, si iba al hospital, no regresaría viva. Supongo que por eso aguantó todo lo que pudo, pero llegó el momento en que se dio cuenta de que ir al hospital era su única alternativa... Y eso la llenó de miedo.

Pedimos una ambulancia que rápidamente llegó a casa de mi hermana. Entraron los paramédicos y empezaron a lanzar una lluvia de preguntas. "¿Cuántas medicinas estaba tomando? ¿Hacía cuánto tiempo que tenía esos síntomas? ¿Tenía una enfermera?". Contesté a todas las preguntas porque yo era quien básicamente la cuidaba. La pusieron en una camilla y nos preguntaron quién iba a subir en la ambulancia con ella porque necesitaban que alguien tradujera. Todos en la habitación se quedaron en silencio y recordé lo que mi madre me había dicho cuando había regresado a casa después de estar en el hospital: "Quédate conmigo. Necesito que estés conmigo". Dije que yo iría con ella. La subieron a la ambulancia, me senté junto a ella y nos marchamos. La llevaba tomada de la mano porque ella no dejaba de decir que tenía miedo. Siguió pidiéndome que me quedara a su lado. Yo le aseguraba que me iba a quedar junto a ella todo el tiempo. No me iba a mover de allí. Camino al hospital, íbamos sin sirena, sin las luces de la torreta encendidas, y durante un momento eso me hizo sentir mejor, como si ellos consideraran que el caso de mi mamá no era tan urgente.

En cuanto llegamos al hospital con mi familia, que venía manejando detrás de nosotros, nos dijeron que la iban a mandar a la sala de emergencias y que solo a mí me tenían permitido entrar con ella. No me esperaba eso. Hospitales, doctores, jeringas, todo eso me ponía nerviosa y me llenaba de terror, y ahí estaba en medio de mi propia pesadilla, todavía sujetando la mano de mi mamá. Era lo único que se me ocurría que podría hacerla sentirse mejor. Parecía que llevábamos allí mucho tiempo. Es extraño cómo a veces los momentos buenos parecen pasar en un instante y, en cambio, los momentos dolorosos parecen durar más de lo normal.

Llegaron las enfermeras, haciéndome todo tipo de preguntas sobre mi madre. Había comentarios sobre la posibilidad de que necesitara una cirugía de corazón. Hubo un momento en que una enfermera vino para decirme que tenían que insertarle un tubo para ayudarla a orinar. Ayudé a la enfermera a hacerlo. Nunca pensé que haría algo así, pero allí estaba, ayudando a la enfermera a meter ese tubo dentro de mi madre, que estaba aterrada y preguntándose qué estaba pasando. Siento como si, en ese preciso momento, me hubiera convertido en adulta. Ya no se me permitía ser joven. En ese momento, envejecí décadas. La enfermera se fue y pronto el doctor entró y me informó que mi madre sí iba a necesitar una cirugía y que había una gran probabilidad de que no sobreviviera. Sin embargo, la cirugía era la única posibilidad que tenía para vivir. Tuve que traducirle a ella lo que el doctor me dijo. ¿Se imaginan tener que decirle a la persona más importante de su vida algo así? No quería asustarla. Traté de contener las lágrimas cuando le dije a mi mamá que iban a hacerle una cirugía. No le dije que quizás no iba a sobrevivir porque quería que luchara por su vida. No quería darle la más mínima oportunidad de pensar que ya no tenía que luchar porque quería que se quedara conmigo. Lo más difícil en ese momento fue quitarle su anillo. Era una argolla de oro que llevaba en su dedo anular. Nunca en mi vida vi que se lo quitara, pero yo tenía que hacerlo; las enfermeras me habían dicho que lo hiciera. Cuando la estaban sedando para prepararla para la cirugía, le susurré al oído: "Te voy a quitar el anillo para asegurarme de que nadie te lo vaya a robar". Trataba de hacerla sonreír antes de que se la llevaran. Y después de un ratito, iba camino al quirófano.

En ese entonces, yo tenía veintitrés años. Mientras mis amigos se estaban graduando de la universidad, yo estaba en un hospital, preguntándome qué iba a pasar. Salí al vestíbulo para reunirme con mi familia y les conté todo lo que había pasado y todo lo que sabía, que no era gran cosa. Mi familia ya se había comunicado con mi hermano Rubén, que estaba en nuestro pueblo, y le contaron lo que estaba pasando. Se subió a su coche para manejar durante nueve horas hasta Dallas para tratar de ver a mi mamá antes de su posible muerte.

Mi familia se quedó en silencio, unos junto a otros, tratando de hacer bromas porque ese era nuestro mecanismo de defensa, pero en realidad, estábamos devastados. Entonces, en ese momento, vimos a una familia de cuatro mujeres afroamericanas en el vestíbulo. Su padre estaba enfermo, pero tenían esperanza. Les habían dicho que estaba mejorando. Nos preguntaron por qué estábamos allí y les contestamos. Nos preguntaron si no habría problema si se unían a nosotros en oración; querían hacer una oración por nuestra madre, y dijimos que sí. Necesitábamos todas las oraciones que pudiéramos recibir. Nos pusimos de pie formando un círculo, tomándonos de las manos con esas hermosas mujeres que le rezaron a Dios por nuestra madre y, durante un instante, sentí la belleza de la humanidad de una manera totalmente desconocida para mí. Esas mujeres eran unas extrañas para nosotros; sin embargo, en ese momento, nos rodearon para rezar por alguien a quien nunca habían visto pero que, por solo mirarnos, podían sentir lo importante que era para nosotros. Después de la oración, nos despedimos y, por primera vez en un tiempo que nos pareció eterno, mi familia se sintió un poco mejor.

Un poco más tarde, el doctor vino a decirnos que nuestra madre había soportado la cirugía y qué íbamos a pasar por la fase más crítica, en la que teníamos que esperar a ver si iba a sobrevivir. Le dijeron a mi familia que podían entrar a verla en un rato, pero a mí me dijeron que podía entrar y verla de inmediato, y me advirtieron (así como lo había hecho antes mi hermano) que mi mamá tenía una apariencia distinta. Su cara se había hinchado y no parecía la persona de antes. Cuando entré a su habitación, me di cuenta de que tenían razón. No la reconocí. Su cara estaba tan hinchada que, de no ser porque reconocí su cabello, me habría costado creer que era ella. Tuve que salir y decirle a mi familia cómo se veía para prepararlos. Cuando entraron a la habitación, Eloy y Julie lentamente caminaron para verla. Tratábamos de hablarle como si todo fuera normal, intentando hacerla sentir cómoda. Nos informaban constantemente que estaba respondiendo bien, y eso nos hacía sentir mejor. Más tarde nos dijeron que las horas de visita ya iban a terminar y el doctor nos sugirió que fuéramos a casa a descansar. Quería quedarme con ella, pero me dijeron que yo en especial necesitaba ir a casa a descansar porque había estado con ella desde que todo empezó, así que todos aceptamos el consejo.

En cuanto llegamos a casa, fui al cuarto de mi sobrina y puse mi Discman. Estaba el CD de los Backstreet Boys y elegí la canción "Shape of My Heart". Escuché la canción en modo de repetición y, sin darme cuenta, estaba llorando todo el tiempo. Después de escucharla un par de veces, me di cuenta de que, por primera vez desde que me había mudado a casa de mi hermana, estaba oyendo el CD sin interrupción. Mi madre no se estaba quejando. El único sonido que había fuera de mi Discman era el silencio. Recordé la noche en que me puse la almohada sobre la cabeza, deseando tener silencio y, ahora que lo tenía, lo odiaba con todo mi corazón.

Durante los siguientes días, fuimos al hospital para ver cómo seguía mi mamá. Rubén había llegado a la ciudad y me enseñó una cajita con casetes que mi mamá tenía, todos de bandas y cantantes mexicanos. Me dijo que lo único que había escuchado cuando venía manejando fueron esas cintas, esperando poder llegar para ver a nuestra madre, y lo logró. Ella no estaba mostrando mejoría. Empezamos a prepararnos para lo peor porque parecía que *eso* era exactamente lo que iba a pasar. Al tercer día de que nuestra madre entrara al hospital, el doctor nos informó que no estaba mejorando. La tenían con soporte vital y debíamos considerar quitárselo, especialmente porque, como no tenía seguro, cada día le estaba costando a mi familia miles de dólares.

No sé si puedo expresar en palabras la gravedad de tener en tus manos el destino de la vida de una persona, especialmente la de tu madre. Nunca pensé que estaríamos en esas circunstancias. Nunca pensé que estaría en una situación en la que tuviera que tomar una decisión tan terrible. Soy el tipo de persona que se estresa en un restaurante porque no sé si quiero desayunar o almorzar, ¿y ahora tenía que decidir si mi mamá debía seguir viviendo o no? Después de hablarlo, mi familia y yo decidimos que no queríamos que siguiera sufriendo. Lo único que conoció durante toda su vida fue el dolor. Fue una lucha constante para librar un obstáculo doloroso y llegar a otro, y en algún momento, eso debía terminar. No dejaba de pensar en sus gemidos, los gemidos a los que me había acostumbrado, y comprendí que eso debía terminar. Querer tener a mi madre a mi lado no ameritaba hacerla padecer tanto dolor; me parecía egoísta de mi parte pensar así. En cuanto tomamos la decisión, firmamos los documentos y decidimos apagar las máquinas. Un sacerdote fue al cuarto de mi madre para darle la extremaunción. Todo estaba pasando tan rápidamente. Justo antes de que apagaran las máquinas, les pregunté a mis hermanos si iban a estar en la habitación con ella. Ninguno quiso estar allí; tampoco yo. Comprendí que a mis hermanos se les estaba rompiendo el corazón y ninguno de nosotros podía soportarlo, pero al mismo tiempo, yo no quería que ella muriera sin que al menos uno de nosotros estuviera presente. Ella merecía eso. Recordé aquellas palabras cuando me pidió que no volviera a Los Ángeles: "Cristela, mejoré porque estabas conmigo. Por favor, no te vayas. Quédate conmigo. Necesito que estés conmigo".

No estaba segura de si estar con ella cuando apagaran la máquina fuera a traumatizarme o a dejarme una herida permanente, y la verdad es que no tenía tiempo para pensarlo. Me di cuenta de que en ese momento lo importante era ella, solo ella. Sentí que la única manera de honrar el viaje que mi mamá había hecho era estar con ella en ese último momento.

Debo confesar que me sorprendió que, de todos mis hermanos, yo fuera la única que decidió estar con ella cuando tomó su último aliento. Siempre pensé que, como era la menor de la familia, tenía la excusa de no enfrentarme a cuestiones difíciles, pero resultó que, en ese momento, yo fui la única capaz de enfrentarlo. Es curioso porque la muerte de mi mamá me hizo darme cuenta de que la fuerza no depende necesariamente del género o de la edad. Aquel día, me obligué a tener la fuerza para enfrentar mi mayor temor: decirle adiós a la mujer que no tuvo mucho, pero que aun así nos lo dio todo.

Entonces llegó el momento. Traté de entrar al cuarto y estar tan cerca de ella como pudiera. Logré llegar hasta la puerta. Cada partícula de fuerza que creí tener había desaparecido. Cada paso que trataba de dar para entrar al cuarto me hacía sentir un dolor que nunca había tenido antes. Puedo decirles que, incluso ahora, quince años

después de que falleció, nunca he sentido un dolor como el que tuve en aquel momento. No dejaba de pensar, *¿Y si mi mamá fuera un milagro? ¿Y si ella fuera uno de esos casos extraños en que, cuando se apagan las máquinas, no muere?* Mi mamá se había distinguido como alguien que podía hacer que lo imposible sucediera una y mil veces. ¿Y si esto era igual a todo lo que había pasado en su vida? *Sabía* que ese momento iba a doler. Desconocía la intensidad exacta del dolor… Pero me quedé con ella. Pensé que *tenía* que estar con ella. Ella estuvo conmigo cuando yo tomé mi primer aliento, y era justo que yo estuviera cuando ella tomara su último.

Desconectaron la máquina. El sonido empezó a hacerse más lento. Bip, bip, bip… un minuto después… bip… bip… bip… otro minuto después… bip………. bip…

Y después, nada.

Me desplomé en el piso y no recuerdo nada después de eso. Me contaron después que me habían llevado a la sala de emergencias, en donde me hicieron pruebas y me diagnosticaron con un caso severo de

Hice que mi mamá se tomara estas fotos conmigo en una cabina en Kmart en McAllen, Texas. Nunca le gustó tomarse fotos, pero yo siempre quería sacarme fotos con ella.

shock. Perdí la vista y el oído en ese momento. Me hacían preguntas, pero no podía moverme ni hablar. Cuando empecé a recuperar los sentidos y me di cuenta de lo que acababa de ocurrir, lloré con todas mis fuerzas.

Con toda honestidad diré que muchas veces siento que le fallé a mi madre. Esa mujer se las arregló para criar a cuatro hijos ella sola. Me cuidó, pero yo no pude cuidarla a ella. Sí, ya sé que de nada sirve pensar así, y supongo que mi mente lo entiende. Solo quisiera que mi corazón coincidiera con mi mente. Lo que ocupa más mis pensamientos con respecto a mi madre es que hizo que me convirtiera en una mentirosa porque no logré comprarle antes de que muriera esa casa café con la que tanto soñó. Le hice una promesa que no cumplí y es algo que me atormenta hasta la fecha.

Mi familia empezó a planear el funeral. Decidimos enterrar a nuestra madre en nuestro pueblo de San Juan. Teníamos que ir en coche hasta el Valle del Río Grande para el velorio y el entierro. Cuando tuvímos que decidir qué ropa iba a llevar puesta nuestra madre, mi hermana escogió el vestido que mi mamá quería usar para la fiesta de veinticinco años, lo cual me pareció una decisión correcta, sobre todo porque fue la última cosa que ella había elegido. También me pareció buena idea (y espero que no les parezca muy extraño) porque pensaba que, después de su muerte, mi mamá se iba a reunir con sus padres y sus hermanos, que habían muerto antes que ella… Y yo quería que se viera bonita para ese momento.

Me fui en coche con mis hermanos escuchando "Shape of My Heart" en modo de repetición al inicio del viaje. Cuando me di cuenta de que a partir de ese momento podía escuchar ese disco sin los gemidos de mi mamá de fondo, me quité los audífonos y nunca volví a escuchar esa canción… hasta que empecé a escribir este capítulo.

Puse la canción una y otra vez para recordar todo lo que sentí en aquel entonces, porque la música deja una huella en nuestros corazones. Una de las cosas que constantemente pienso es que nunca habrá la ocasión en que pueda mirar al público y ver la cara de mi madre y decirle que, si he logrado llegar hasta donde estoy, es gracias a ella. Espero que su espíritu esté cerca de mí siempre. Alguien me dijo alguna vez, "Tal vez tu mamá sabía que había llegado el momento de su partida porque era la única forma en que podía ayudarte como ella quería hacerlo". Espero que esa persona tenga razón porque, en cada uno de mis logros, quiero que esté conmigo. Solo quiero que sepa que todo lo que quiero en esta vida es que se sienta orgullosa y siga con el viaje que empezó hace décadas. Quiero que la gente sepa lo increíble que ella era porque hay muchísima gente como ella en este país. Era una inmigrante que movió el cielo y la tierra (y cuando murió, volvió a mover el cielo) para que yo prosperara. La gente como ella quizás pase desapercibida e incluso sea ignorada por la mayor parte de la población, pero, para sus hijos, ella lo es todo. Ella es parte de mi futuro porque me ayudó a crear mi pasado. Supongo que es lógico hablar de la huella que esa canción de los Backstreet Boys dejó en mi corazón, en vista de que me tomé mi tiempo para explicar cómo fue que mi madre me ayudó a darle "forma" a mi corazón… como dice el título de la canción.

Fui con mi sobrino a Disneylandia. Se puso a llorar sin parar porque lo había llevado. Esta foto es lo más cerca que he estado de experimentar la maternidad en carne propia.

"AND THE MONEY KEPT ROLLING IN (AND OUT)"
EVITA

Esta canción es de un musical llamado *Evita*. Me enamoré de la versión interpretada por Antonio Banderas para la película. Tiene una fuerza increíble. ¿Ven que a veces tenemos canciones favoritas que nos ponen de buen humor? Puede ser por los arreglos musicales o por la forma en que la letra resuena con quienes somos y hace que todo parezca estar bien. Esta canción me provocaba eso, con el *plus* de que Antonio Banderas era un hombre guapo y cantaba bien.

Hablando de hombres guapos, hoy por hoy estoy en una edad en la que la gente empieza a preguntarse qué problema tendré porque no estoy casada y no tengo niños. Sería *imposible* que fuera por elección, así que la gente ahora necesita indagar para saber cuándo voy a hacerlo. Eso me parece tan cómico; como si solo hubiera estado esperando que alguien me invitara a salir en plan romántico. *¡Oh, qué bueno que me lo preguntas! ¡He anhelado con ansias tener una relación amorosa, pero nada más estaba esperando que tú, a quien no había visto en años, me lo hicieras notar! ¡Muchas gracias por preocuparte tanto!* La verdad es que tan solo no se me ha presentado la ocasión. En cuanto al matrimonio, no es que esté en contra de él, pero tampoco estoy necesariamente a favor. Es lo que es y ya. Me sorprende cuánta gente piensa que el matrimonio es algo que deba presentarse a cierta edad, como si yo tuviera fecha de caducidad. Pues adivinen una cosa: no soy un producto lácteo.

Para ser honesta, no he tenido muchos novios, y eso es porque, como dije antes, estuve tan controlada por mi mamá que estoy a años luz de todo el mundo en cuanto a noviazgos se refiere. En las primeras cuatro décadas de mi vida, solo tuve un novio. Además, soy muy anticuada, así que no entro a los sitios web de citas, lo cual parece ser la norma ahora. Prefiero la idea de conocer a alguien en la vida real y, como llevo vida de ermitaña, eso complica todavía más las cosas.

También hay mucha gente que me recuerda que puedo tener hijos sin estar casada. ¡Ah, caray! ¿De verdad? ¿Acaso eres mi Yoda? ¿Por qué estás compartiendo toda esa sabiduría gratuitamente? La razón por la que no tengo niños es, en realidad, mi decisión. Sé que hay un estereotipo anticuado según el cual las mujeres llegan a cierta edad y no logran dormir porque su reloj biológico se descompone a cualquier hora del día. Bueno, mi reloj biológico se quedó sin pilas hace años y creo que nunca le puse nuevas. "¡Es que serías una mamá increíble!", me han dicho.

Trato de explicarle a la gente que, de un modo extraño, ya he sido mamá. Aunque no di a luz a los tres hijos de mi hermana, solía sentirlos como míos porque ayudé a criarlos: dos niños, una niña. Viví con ellos durante años. Los ayudaba con las tareas y los proyectos escolares. Hacía de chaperona en los paseos de la escuela. Los apoyaba en sus actividades extracurriculares. La gente del colegio solía pensar que era madre adolescente porque siempre me veía con ellos. Mientras tanto, mi hermana y su marido se ocupaban en empleos de tiempo completo con traslados de ida y vuelta que les quitaban una buena tajada del día. Pagar a alguien que cuidara a sus hijos era caro; necesitaban mi ayuda y yo quería hacerlo, sobre todo por su hijo mayor, Sergio. Con él he pasado más tiempo y lo amo como si fuera mío. Siempre ha requerido más atención que los demás porque tiene necesidades especiales. La misión de cuidar a alguien con estas características puede ser complicada. En nuestra zona, solía haber muy pocos programas de educación especial. Por lo tanto, podían ser caros, y en general había listas de espera. Siempre pensé que si ayudaba a criar a Sergio por lo menos sabríamos que lo estaría cuidando alguien en quien él podía confiar y con quien podía sentirse cómodo.

Con el paso del tiempo, la música me unió a Sergio más que a sus hermanos. Mi otro sobrino y yo compartíamos el gusto por el rap, pero parecía que Sergio disfrutaba de todo tipo de géneros, como yo. Jamás se me despegaba cuando yo limpiaba la casa porque le divertía aprender las canciones que ponía. Siempre me gustó verlo demostrar interés en ellas porque trataba de cantar conmigo y lo hacía de modo estupendo. La canción "And the Money Kept Rolling In (and Out)" era una de esas. Yo veía *Evita* todo el tiempo. Como no me alcanzaba el dinero para ver la obra en vivo, recurría a las versiones cinematográficas de los musicales que pasaban en la televisión, o a grabaciones de shows de Broadway que rentaba en la biblioteca pública. La falta de dinero no iba a impedir que me adentrara en aquella música.

Me encantaba que Sergio se pusiera a cantar porque me di cuenta, desde que él era muy pequeño, de que la música era su instrumento para expresarse. Esto me parecía especial porque Sergio con mucha frecuencia literalmente batallaba para lograr hacerlo. Cuando era bebé, le diagnosticaron el síndrome de Klinefelter, un trastorno que afecta a los varones nacidos con dos o más cromosomas X adicionales. Tras recibir el diagnóstico, descubrimos que los síntomas del síndrome incluían problemas en el desarrollo del lenguaje y el habla. Por cierto, cabe mencionar que ahora, ya de adulto, Sergio sigue teniendo dificultad con las palabras; no obstante, también es bilingüe: habla inglés y español.

Recuerdo la primera vez que mi hermana trajo a Sergio de visita. Ella y su esposo vivían en Houston y a veces venían en auto para vernos a nosotros y a la familia de mi cuñado en México. Era un bebé pequeñito. Ella lo metió a la casa y yo me quedé viendo su carita y pensé que era la cosa más hermosa que había visto. Mi mamá lo agarró y lo cargó durante un rato, observando a su primer nieto. Trataba de hacerlo reír y era tan maternal y amorosa con él que no pude evitar mirarla y pensar: *Ah, entonces eres capaz de experimentar esos sentimientos, pero no de dirigirlos hacia tus propios hijos.* Supongo que el amor maternal se saltó una generación en su familia. Yo tenía once años cuando él nació. Me daba pavor cargarlo. ¿Y si se me caía? Me senté y lo tuve en mis brazos y, durante ese rato, recuerdo que pensé que la vida era perfecta.

Mi hermana iba a estar en la ciudad varios días, y mi mamá y yo la íbamos a ayudar con el bebé. Aprendí muy pronto a hacer cosas como cambiar pañales, prepararle los biberones y asegurarme de hacerlo eructar después de que tomara sus alimentos. Era una niña que jugaba a la casita, pero con un bebé de verdad. Mi hermana y yo terminamos yendo a Blockbuster por la última película de Batman con Michael Keaton y Jack Nicholson. En ese entonces era nueva y la alquilamos tantas veces como pudimos. Nos obsesionamos con esa cinta. La veíamos una y otra vez cuando estábamos con Sergio. Esos eran días felices y tranquilos, en que todos estábamos muy contentos por haber recibido la bendición de la llegada de ese pequeñito.

Sergio era un bebé tranquilo y rara vez lloraba. No fue sino hasta después que mi hermana empezó a notar que, conforme el niño iba creciendo, se le dificultaba sentarse solito y hablar. Fue entonces que lo llevó a un especialista y al final descubrieron que tenía el síndrome de Klinefelter. Mi hermana nos lo contó a mi mamá y a mí y, a decir verdad, nos costó trabajo entender qué quería decir todo aquello. No éramos la familia más versada en cuestiones médicas. Nos explicó que pensaban que Sergio iba a necesitar más atención para ayudarlo en su desarrollo. Yo seguía sin entender lo que estaba sucediendo; tenía doce años.

Cuando Sergio empezó a hablar, me costaba trabajo entenderlo. No lograba captar todas sus palabras. Con el paso del tiempo, el especialista creyó que al niño le serviría aprender lengua de señas para facilitar la comunicación con sus padres. Yo también aprendí esa lengua porque a los trece años empecé a ir a Dallas en verano cuando salía de la escuela para ayudar a cuidarlo a él y también al otro bebé (mi sobrino David) que mi hermana acababa de tener. Necesitaba poder comunicarme con él. Sus palabras más comunes eran: leche, mamá, papá, calcetines y zapatos.

Los niños se hicieron mayores. Mi hermana tuvo a su tercer bebé, una niña llamada Stephanie. Conforme los tres fueron creciendo, adquirí mayores responsabilidades en cuanto a su cuidado. Fue cuando dejé la universidad. En aquel entonces iban a la primaria. Sergio no asistía a la misma escuela que sus hermanos porque lo habían inscrito en otro plantel que tenía un programa de educación especial. Pasar por él a la escuela era como calificar para la ronda final de un programa de concursos: nunca sabía si la maestra iba decirme que el niño había tenido un buen o un mal día. A veces Sergio hacía unos berrinches pavorosos y perturbaba al grupo. Había ocasiones en que no podía controlarse; otros días, me quedaba claro que hacía berrinche por el placer de hacerlo. Eso fue lo que aprendí de él porque pasamos mucho tiempo juntos. Cuando yo lo disciplinaba, muy rara vez se frustraba y hacía berrinche. Solía tomar esa actitud con su padre todo el tiempo porque él lo dejaba salirse con la suya, pero con su mamá y conmigo las cosas eran distintas.

Siempre creí que era importante tratar a Sergio como a un niño común y corriente; es decir, no quería consentirlo. Quería hacerle saber que, para mí, él era igual que sus hermanos. Sí, era un niño con necesidades especiales, y créanme, había veces en que las cosas se ponían difíciles, pero lo mismo puede decirse de la mayoría de la gente. Si al pasar por él a la escuela la maestra me decía que se había portado mal, subíamos al auto y le preguntaba si había estado fingiendo. De ser así, me lo confesaba. Algo que tiene Sergio es que nunca ha sido mentiroso. Íbamos a casa, le preparaba algo de comer y, si había fingido en la escuela, le decía que no podía ver la televisión durante un tiempo.

Los años en que los niños fueron a la escuela primaria y *junior high* fueron de los mejores de mi vida. Entre que iba por ellos a la escuela y sus padres volvían a casa después de trabajar, transcurría ese rato en que todos estábamos juntos en la sala viendo la televisión o escuchando música. Siempre era la mejor parte de mi día porque lo consideraba *mi* tiempo con ellos. Sentía como si fuera mi oportunidad de enseñarles cosas que no creía que pudieran descubrir de otra manera, como los musicales. Yo era la única persona que conocían a la que le encantaba el teatro. Creo que todos en mi familia trataban de entender de dónde me venía ese gusto, como si Broadway fuera lo mismo que consumir drogas. "¿QUIÉN TE ENSEÑÓ A HACER ESTO?". Me encantaba enseñarles a los niños canciones nuevas de los musicales porque Sergio iba a contarle a su mamá y ella siempre me decía, "Cris, ¿por qué sigues haciendo esto?". Y es que me hacía reír.

Siempre estaba pendiente de lo que presentaban en Broadway. No podía darme el lujo de ir a ver las obras, pero sí podía comprarme los álbumes de las grabaciones del elenco. Escucharlos era maravilloso porque podía imaginarme cómo sería la presentación. Por aquel entonces acababa de descubrir el internet. Algunas personas llevaban años usándolo, pero para mí era una novedad. Tras enterarme de lo que eran los foros en línea, adopté la costumbre de conectarme para hablar con gente porque, en realidad, estaba sola. Aunque sin duda me encantaba cuidar a los niños, no tenía amigos con quienes salir ni ninguna interacción con gente que no viviera en casa de mi hermana.

Acabé descubriendo un foro en línea sobre Broadway al que la gente se conectaba para hablar de musicales. Se convirtió en mi actividad obligatoria cuando tenía tiempo libre. Había encontrado un lugar en el que los aficionados a Broadway como yo se reunían para hablar de los álbumes y las obras que acababan de descubrir. Era justo lo que estaba buscando porque anhelaba hablar sobre algo que a mí me encantara. Bueno, ¿recuerdan que antes mencioné que siempre me sentí como si estuviera a años luz de todo el mundo con respecto a los noviazgos? Este es un ejemplo perfecto de eso. En esa época, no tenía ni idea de que la gente buscaba los foros en línea para tratar de conocer personas con quienes salir. La idea era tan ajena a mí y, honestamente, yo era tan ingenua que nunca se me ocurrió que la gente usara el internet para ligar. Recuerden, esto fue a finales de los años 90 y el internet no estaba tan avanzado como hoy en día. En aquella época, cuando alguien quería saber más de ti, preguntaba: "¿E/S/U?", que significa "edad, sexo, ubicación". Era la manera en que mucha gente se saludaba. En ocasiones aparecía en el foro alguien que trataba de ligarme y yo no aceptaba. De inmediato me negaba y le decía que únicamente estaba ahí para hablar sobre Broadway; nada más. Supongo que por eso acabé enseñándoles a los niños cosas sobre ese tema. Me moría por charlar sobre eso que tanto me encantaba, y ellos eran los humanos con quienes más interactuaba a diario. Así que, lo siento, niños, ¡pero tienen que aprender quién era Fosse, lo quieran o no!

El primer musical del que les hablé fue *Ragtime*, un show maravilloso que contaba la historia de una pareja afroamericana y de inmigrantes europeos, junto con las historias de personajes ricos a principios del siglo XX. A decir verdad, lo que me atraía del show más que otra cosa era la pareja afroamericana porque la intérprete original del personaje de Sarah era ni más ni menos que Audra MacDonald, una de las voces más increíbles que hayan existido. Tengo la suerte de vivir en la misma época que ella. ¿SE NOTA QUE SOY SU FAN? Su amado era un personaje de nombre Coalhouse Walker, Jr., interpretado por Brian Stokes Mitchell. Estas dos voces me ayudaban a crear momentos especiales en los que, cuando escuchas sus canciones y alguien intenta hablar, te dan ganas de pedirle que se calle y "viva emociones conmigo".

Cuando salió el disco del elenco, supe que debía comprarlo, lo cual sería todo un acontecimiento. Y es que por aquel entonces no había forma de adquirir por internet una sola canción, como se puede hacer ahora, sin tener que pagar por todo el álbum. No había forma de escuchar fragmentos de las canciones para ver si te gustaban. Si querías comprar un álbum, tenías que lanzarte con la esperanza de hallar más de dos canciones buenas. Eso pasaba con los musicales de Broadway porque muchos venían en un CD doble, así que cuando invertías en esa compra, realmente estabas decidido a gastar más dinero que con un CD normal. Adquirí el disco del elenco y empecé a ponerlo mientras hacía la limpieza en la casa. De inmediato me atrapó.

Aunque originalmente había comprado los CD de *Ragtime* por Audra MacDonald, me di cuenta de que estaba escuchando sin parar una canción llamada "Gliding". Trataba de un padre judío que, tras dejar su pueblo en Europa del Este para emigrar a los Estados Unidos, consuela a su hija cantando algo acerca del patinaje sobre hielo. Un día noté que a Sergio le había gustado la pieza y empecé a entonarla para él. Había una parte en la que yo cantaba y le decía que cerrara los ojos. Él lo hacía y sonreía. Eso pasaba cada vez que yo interpretaba melodías. Al poco tiempo, empezó a pedirme que cantara "Close Your Eyes" y así lo hacía. Fue nuestra primera canción especial. En ella, el mismo padre inmigrante trata de consolar a su hija dándole una cosa que él mismo había hecho. El coro dice algo sobre patinar, y cuando nos acercábamos a esa parte, yo cargaba a Sergio y bailaba con él por toda la sala. Él gritaba de gusto. Hacia el final de la canción, alguien aborda al padre inmigrante y le ofrece comprar un artículo que, en principio, sería un regalo para su hija. El hombre lo vende a precio de oro para poder pagar por alimentos y alojamiento y decide crear más de esos productos al día siguiente. En su mente, había encontrado eso que iba a asegurar el futuro de su hija y el suyo.

Le conté a Sergio esa parte de la canción. Le hablé sobre los inmigrantes y le expliqué que su propio padre era un inmigrante de México y que estaba haciendo lo mismo que el hombre de la canción. Su padre tenía un negocio próspero y estaba haciendo todo lo que podía para asegurarse de que Sergio tuviera una buena vida. Le encantó escuchar eso.

Después de *Ragtime*, quería ver qué otro musical podía enseñarle para saber si este género le interesaba. Me estaba costando trabajo elegir porque había muchos que me encantaban. No sabía qué hacer. Un día, mi hermana y yo estábamos en el sofá viendo la televisión y empezamos a ver una película llamada *El profesor Holland*. No teníamos idea de qué trataba, pero decidimos dejar ese canal. Parte de la trama es que un maestro de música, el profesor Holland (interpretado por Richard Dreyfuss), está casado y tiene un hijo sordo. Cree que a su hijo le resulta imposible conectarse con eso que él ama tanto porque no escucha. Hay una escena en la que el profesor finalmente entiende que está equivocado y se propone arreglar las cosas. Durante un concierto en la escuela, decide dedicar la canción "Beautiful Boy (Darling Boy)" de John Lennon a su hijo, Cole. Hasta ese momento, no había hecho realmente el esfuerzo de aprender lengua de señas para comunicarse con el pequeño; sin embargo, durante su interpretación, entona la melodía de viva voz y con lengua de señas para que el pequeño pueda verlo. Yo no podía dejar de llorar. A esas alturas, Sergio ya tenía bastante tiempo hablando lengua de señas para comunicarse con nosotros, pero para mí, él seguía siendo mi bebé.

Un par de días después, estábamos comiendo y le pregunté si recordaba alguna de las señas que usaba de más pequeño. De inmediato se expresó con las manos: "mamá", "papá", "leche". Ojalá pudiera describir esos momentos con exactitud, pero siento como si aún no se hubieran inventado las palabras correctas para capturar la experiencia. En situaciones así, siento como si saliera de mi cuerpo. Me siento ligera; como si esos momentos fueran tan puros que vivieran aparte de mis otros recuerdos.

Hubo un día en que Sergio volvió a casa después de estar en el parque de enfrente. Estaba muy molesto. Un niño lo había tratado mal. Esto era algo a lo que me tenía que enfrentar de vez en cuando. Los niños le decían cosas horribles y no entendían que era un chico especial. Ese día, entró y empezó a contarme sobre el niño que lo había acosado. Estaba enojado y empezó a llorar. Yo odiaba cuando alguien lo hacía sentir así. Deseaba poder quitarle ese dolor, protegerlo de él. Estaba tratando de explicarle que él no había hecho nada malo y que a veces los niños se portaban mal porque no entendían algo, porque eso era más fácil que dejar que la gente viera que no sabían algo.

Le pedí que se sentara en el sofá para ponerle una canción. Me obedeció sin saber qué iba a pasar. Puse la canción y la primera estrofa que entoné tenía las palabras *cierra los ojos*. Así que Sergio juntó los párpados y empezó a reír. Entonces me di cuenta de que tal vez creía que iba a cantar la canción de Ragtime. Hice una pausa para explicarle que se trataba de otra pieza y que necesitaba que me viera hacerlo. Abrió los ojos y empecé a cantar otra vez.

Representé una escena de la película *El profesor Holland* en donde el maestro le canta "Beautiful Boy (Darling Boy)" a su hijo. La había memorizado y había aprendido las señas para dedicársela a Sergio algún día. Se me ocurrió que en algún punto se presentaría la ocasión de hacerlo y hela allí, tenía razón. Interpreté la canción por medio de señas. En cuanto él se dio cuenta de que la estrofa con la frase "niño hermoso" se repetía, empezó a cantar conmigo y a hacer las señas. Lo abracé después y le dije que siempre trataría de estar allí para protegerlo.

Ahora vayamos a la parte en que me paso viendo a Antonio Banderas muchas horas sin parar. Había un canal de cable que empezó a transmitir la película *Evita* con bastante frecuencia. Eso me emocionaba mucho porque no era común que un musical estuviera incluido en la programación habitual con un horario fijo. No había visto la versión en película todavía, pero, ¿con Antonio Banderas, Jonathan Pryce y Madonna como protagonistas? Bueno, tenía curiosidad. Ya conocía bastante bien a Jonathan Pryce. Él había tenido el papel original del ingeniero en el musical *Miss Saigon* y yo tenía un documental en VHS sobre la realización de esa obra, así que estaba totalmente interesada en ver a Banderas y a Pryce. Y, por supuesto, quería saber cómo sería la actuación de Madonna como Evita.

Me gustó mucho la película y creo que fue por Antonio Banderas. Él llenó de vivacidad e intensidad la interpretación de "And the Money Kept Rolling In (and Out)". Me ponía feliz, aunque la letra hablara sobre gente que comete desfalcos (cuando alguien roba a otras personas, hace que me den ganas de mover las manos como en el jazz; todos tenemos nuestras rarezas). También hubo algo que me sorprendió e hizo que esa canción de verdad me fascinara. Era el acento de Antonio Banderas al cantar la canción, y su aspecto, ideal para interpretar ese personaje. En la televisión escaseaba la gente morena con acento diferente y un papel fundamental en la película de un musical.

Veía la cinta una vez tras otra. Durante un tiempo, parecía como si le hubieran asignado un horario fijo en la programación del canal que la transmitía, lo cual me quedaba perfecto porque justo a esa hora llegaba a casa después de ir por los niños a la escuela. Mis tres sobrinos la veían conmigo durante la comida y cuando salía la canción de "And the Money Kept Rolling In (And Out)", Sergio y yo empezábamos a bailar. Él siempre fue danzarín. Una de sus coreografías favoritas es la del video de Bangles "Walk Like an Egyptian". Con cualquier canción que escuchaba, hacía esos pasos. ¿Rap? ¿Rock pesado? Con todos los ritmos los hacía.

La historia de *Evita* transcurre en Argentina durante las décadas de 1930-1950 y hay escenas muy especiales en la película, como cuando las personas pobres de un pueblo tienen energía eléctrica por primera vez o acceso a agua potable... A pesar de ello, si uno veía a un lado de la televisión, ahí estaba Sergio caminando como egipcio al ritmo de la canción. La perfección total.

Y bueno, en esa época, Sergio no sabía el nombre de Antonio Banderas, así que lo llamaba "Che" porque era el nombre de su personaje. Acabé por comprar la banda sonora de la película y la ponía por toda la casa. Sergio gritaba "Che, es la canción del Che. Cris, ¿la escuchas?". Luego empezaba a tararear y cantaba las pocas palabras que se sabía.

Un tiempo después me mudé a Los Ángeles para tratar de hacer realidad mis sueños, pero volví en 2002, cuando mi mamá se enfermó. Cuando regresé a vivir con la familia, los niños ya eran un poco mayores. Mi sobrino David y mi sobrina Stephanie estaban ocupados con sus actividades extraescolares y Sergio estaba obsesionado con los videojuegos. Por suerte, él y yo teníamos los mismos gustos en ese apartado y pasábamos mucho tiempo hablando de Super Mario Bros.

Esa segunda etapa de mi vida en que volví para ayudar a mi familia fue también de mucha soledad para mí. Fue incluso peor, porque me encontraba en el mismo lugar en el que había estado años atrás. Encendí el piloto automático y empecé a actuar tal y como lo hacía durante la primera temporada en que viví con mi hermana. No hablaba con nadie y me enfocaba exclusivamente en cuidar a la familia.

Un día, Sergio escuchó cuando puse la canción "Che", se emocionó y, casi como por instinto empezó a dar los mismos gritos y a decir las mismas cosas que solía decir, solo que ahora era unos cuatro años mayor. Salvo por eso, parecía como si el tiempo no hubiera pasado. Empezó a cantar a la par de la grabación, como hacía antes. Recuerdo ese momento en especial porque en aquel entonces él no sabía cuánta alegría me provocaba. Trataba de esconder lo triste y sola que me sentía. Sonreía, hacía bromas y me reía como siempre, aunque, por dentro, estaba sumamente deprimida. En ese instante, la sonrisa y las carcajadas que echó Sergio al recordar la primera vez que yo le había hablado del musical me hicieron sentir que mis sacrificios habían valido la pena. Me recordó lo mucho que amaba a ese niño y que su felicidad era una de las pocas cosas que me importaban.

Cortesía de Julie Alonzo

Sergio y yo en nuestra tradición anual de bailar en los Juegos Olímpicos Especiales Estatales. Está presumiendo de su medalla porque eso es lo que haces cuando eres increíble.

El fallecimiento de mi madre fue un golpe muy duro para Sergio porque nunca antes se había enfrentado a la experiencia de la muerte; además, él y su abuela habían sido muy cercanos. A veces venía conmigo y empezaba a llorar, diciéndome que extrañaba a "Ama". Fue una de esas situaciones que afronté con miedo porque no sabía cómo tratar a Sergio. Es una de las cosas que no vienen en un manual.

Podía aprender a cambiar un pañal. Podía leer acerca de su trastorno para saber qué esperar, pero una cosa que no se puede aprender es a dar consuelo a un niño después de una muerte. Su madre hizo un gran trabajo en esos tiempos y quisiera pensar que yo también. Creo que Sergio se acercaba a mí con frecuencia después de la muerte de mi madre porque me relacionaba con ella. Y es que solíamos quedarnos juntas en casa todo el día. Cada vez que él lloraba, lo abrazaba y le decía que estaba bien estar triste y llorar, pero que también debía recordar que su abuela ahora estaba en un lugar desde donde siempre podría cuidarlo. Eso lo reconfortaba. Repetía después de que yo se lo dijera, "Ama nos mira, ¿verdad?". Le decía que ella lo amaba tanto que no podía hacer menos que cuidarlo.

Siempre que me necesita, estoy disponible para él. Siempre he dejado cosas para ir con él cuando quiere algo. Un ejemplo de ello fue en 2016, cuando mi hermana y yo habíamos estado platicando, poniéndonos al corriente de nuestras vidas. Le dije que iría a Washington, D.C., para visitar la Casa Blanca. Estaba superemocionada porque iba a conocer al presidente Obama. De niña, nunca imaginé que tendría el tipo de vida que me daría la posibilidad de ver al presidente de los Estados Unidos, y eso obviamente me producía una emoción enorme, sobre todo por la persona a la que iba a visitar. Lloré el día en que ganó la presidencia. Recuerdo que estaba viéndolo en la tele, sin pensar que iba a llorar, y en el momento en que salió con su familia, me venció. Fue un momento tan increíble ver a una familia de color hacer historia de esa forma y el hecho de que eso hubiera ocurrido en mi vida. Me desbordó.

Mi hermana entonces mencionó que Sergio tenía un torneo de petanca en Bryan, Texas, pero que ni ella ni su esposo podían llevarlo porque tenían que trabajar y no podían pedir el día. Algo que ustedes deben saber sobre Sergio es que lleva años jugando petanca. Lo disfruta mucho y yo siempre trato de complacerlo cuando le agrada hacer cierto tipo de cosas porque es muy raro que le guste algo en especial. Le pregunté a mi hermana cuándo era el torneo y revisé mi calendario. El torneo era en los días que yo estaría en Washington. De inmediato empecé a ver si habría manera de poder ir. No quería mencionarle a mi hermana que estaba intentado cuadrar el viaje a Texas hasta estar segura. Busqué por internet y vi que la única forma de lograrlo era yendo de la Casa Blanca directamente al aeropuerto. No sabía con exactitud cuánto duraría el evento en Washington; solo deseaba tener tiempo de saludar al presidente e irme. Ofrecí volar a Dallas, manejar tres horas para llevarlo al torneo, y quedarme esa noche con él en un hotel. A mi hermana le encantó que me hubiera ofrecido a llevarlo. Cambié mi vuelo y reservé uno a Dallas.

Recuerdo el día del evento. Me arreglé y me puse un vestido que había comprado de rebaja porque, aunque iba a conocer al presidente, no tenía el dinero de los Obama. Cabe mencionar que yo ya había estado en la Casa Blanca. La primera vez fui para hablar en un evento en conmemoración por los cinco años de DACA (Acción Diferida para los Llegados en la Infancia), lo cual fue absolutamente la manera más perfecta de ir a la Casa Blanca por primera vez porque durante años apoyé la DACA. Caminé por todas partes, observando cada pulgada de todas las paredes. No dejaba de pensar en lo impactante que esto habría sido para mi madre, saber que uno de sus hijos había estado en la Casa Blanca e iba a conocer al presidente. Mientras asimilaba que estaba dentro de la Casa Blanca, una parte de mí pensaba, *¡Que ya termine este show! ¡Tengo que tomar un avión!*

Después de un rato, me pasaron a un salón con un pequeño grupo de personas que también iban a conocer al presidente Obama.

Esperé y empecé a ponerme nerviosa. Y es que al momento de entrar a ese salón comencé a sentir todo tipo de emociones. Recuerdo que pensé que eso estaba tardando más tiempo de lo que había esperado, y me daba angustia porque no quería perder mi vuelo. Era el último vuelo del día a Dallas, así que, si lo perdía, me quedaba allí. No dejaba de pensar que tenía que ir a Dallas esa noche para poder llevar a Sergio a jugar petanca. Entonces vi a Joe Biden en el salón. No tenía idea de que iba a estar allí. Después vi a Obama. Barack Hussein Obama estaba parado cerca de mí. Fue cuando tuve una epifanía. *¡Oh, santo Dios! ¡Estoy conociendo al presidente!* Intercambiamos unas palabras y me saqué una foto con Obama y Biden. Salí del salón preguntándome si eso realmente había pasado y dije para mis adentros, *Puedes dejar esas reflexiones para cuando llegues al aeropuerto porque ahora ¡tienes que tomar un vuelo!* Salí de la Casa Blanca casi como Cenicienta salió del baile, pero en lugar de dejar una zapatilla de cristal, perdí una barrera laboral. Esta niña había salido de la nada para lograr algo que nunca imaginó sería posible. Conocí al presidente gracias a aquellas cosas que había logrado. Fue increíble… Ahora, ¡llévenme a Texas!

Esa noche, me senté en el avión, todavía rememorando lo que acababa de pasar y sintiéndome emocionada de que pude ingeniármelas para hacer el viaje a Dallas. En unas cuantas horas, pasé de estar con Barack a estar con Sergio.

Al día siguiente, recogí a mi sobrino y me dieron instrucciones para llegar al lugar a donde iríamos y más detalles sobre el torneo. Teníamos que hacer un viaje de tres horas y me daba miedo quedarnos atorados en el tráfico, así que salimos lo más temprano que pudimos. Una vez que subimos al coche, Sergio y yo empezamos a platicar. Cuando él empezaba a hablar, nada podía detenerlo. Hablaba de todo. Empezamos a hablar sobre los videos de YouTube que él había estado viendo, el tipo de música que había estado escuchando y lo demás fue sobre videojuegos. Por lo regular, dejo que hable cuanto quiera y de lo que quiera cuando vamos en el coche porque si hay algo cierto acerca de Sergio cuando va en carretera es que no ha cambiado nada desde que era un bebé. Se queda dormido en un santiamén porque el movimiento del coche lo arrulla. Después de unos cuantos minutos, cayó en los brazos de Morfeo.

Logramos llegar a Bryan temprano, así que fui a registrarnos a nuestro hotel. Estuvimos un rato allí hasta que tuvimos que ir al campo de juego y calificar para las finales, que se llevarían a cabo el día siguiente. El día era caluroso y soleado, y después empezó a llover. Nos metimos al coche alquilado, esperando para ver si paraba la lluvia y podríamos seguir jugando petanca. Mientras estábamos en el coche, Sergio me contó que había visto mi película favorita. Eso me intrigó porque realmente no tengo una película favorita, pero, según él, sí había una y él sabía cuál era. Cuando le pedí que me lo revelara, dijo: *Evita*.

Ese momento que estuvimos en el coche fue en 2016. La primera vez que vi la película con él fue en el año 2000. Y, aun así, él la recordaba y empezó a hablar del Che. Sé que no parecería gran cosa que alguien recuerde qué vio contigo algunos años atrás, pero para mí fue muy significativo porque quería decir que él lo recordaba con cariño. Allí estaba Sergio, un adulto varón que a veces tenía problemas con las palabras, que se fastidiaba y hacía berrinches, a quien a veces le costaba trabajo pensar en lo que quería decir… Y ahí estaba, hablando sobre cuando veíamos *Evita*. Recordaba las canciones. Recordaba el baile. Recordaba el canto… Todo.

Poco después dejó de llover. Regresamos al juego y allí acabó nuestra jornada. Volvimos al día siguiente y terminamos. Dijo que estaba cansado y que ya quería volver a casa. Después de las finales, le dieron su listón y nos fuimos. Siempre le pregunto cómo se siente con su desempeño y siempre contesta que no importa si gana una medalla o un listón; él solo quiere ir a comer. Así es como sé que Sergio y yo nos conectamos, porque pensamos exactamente lo mismo.

Nos detuvimos en el camino para comer y luego continuamos el viaje. Le dije que sabía que iba a quedarse dormido pronto, así que iba a ponerle un poco de música hasta que se durmiera. Puse la canción "And the Money Kept Rolling In (and Out)" y abrió enormes los ojos. Empezó a decir: "Cris, ¡esa es la canción! ¡Esa es la canción!". Empecé a cantarla, como si el tiempo no hubiera pasado, y él empezó a hacer lo que siempre hacía: tararear y cantar las palabras que sabía. Dijo que era la canción del Che. Cuando terminó la canción, se quedó dormido enseguida.

Su reacción me pareció interesante. Me di cuenta de lo fantástico que era tener una versión en película del musical *Evita* para poder enseñarle sobre Broadway. La primera vez que compartí ese show con él, no tenía dinero para llevarlo a ver ninguna obra, así que hice lo que pude. Le encantaba *Ragtime*, pero nunca ha visto el musical, así que en realidad no entiende qué pasa visualmente en ese momento de la trama. Por lo menos con *Evita* tenía una referencia visual. También me gusta pensar que, al ver *Evita* en la tele, piensa en mí porque, según él, "Es tu película favorita".

Cuando llegamos a su casa, lo dejé y salí un rato con mi hermana antes de irme a mi hotel. Me preguntó cómo había estado el viaje y le dije que había sido fantástico. Sergio y yo habíamos tenido mucho tiempo para pasear, nos divertimos y, lo más importante, él pudo jugar petanca. Me preguntó cómo me había ido en el evento de la

Casa Blanca y recuerdo que, por un instante, la felicidad de saber que Sergio había disfrutado de su viaje me había hecho olvidar la visita. ¿Quién me iba a decir que mi sobrino me haría olvidar que conocí al primer presidente afroamericano de los Estados Unidos?

Sergio lleva años participando en los Juegos Olímpicos Especiales, y eso significa que también yo he sido un miembro activo del movimiento. Los eventos en los que compite varían de un año a otro. Sin importar en qué participe, yo siempre lo apoyo. Es una tradición para mí viajar a Texas cada año para los Juegos Olímpicos Especiales de verano, que se llevan a cabo durante el fin de semana del Día de los Caídos. Alquilo un coche y llevo a Sergio y a mi hermana a los eventos y de regreso a casa. Una de mis partes favoritas de los juegos de verano siempre ha sido el baile que tienen en la noche para los atletas y sus familias. Cada año voy y cada año bailo con Sergio y sus amigos hasta que se cansa y quiere ir a comer a Olive Garden. Y sí, por supuesto, camina como un egipcio en el baile porque al público hay que darle lo que pide.

Sergio es uno de los mejores maestros que he tenido en mi vida. Poder ver momentos de dicha y alegría a través de sus ojos es diferente a cualquier otra persona en mi vida. Cuando se emociona por algo, surge esa erupción pura de amor que te hace creer en cualquier cosa que él diga. Cuando se emociona, destila esa energía a tal grado que casi tiembla y tiene que abrazarme y decirme: "Te quiero, Cris. Mucho". Me recuerda que debo tratar de sentir alegría.

A veces escucho "And the Money Kept Rolling In (and Out)" en el modo de repetición y pienso cómo dos de mis grandes amores, Broadway y Sergio, coincidieron. Es curioso que Sergio identifique la canción "And the Money Kept Rolling In (and Out)" como la canción del Che porque a mí me gusta llamarla "la canción de Sergio".

Escucho esa canción llena de vida y me lleno de muchos recuerdos del tiempo que he pasado con él. Como cuando lo llevé a vacunar y tuve que corretearlo en el estacionamiento porque se negaba a entrar al consultorio del doctor, o cuando fuimos a buscarle unos anteojos y pasó todo el día chocando contra las cosas porque le habían dilatado las pupilas. Creo que cuando pienso en esas cosas caigo en la cuenta de que esos momentos son las razones por las que no tengo ese reloj biológico que me dice que tenga hijos. De cierto modo, siento como si ya los tuviera.

Cuando estaba escribiendo este capítulo, me quedé bloqueada. Me habían invitado a la carrera de NASCAR y decidí ir. Ice Cube estaba allí. Me pareció una señal de que debía terminar el capítulo.

Volviendo al título de la canción, hay una parte de la letra que habla sobre el dirigible de Goodyear y justo después de haberme encontrado con Ice Cube, ¡el globo apareció en el cielo!

"IT WAS A GOOD DAY"
ICE CUBE

Empecé a sentir un fuerte interés por las películas de acción porque veía las mismas películas que mis hermanos y todas trataban sobre algo que hacía ¡bum! Me gustaba verlas por la reacción de mi hermano mayor, Rubén. Si había una escena en la que algo impresionante pasaba, decía "Ooooooh…" y trataba de chocar su palma contra las nuestras en señal de aprobación. Todavía le gusta chocar las palmas y tiene una forma graciosa de hacerlo. Pone la lengua del lado y levanta la mano. Yo siempre la choco con él. Mi otro hermano, Eloy, *nunca* lo hace. Se ha convertido en una broma frecuente. Siempre que a Rubén algo le parece emocionante, levanta la mano y yo choco la mía contra la suya, luego lo intenta con mi otro hermano y este lo ignora. Esto lo hemos vivido durante tres décadas.

A todos en mi familia les encantaban las películas de acción, excepto a mi hermana. A Julie le encantaban las comedias románticas. Era la adolescente por excelencia y, hablando de adolescentes por excelencia, yo tenía trece años en aquel entonces y definitivamente para nada era como el resto de las chicas. Me ponía la ropa de mis hermanos sin avisarles porque me gustaba que fuera holgada. No me maquillaba, me gustaba el rap y el hip-hop, y me encantaba el deporte. Era una chica ruda.

Una Navidad mi mamá decidió que quería que Rubén y yo la lleváramos a Dallas para pasar la fecha con mi hermana y sus hijos. La idea no me desagradó para nada. Me encantaba ir manejando hasta Dallas desde San Juan porque era un viaje de nueve horas y podía ver grandes edificios a lo largo del camino. El único edificio alto que teníamos cerca era el gran banco en el centro de McAllen. Cuando manejábamos hacia Dallas, pasábamos por grandes ciudades como San Antonio y Austin. Podía ver el centro de esas ciudades con enormes edificios.

Mi otro hermano, Eloy, se había mudado a Dallas un par de años antes y yo tenía muchos deseos de verlo porque no hablaba mucho con él desde que se había cambiado de ciudad.

La Navidad nunca fue una fecha llena de regalos en nuestra infancia, principalmente porque no teníamos dinero. En realidad, no celebrábamos la llegada de Santa Claus porque mi mamá había crecido en México y estaba más acostumbrada a los Reyes Magos que a Santa, y no se celebraba el Día de los Reyes Magos sino hasta el 6 de enero (que también es el día de mi cumpleaños, así que tampoco celebraba mi cumpleaños). El concepto de regalos era extraño para nosotros, pero todo cambió cuando mi hermana tuvo hijos y, de repente, a mi familia le entró el espíritu navideño con fuerza. Cuando mi mamá y yo sabíamos que íbamos a pasar las vacaciones en Dallas, íbamos al Centro Mall de Pharr, Texas. La mejor forma de describir ese centro comercial es imaginar el tipo de tiendas que venderían espadas ninja junto con objetos de Hello Kitty. Ahora bien, multipliquen eso por diez, metan un Montgomery Ward y eso era el Centro Mall. Había un *outlet* de juguetes en el centro comercial en donde comprábamos juguetes para los niños, según nos alcanzara el dinero, para la Navidad. Nos gustaba ir a ese centro porque era barato y teníamos poco dinero. Mi mamá y yo caminábamos por los pasillos de Dollar Store como si fuera una tienda lujosa Nordstrom, escogiendo cosas y sopesando su valor. "Parece un buen rollo de *nougat*, ¿pero realmente vale un dólar? Puedo conseguir una caja de golosinas Little Debbie por un dólar. Con eso tendríamos para comer seis veces".

El viaje a Dallas siempre era igual. Empezábamos en San Juan y manejábamos durante más o menos una hora y cuarenta minutos hasta llegar a Falfurrias. Odiaba manejar por esa área porque había un punto de revisión de la patrulla fronteriza y nunca sabíamos qué podía pasar. Nunca entendí por qué estaba allí, considerando que estaba a casi cien millas de la frontera. Hasta hace muy poco me enteré de que existe una ley que permite eso (aunque me sigue pareciendo absurdo). Mi mamá y mi hermano tenían sus documentos de residentes extranjeros, así que eso no nos preocupaba. El problema era saber si nos iba a tocar un agente de la patrulla fronteriza amable o grosero. La mayoría de las veces eran agradables, pero también nos llegaron a tocar tipos (muy pocas veces nos tocó una agente) que eran increíblemente groseros sin razón alguna. A veces nos hacían orillar para hacernos más preguntas. Me chocaba cuando esas preguntas eran para mí. Tener una edad en la que todavía no recibes tu carnet de identificación era un fastidio para una niña como yo, que vivía en un pueblo de la frontera, porque la patrulla fronteriza siempre me preguntaba a qué escuela iba, cómo se llamaba mi maestra o qué actividades realizaba por diversión. Me hacían ese tipo de preguntas para comprobar que no me había aprendido las respuestas de memoria. Cuando por fin salíamos de Falfurrias, íbamos a San Antonio, o tal vez a Austin, para cargar gasolina, dependiendo del coche que hubiéramos alquilado y del kilometraje. Comprábamos algo de comida y seguíamos el recorrido hasta llegar a Dallas.

Ese año, cuando llegamos a Dallas, Eloy me dijo algo que me cayó de sorpresa. Quería llevarme a dar un paseo porque quería regalarme algo por Navidad. No le entendí. A mí no me daban regalos de Navidad. Acabamos yendo a una tienda de discos, entramos y mi hermano dijo: "Bueno. Como regalo de Navidad, te voy a dejar escoger cinco discos de lo que tú quieras". Sentí como si necesitara la ayuda de un traductor porque no entendía qué me estaba diciendo. ¿Podía tener cinco álbumes que yo quisiera? No podía pensar; ¡sentía tanta presión! Nunca podía comprar la música que me gustaba. Por lo general, simplemente heredaba los casetes que mi familia ya no quería. Hubiera querido saberlo de antemano para llevar una lista. Empecé a caminar por los pasillos buscando algo de lo que más me gustaba. Era abrumador. ¿Qué pasaría si escogía mis cinco discos y camino al departamento de mi hermana recordaba el que realmente quería?

El primero que escogí fue *The Beatles: 1962-1966*, también conocido como "El álbum rojo". Cuando le cuento esto a la gente, muchas veces me preguntan por qué escogí ese. Fue por la manera en que los habían presentado al mundo. Las canciones de ese álbum se parecían más al estilo *bubblegum* de la música pop. Las armonías estaban padres. Me encantaban todas, pero en especial "We Can Work it Out". Sigue siendo una de mis favoritas por los cambios de ritmo. Cuando la canción llega a la mitad, se vuelve más lenta. Puedo sentir de qué trata la canción. *Pueden* hacer que las cosas funcionen. Hay una lucha entre los momentos en que la relación es maravillosa y cuando está mal.

Antes de hacer todas mis elecciones, tuve que preguntarle a mi hermano si el álbum de los Beatles valía por dos porque era un casete doble. Dijo que no. (Susurros y un puño levantado). ¡Eso es!

Después elegí *Greatest Hits Volume I and II* de Billy Joel (es el álbum icónico que tiene una foto en blanco y negro de Billy). Pensé que, si podía tener álbumes dobles, pediría los que más quería. Le iba a pedir a Rubén que tocara este en el coche de regreso a casa.

La tercera elección fue la música de *Los Muppets en Nueva York* porque combinaba dos de mis grandes amores: Broadway y los Muppets. Esa película fue increíble. La variedad de los números musicales fue fantástica. Una canción como "Saying Goodbye" podía hacerte llorar, pero luego otra como "Somebody's Getting Married" podía colmarte de alegría hasta el punto de querer celebrar.

La cuarta elección fue un casete sencillo de 4 Non Blondes, "What's Up?", que compré por accidente porque lo agarré pensando que era otro (que no puedo recordar). Al final me gustó mucho la canción, pero siempre sentí que desperdicié mi oportunidad porque era un sencillo y no un casete completo.

La quinta y última elección fue *The Predator* de Ice Cube. En realidad, no conocía las otras canciones del álbum, pero incluía "It Was a Good Day" y eso era todo lo que deseaba. Me encantaba esa canción. El rap no era algo fácil de encontrar en mi ciudad, al menos no era fácil para mí. Era tan diferente a todos los tipos de música que había escuchado. Pero conforme se fue volviendo más conocido, pude escucharlo más.

Salí de la tienda abrazando mis casetes como si fueran mis hijos. Eran míos. Tenía mi propia música. Cada vez que lograba tener algo nuevo que solo me pertenecía a mí era especial; era un asunto serio. El hecho de que pudiera tener no solo uno, sino cinco álbumes diferentes era algo inaudito, y los había recibido por Navidad. Por primera vez en mi vida, pensé que por fin sentía lo que los otros niños sentían cada año de sus vidas cuando recibían más de un regalo.

Siempre buscaba música con la que realmente pudiera identificarme a un nivel profundo y anhelaba encontrarla. Mi mamá tenía esa música en español. Para ella, ese tipo de música eran los corridos. Un corrido era una canción que contaba una historia, como una balada. Algunos hablaban sobre cuestiones sociales importantes, la pobreza o la opresión. Muchas veces las canciones narraban la vida de una persona de principio a fin. Para mi mamá, esas canciones eran portadoras de la verdad. Muchas veces cuando limpiábamos la casa, ella escogía una estación de radio mexicana en la que ponían muchos corridos. Las letras de las canciones creaban un retrato, como si estuviéramos escuchando historias por radio. Yo quitaba de los muebles las carpetas de plástico que a mi mamá le encantaban para limpiar el polvo de las mesas mientras escuchaba una canción que hablaba sobre un vaquero que tuvo que matar a una serpiente para tener qué comer. La canción describía la pobreza en la que vivía y cómo luchaba por lo que era correcto. Mi mamá decía que le encantaba escuchar corridos porque era la realidad convertida en música. Yo quería encontrar mi propia versión de sus corridos.

La verdad es que deseaba con todo mi corazón tener una conexión más profunda con el mundo en que vivía. Buscaba una realidad que simplemente reconociera mi existencia. Trataba de encontrar personas como yo en el mundo de la música, la televisión y el cine. No tenían que ser parecidas a mí; buscaba gente que hablara de las cosas que yo conocía aunque tuviera que buscar desesperadamente para encontrarlos. Ya me había rendido ante la idea de que la gente con mi apariencia solo tenía permitido cantar o actuar en español, porque solo la veía de forma constante en la cultura popular mexicana. Qué pensamiento más maduro para alguien de trece años. Lo único que quería era encontrar un fragmento de una cultura en la que me sintiera incluida porque eso me ayudaría a sentir que mi vida era importante. Y entonces la encontré: el rap y el hip-hop. Se convirtieron en mi versión de los corridos de mi mamá porque el rap que me interesó cumplía la misma función que mi mamá había descrito de las canciones que le gustaban: era la realidad convertida en música.

Mi amor por el rap empezó de una forma interesante. Cuando era adolescente, tenía un pequeño reproductor de casetes AM/FM blanco que mi mamá me compró en Montgomery Ward. Era mi costumbre sacarlo después de las clases mientras hacía mi tarea cuando iba a *junior high*. En aquella época, los discos compactos estaban invadiendo la industria de la música, pero yo seguía bailando con casetes porque estaba acostumbrada a tener que esperar que la "nueva tecnología" fuera más accesible para mi familia. Llegaba a casa y me sentaba en la mesa de la cocina con mi reproductor de casetes cerca de mí. Una de las cosas que disfrutaba mucho era grabar canciones de la radio en casetes vírgenes para poder aprenderme la letra antes que nadie. Quería presumir de que me sabía las canciones porque, en aquel entonces, no había internet, y de verdad uno debía esforzarse para aprenderse una canción. A veces, si tenías suerte, encontrabas la letra en alguna revista o venía con el álbum, pero muchas veces (especialmente si las canciones eran nuevas) tenías que descubrirlas por tu cuenta y eras muy admirado si te las aprendías antes que los demás.

Hubo una canción que fue un éxito gigante en 1993 llamada "Informer", de un músico canadiense de reggae de nombre Snow. No podía ir a ningún lugar sin escuchar esa canción. La ponían mucho en la radio y el video musical salía todo el día en MTV. El ritmo de la canción me confundía y realmente me costaba trabajo aprendérmela. Lo único que más o menos podía cantar era el coro: "Informer... [bla, bla, bla, bla, bla, bla, inserten un montón de palabras aquí]..." La canción era tan complicada de aprender que MTV tuvo que empezar a poner una versión del video musical con subtítulos. Grabé el video con mi videograbadora y también la canción de la radio y me puse a trabajar, tratando de descifrar lo que decía, porque estaba convencida de que los chicos de la escuela pensarían que yo era superinteresante si sacaba la letra.

Tardé más o menos una semana en aprendérmela. Un día, alguien puso la canción durante la hora del almuerzo y empecé a cantarla. Todos los que estaban comiendo alrededor mío me veían totalmente sorprendidos. Una niña me preguntó cómo me había aprendido la letra y le dije que con mucho esfuerzo había logrado memorizarla. Se sorprendió y le dijo a una amiga suya que me escuchara, la cual le pidió a otra amiga que viniera; todas me preguntaron cómo lo había logrado, como si hubiera encontrado la cura para alguna enfermedad o algo parecido. Una de las niñas me preguntó si podía escribirle la letra y ofreció pagarme por la canción. Pensé que la chica estaba loca, pero, oigan, yo no iba a rechazar el dinero. Me ofreció cinco dólares. Al día siguiente, le di la letra y metí el dinero a mi bolsillo. Después de eso, otros chicos empezaron a pedirme la letra. Les dije que les iba a costar cinco dólares; me los pagaron. Yo acostumbraba a escribir a mano las canciones en un cuaderno con lápiz para que si me equivocaba fuera fácil borrar. En lo personal, no podía entender por qué los chicos no compartían mi cuaderno con sus amigos, pero bueno, para mí eso generaba dinero, así que, ¿qué más me daba?

Con el tiempo empecé a hacer mi negocio en la escuela, vendiéndoles a mis compañeros las letras de todo tipo de canciones que eran difíciles de aprender o que simplemente era nuevas. Si había una canción que quisieras aprenderte, tenías que ir conmigo. No me importaba si me sabía la letra o no. Los chicos me preguntaban si me sabía las canciones y siempre les respondía que sí porque no quería perder el negocio. Si no me sabía la letra, les decía que iba a tardar un par de días en escribírsela porque tenía mucha tarea, aunque la verdad era que no me sabía la canción. Cuando esto sucedía, volvía a casa después de la escuela, sacaba mi pequeña grabadora y esperaba para ver si nuestra estación de radio local, B104, ponía la canción para grabarla en un casete. Al mismo tiempo, ponía MTV para ver si había algún video musical que pudiera grabar de la televisión. Me ponía a trabajar transcribiendo las letras tan pronto como podía. Días después, les daba a los chicos la letra y ellos me pagaban. Sí, ya sé que suena ridículo, pero me estaba haciendo de una buena cantidad de dinero. Nunca me dieron domingo porque mi mamá decía: "Yo te permito vivir aquí. ¡Esa es mi cooperación para tu causa!". Una canción como "Whoomp! (There It Is)" salía y se convertía en todo un éxito, no solo para Tag Team (el grupo que la cantaba), sino también para mí. Muy pronto me di cuenta de que las canciones que más vendían eran las que tenían un tempo rápido con el que las palabras salían disparadas a toda velocidad. No sabía si ese estilo tenía algún nombre, pero lo que sí sabía era que se estaba volviendo popular.

Entonces un día escuché "It Was a Good Day" de Ice Cube. Mi vida cambió para siempre. Me di cuenta de que era una canción que atrapó la atención de muchos otros compañeros míos, no solo a mí. Querían saber la letra y, honestamente, fue la canción que me costó más trabajo transcribir porque desconocía muchos de los términos que Ice Cube utilizaba, así que deseaba entenderlos bien.

Ha habido algunas veces en mi vida en que, cuando escucho la canción, sé que será importante para mí, aunque en ese momento no sepa exactamente por qué. Esa canción fue una de ellas. Empezaba con un ritmo lento (el de "Footsteps in the Dark" de los Isley Brothers) y de inmediato entraba Ice Cube describiendo lo bueno que sería ese día de principio a fin. Lo que me parecía genial de la canción era que ese día específico parecía algo mundano cuando él explicaba que nada malo había pasado y que simplemente se había dedicado a sus ocupaciones. Por eso había sido un buen día para él. El giro inesperado era que después de haber descrito todo el día, en la última frase de la canción básicamente sugiere que es una locura imaginar que un día así realmente fuera posible para él.

Antes de continuar, supongo que debería explicar que, como mi vida estaba bastante protegida, cuando empecé a descubrir el rap y el hip-hop, no sabía que tuvieran malas palabras. Como no tenía mucho acceso a la música rap, no me daba cuenta de que las versiones que veía en MTV no eran las versiones reales de las canciones. No tenía idea de que dos versiones de la misma canción pudieran existir: la censurada y la explícita. Me aprendía las canciones viendo la televisión, así que solo conocía las versiones censuradas. Pero siendo sincera, ni siquiera notaba las groserías ni había captado el hecho de que él hablara de haberse ligado a alguien para tener relaciones sexuales porque me llamaba más la atención el verdadero tema de la canción. En casa no me permitían decir groserías, y definitivamente no tenía relaciones sexuales, así que siempre consideré que eso era lo que definía el estilo de Ice Cube. El hecho de que supiera que las cosas existían no significaba que de inmediato me interesara hacerlas. O sea, que, si me gustaba la canción "Memory" de *Cats*, no significaba que quería convertirme en un gato cantante. Y así, con esa mentalidad, tan solo apreciaba el arte que Ice Cube había logrado en esa canción.

Me hacía sentir algo como "te comprendo" a un nivel totalmente diferente. No, no vivía igual que él, pero mi barrio no era muy bonito que digamos y estaba estudiando *junior high* en una época en que empecé a notar que algunos de los chicos con los que crecí estaban tomando caminos diferentes. Algunos de los niños con los que había jugado años antes ahora me contaban que se estaban integrando a una pandilla. La escuela a la que iba a entrar al año siguiente había decidido ya no permitir que los estudiantes usaran casilleros por temor a que los chicos llevaran armas o drogas al campus. Algunos de mis amigos empezaban a fumar marihuana y a beber. Mi mamá hacía lo imposible para impedir que me fuera por lo que ella llamaba "el camino equivocado", pero a veces, era inposible escapar de él. Sí, era un ratón de biblioteca, pero también me tocó luchar contra el ambiente en que estaba creciendo. Tuve que pelear con chicas para defenderme, a veces por las cosas más tontas, como los deportes. Una vez me dieron una senda golpiza porque mi grupo le había ganado al grupo de otra chica en un juego de vóleibol y fui yo quien había hecho el mayor número de anotaciones. Después de la clase de deportes, esa chica vino hacia mí durante el almuerzo y empezó a pegarme y a patearme. Yo no iba a quedarme con los brazos cruzados, así que empecé a patearla y a pegarle como loca mientras ella me jalaba el cabello y seguía pateándome. En cuanto vi que se acercaba el director, dejé de pegarle y me tiré al piso porque quería que él pensara que yo no me había defendido. A ella la suspendieron y yo regresé a clases.

Escuchar una canción como "It Was a Good Day" me hacía sentir como si no fuera la única que llevaba el tipo de vida que normalmente yo no veía en televisión. Me hacía tratar de imaginar que ese sería un buen día para mí.

Si tuviera que escribir sobre cómo era un buen día para mí en aquella época, tendría que empezar por despertarme a las 9:30 de la mañana, porque eso querría decir que dormí unas horas extra. Mi mamá confiaba en que me despertara a lo máximo a las 9:00 de la mañana y eso ya era tarde. Cuando ella era niña, en su casa se tenía el horario de quienes trabajan en el campo, así que pensaba que nos consentía dejándonos dormir hasta esa hora. Después de eso, ¡desayunaría! No importaba qué comida hubiera, por lo general, no desayunaba nada. La comida era escasa, así que durante el verano comía menos que durante el año escolar. Cuando era pequeñita, a veces me salían manchas blancas en la cara durante el verano por desnutrición.

Después del desayuno, en mi hipotético día bueno, pondría música o leería un libro y no tendría que ayudar a mi mamá a limpiar la casa. Por lo regular, nos hacía limpiar (barrer, trapear, sacudir) todos los días y se ponía a inspeccionar si habíamos hecho un buen trabajo. Me encantaba leer libros y me habría encantado tener una mañana en la que tan solo me hubiera sentado a leer. Después de eso, mi buen día incluiría poder ir al centro comercial y comprar algo de marca. UNA COSA. No me habría importado si fuera un llavero o unos calcetines (aunque hubiera sido un solo calcetín), solo quería saber qué se sentía tener las mismas cosas que mis amigos usaban, en lugar de tener que soportar que la gente se burlara de mí por usar mi ropa "de gente pobre". En este momento de mi buen día, me habría gustado comer mi almuerzo, aunque no tuviera hambre. Habría querido salir, quizás a un lugar elegante como Red Lobster, al que solamente he ido una vez en mi vida, porque el único lugar al que llegamos a ir era Furr's, un restaurante tipo buffet al que *todavía* llevo a mi familia cuando estoy en Texas. Después de eso, iría a ver una película con amigos. Muy pocas veces fui al cine, y cuando lo hice, solo fue porque mis hermanos me llevaban. Me habría encantado saber qué se sentía al salir con amigas, quizás incluso pasar la noche en casa de alguna de ellas en una de esas pijamadas de las que tanto escuchaba. Después de la película, cenaría. En aquel entonces, tener tres comidas al día habría sonado como el argumento de una película de ciencia ficción para mí. ¿Era algo que la gente realmente hacía todos los días?

Al final de mi versión de este buen día, entraría a mi cuarto, lleno de pósters en las paredes de los artistas que me gustaban, y cerraría la puerta. Me acostaría en mi propia cama y pondría música para escuchar mientras me dormía. Esta es la parte de mi versión que provocaría una reacción como la de Ice Cube al final de la canción, cuando dice, "Oye, espera, espera un momento, tonto, déjate de estupideces. ¿En qué carajos estoy pensando?" Porque, además de tener tres comidas al día, no tener que ayudar a mi mamá a limpiar y pasar tiempo con amigos fuera de la escuela, la idea de tener mi propio cuarto significaba que había llegado al punto de la fantasía en mi buen día. Salvo por la puerta del frente y la trasera, la casa en la que crecí no tenía puertas, así que no había un espacio en la casa en el que pudieras estar en privado. Todo el mundo siempre veía los movimientos de los demás, así que la simple idea de tener una puerta en la recámara para poder cerrar era ridícula (aunque mágica) para mí. Nunca me permitieron colgar un póster o poner cualquier cosa que indicara que tenía ciertos gustos o intereses porque, repito, nuestra casa entera era un espacio comunitario y ninguno de nosotros tenía un área que le perteneciera solo a él. Lo más parecido que tuvimos a un póster era una imagen de Jesucristo que mi mamá colgó en la sala. Todos teníamos que vivir en una casa despojada de cualquier rastro que pudiera insinuar que alguno de nosotros tenía personalidad propia.

Sé que cuando Ice Cube escribió la letra, no lo estaba haciendo especialmente para mí, pero la idea de que él tuviera un día en el que no transcurriera nada relevante hizo que me diera cuenta de lo especial que un día así sería para mí. También me hizo darme cuenta de que había gente que vivía como yo, pensando en que la belleza de un día sin preocupaciones era algo en lo que solamente podíamos soñar.

Esta canción sirvió como un portal hacia un mundo que yo desconocía por completo. Pensaba que el rap era algo que apenas estaba empezando y que iba a triunfar en todo el mundo. Empecé a ver *Yo! MTV Raps* muy seguido y aprendí del rap gracias a ese programa. En la radio escuchaba rap, pero solo si la canción era un gran éxito porque teníamos una estación de radio que solo ponía grandes éxitos, lo cual quiere decir que rotaban *más o menos* diez canciones una y otra vez durante meses. Iba a la biblioteca e investigaba acerca del rap para aprender sobre sus antecedentes. Iba a librerías y leía artículos sobre el rap en revistas (no tenía dinero para comprarlas). No fue hasta que empecé a investigarlo que me di cuenta de que el rap no era algo nuevo. De hecho, para aquella época ya tenía varias décadas de existencia. Esa era una de las cosas que solían frustrarme más por el hecho de vivir en un pequeño pueblo en la frontera entre México y los Estados Unidos. A veces era muy difícil tener acceso a cosas que en gran parte del país se disfrutaban en tiempo real. Eso me hacía dudar si las cosas que yo iba descubriendo todavía eran relevantes para el mundo "real". Me di cuenta de que me faltaba mucho para actualizarme sobre ese mundo que acababa de descubrir. Había tantas cuestiones básicas que tenía que aprender. No tenía ni idea de que Ice Cube había sido parte de un grupo llamado NWA o de que otro de mis "nuevos" raperos favoritos, Dr. Dre, también había estado en ese grupo. Tenía que aprender la historia de este género que tanto me gustaba y, al mismo tiempo, tratar de descubrir el material nuevo que se estaba produciendo.

También es importante mencionar que nadie en mi familia decía groserías. De hecho, yo soy quien más dice malas palabras, siempre lo he sido. En casa no decía nada, pero en la escuela decía groserías como si hubiera tomado un curso para aprenderlas. Mis hermanos, por otra parte, casi nunca las dicen. En las raras ocasiones en que he escuchado que se les escapa una, casi siempre me sobresalto un poco porque siento como si acabara de escuchar a Winnie-the-Pooh diciéndome golfa; no sabría cómo reaccionar. Nunca dije una mala palabra cerca de mi madre. Me habría sentido terriblemente mal si lo hubiera hecho. Mi mamá nos educó para ser respetuosos con los adultos y, según sus principios, eso significaba no decir groserías enfrente de ellos (P.D.: Es algo que ya no me incomoda).

Recuerdo cuando puse por primera vez el casete de Ice Cube que mi hermano me compró y me di cuenta de que el álbum tenía muchísimas groserías: ASÍ fue como descubrí que en el rap se dicen groserías. Por accidente (y por fortuna) había comprado la versión explícita y me encantó. Por desgracia, mi mamá pasó junto a mí cuando la estaba escuchando y me asusté porque pensé que se iba a enojar conmigo. Me preguntó en español: "¿Y qué es eso?". Ella no sabía hablar inglés, pero sí conocía las groserías. Nota aparte: ¿Han observado que cuando la gente apenas sabe unas cuantas palabras de una lengua extranjera siempre son groserías?

Aunque mi mamá se sorprendió muchísimo, a mí me impactó que no me hubiera dicho que dejara de oír eso y se alejara cuando le dije que era solo una canción que me gustaba. Eso fue algo que no comprendí en aquel momento, pero cuando lo pienso, se lo agradezco. A mi mamá en realidad no le importaba qué música escuchara o qué cosas viera que fueran "vulgares" o "violentas" o fueran a afectarme como persona. Mi mamá nunca entendió por qué la gente en las noticias se quejaba de que un videojuego o un álbum motivaran a los jóvenes a hacer cosas. En algunas ocasiones, cuando veíamos historias como estas y yo le traducía de qué trataban, ella decía: "Tú juegas y escuchas música y no quieres hacer esas cosas. Te gusta ese juego del plomero (se refería a Super Mario) y yo no veo que te pongas a arreglar las cosas de la casa…". Le agradecía a mi mamá que entendiera que todo lo que me gustaba me ayudaba a definirme como persona, pero no definía mis acciones. Eso también me hizo entender que, aunque yo pensaba que la conocía bien, la verdad es que había una parte de mi madre que siempre me sorprendía. Yo pensaba que una mujer mexicana, católica devota, me iba a prohibir que escuchara rap por las groserías.

"It Was a Good Day" me gustaba tanto que me metí en un pleito por esta canción cuando estaba en octavo grado. Estaba en la clase de teatro y había un chico al que le encantaba el rock *grunge* y empezó a decir que el rap era una moda pasajera y que iba a ser obsoleto en un tiempo.

Cuando oí eso, de inmediato le pedí que se explicara. Dijo que el rap era como la música de los grupos de muchachos. A la gente le gustaba porque era diferente, pero al final, no iba a durar. Le dije que estaba equivocado. El rap y el hip-hop no iban a irse a ningún lado y, de hecho, íbamos a escucharlos cada vez más. Le dije que "It Was a Good Day" era un gran ejemplo de cómo el rap se estaba convirtiendo en algo tan escuchado porque esa fue la canción que más chicos me pidieron que escribiera. Nos metimos en un pleito por eso y el maestro nos tuvo que aplacar. Yo sabía que el chico estaba equivocado. Con razón, dos años después, este mismo chico se convirtió en el mejor aliado del tipo que me acosaba en secundaria. Viéndolo en retrospectiva, creo que este pleito pudo haber sido el origen de la historia de este villano.

A lo largo de toda mi vida, esa ha sido la canción que escucho cuando siento que he tenido un buen día. Es una canción que pongo cuando manejo por mi barrio y de repente caigo en cuenta de que en realidad estoy viviendo en Los Ángeles. Trece años de vivir aquí y todavía sigo descubriendo la ciudad. Cualquier cosa me sorprende. Puede haber un día lindo en el que el cielo está despejado y, al girar por una calle, aparecen las colinas de Hollywood observándome desde las alturas. Todo es tan hermoso. Me resulta increíble no solo haber sido capaz de sobrevivir en la ciudad, sino de prosperar en ella. Me demuestra lo mucho que he avanzado. Desde crecer y tratar de sobrevivir en mi pueblito hasta vivir en una de las ciudades más grandes del país y no tener que preocuparme por conseguir comida. Mis días buenos nunca tienen que ser impactantes; a veces simplemente son días como cualquiera, pero que me dejan un sentimiento especial que surge de la nada.

La dinámica de mi familia no era algo común. Había padres e hijos que vivían bajo el mismo techo, pero también había otros parientes que cumplían distintas funciones, como yo. Yo era "la tía" y sí, soy muy consciente de que mucha gente tiene tías. El rol que desempeño en mi familia es muy diferente al de una tía común y corriente. Mi labor en la familia era ser una segunda madre para los hijos de mi hermana y ayudar a criarlos.

Me di cuenta de que eso pasaba en muchas familias de inmigrantes con las que crecí. En parte, creo que este rol de tía era muy frecuente en mi infancia por las concepciones arcaicas de los roles de género que le enseñaron a mucha gente en mi barrio. A las mujeres se les enseñaba que eran las responsables de cuidar a los niños, aunque no fueran suyos. Esto se remonta a la idea de que las mujeres supuestamente eran las "encargadas del hogar" mientras que los hombres eran "todo lo demás" dentro de la familia. Los roles saltaban a la vista cuando la familia de mi cuñado venía de visita los fines de semana en la época en que yo vivía con él y mi hermana. Las mujeres se sentaban en la cocina y contaban chismes mientras cocinaban o comían y los hombres estaban afuera bebiendo. Los niños corrían dentro de la casa y no se atrevían a molestar a los hombres. El único momento en que los niños salían con sus padres era cuando sus madres les pedían que hicieran algo y no querían obedecerlas. Iban afuera porque sabían que sus padres no estarían de acuerdo con los deseos de sus madres y conseguirían lo que querían, porque, una vez más, las mujeres eran vistas como la parte sumisa. Si yo hubiera podido elegir, habría escogido estar afuera tomando cervezas con los hombres, pero yo no tenía esa opción. No podía tomar una cerveza porque las mujeres no podían tomar alcohol con los hombres. Si no, ¿quién iba a cuidar a los niños?

Agradezco haber estado presente para mis sobrinos y mi sobrina, pero siempre había una parte de mí que se preguntaba si ellos alguna vez fueron conscientes de lo que sacrifiqué para estar con ellos. En algunas ocasiones, alguno de ellos me ha preguntado por qué no estoy casada o por qué vivo sola. Siempre respondo lo mismo: "Supongo que simplemente es algo que todavía no ha llegado a mi vida". Lo que quisiera decirles es: "Hace años decidí que la felicidad y el bienestar de ustedes eran más importantes que los míos. Quería que tuvieran la oportunidad de un futuro que yo no pude tener y por eso me quedé aquí. Me quedé porque su madre ayudó a criarme. Yo la ayudé a criarlos a ustedes y, con suerte, el hecho de que yo esté aquí significa que podemos romper el ciclo de ese tipo de sacrificio y ustedes podrán irse y vivir sus vidas, en la forma que sea". Pero bueno, solo decía: "Supongo que simplemente es algo que todavía no ha llegado a mi vida".

Quiero dejar claro que no tengo ni un solo arrepentimiento sobre cómo se me presentaron las cosas. No quiere decir que al final no haya logrado hacer realidad mi sueño; solo tuve que ponerlo en espera. Estoy muy agradecida de haber podido ayudar a mi familia de la misma forma en que ellos me cuidaron cuando yo era niña. Creo que las dificultades por las que atravesé junto con ellos me han hecho apreciar todo lo que tengo a un nivel distinto porque soy muy consciente de las cosas que tenían que suceder para llegar a tener esas oportunidades. Veo hacia el pasado y recuerdo cómo anhelaba encontrar una señal que me hiciera sentir que todo valía la pena porque, a veces, cuando estaba sola, no era fácil ver si así era. Como tía, no recibía los abrazos y besos que un niño les da a sus padres. Solo tenía la esperanza de que algún día llegara a percibir alguna señal que me hiciera sentir que aquello que sacrifiqué no pasó inadvertido. Y a la larga así fue.

Así que es el año 2010 y mi sobrino David se está graduando de la secundaria.

David es fenomenal. Cuando era niño, estaba obsesionado con los sándwiches de crema de cacahuate y mermelada. Él creía que yo hacía los mejores y siempre me pedía que le hiciera unos cuantos. Es el tipo de chico que puede comer lo mismo todos los días y nunca se aburre. Los dos coleccionábamos tenis y a los dos nos encantaba el rap (aún ahora) así que, incluso cuando me mudé a Los Ángeles, seguimos comunicándonos para contarnos qué tenis nos íbamos a comprar y a qué rapero estábamos escuchando.

El día de su graduación, me preguntó si podía llevarlo en coche a la ceremonia, que iba a llevarse a cabo en una universidad a una hora de distancia de donde él vivía. Me sentí verdaderamente honrada de que quisiera que yo lo llevara porque había pensado que él querría manejar hasta allá o que se iría con amigos. Le respondí que sí lo llevaría. Durante la ceremonia, sentía como si *mi* hijo se estuviera graduando. He estado en los momentos más importantes de las vidas de mis sobrinos y siempre me embarga la misma emoción. Los observo y me siento muy orgullosa de todo lo que hacen. Desearía que mi madre (su abuela) estuviera allí para ver cómo todos sus sacrificios hicieron posibles esos momentos. Miro sus rostros y los recuerdo como eran de bebés. El amor que siento por ellos es algo que no puedo explicar. Si tuviera que acortar mi vida para prolongar la suya, lo haría en un instante, sin dudarlo.

Después de terminar la ceremonia de graduación y de que todos nos tomáramos las fotos familiares obligadas en las que nadie se ve a gusto, caminamos a nuestros coches porque debíamos irnos a nuestra cena obligatoria para celebrar en Olive Garden. Subí al coche de mi sobrino y recuerdo que lo observé mientras se sentaba. Fue un enorme paso en su vida y yo estaba allí con *él*. Sentí amor. Bajó las ventanas (no funcionaba el aire acondicionado) y me dijo que quería escuchar una canción mientras íbamos manejando, y sin que él supiera mi historia con ella, decidió poner "It Was a Good Day" de Ice Cube. Me agradeció que lo hubiera llevado a su graduación y me dijo que estaba muy contento de que yo estuviera allí con *él*. En cuanto empezó a sonar la canción, sonreí y traté de contener las lágrimas. Recuerdo que el sol se reflejaba en el coche y me cegó por el retrovisor, que debí ajustar para poder salir del estacionamiento. Fue un momento mágico en el que sentí que quizás, solo quizás, esa era la señal que había estado buscando. David no era del tipo de personas que hablan sobre sus sentimientos.

Todo había valido la pena. Todos los años que les dediqué no solo habían valido la pena, sino que habían sido necesarios. Ahora, de adultos, los chicos recuerdan cosas que yo hacía por ellos y me siento feliz de que las recuerden. Cumplí la promesa que le hice a mi madre cuando era niña y hasta la fecha lo hago. Estoy presente siempre que mi familia me necesita. Haré todo lo que pueda para darles las cosas que mis hermanos, mi hermana y yo no pudimos tener cuando éramos más jóvenes, porque hace falta todo un pueblo para criar a un niño. En esta familia, literalmente fue un pueblo. El pueblo de México del que provenía mi madre contribuyó a conformar la familia que me ayudó a convertirme en lo que soy.

ACTUALIZACIÓN: Mientras escribía este libro, me estaba sintiendo muy estresada y decidí aceptar una invitación de NASCAR para asistir a una de sus carreras y distraerme un poco. En la carrera, me topé con el mismísimo Ice Cube y terminé tomándome una foto con él justo en el momento en que el dirigible de Goodyear volaba sobre nosotros, igualito que como él había escrito en la canción. No podía dejar de reírme como una tonta, pensando, *¿Qué señal más obvia necesito para escribir este libro? Literalmente estoy teniendo "un buen día" al lado del hombre que escribió LA CANCIÓN que habla de esto.* Cuando me despedí de él y empecé a caminar, pensé, *¡No puedo creer que hoy haya sido un día tan bueno!*

The new reina of comedy.

Me tomé esta selfie, basado en el diseño gráfico original que la cadena de televisión quería usar para mi programa. Les rogué que quitaran la tiara de quinceañera y el *espanglish* de la imagen. Quería que este programa fuera como cualquier otra *sitcom*.

"LOSE YOURSELF"
EMINEM

Este es el capítulo en que le enseño a todo el mundo cómo ser famoso, pero primero permítanme contarles sobre "Lose Yourself". Esta canción es una de mis favoritas de toda la vida y es de Eminem, que la escribió para su película *8 millas*, la cual se basa en la etapa de su vida que pasó en Detroit. Tengo que repetir esto: no digo que haya tenido una infancia similar a la de los raperos que me encantaba escuchar, pero sí oía su música porque me resultaba familiar.

La canción empieza con un sonido arenoso, como si fuera un disco de vinilo. Entonces entra rápidamente una guitarra al mismo tiempo que Eminem pregunta, ¿Qué harías si tuvieras SOLO UNA oportunidad para tener todo lo que siempre has querido? ¿Tratarías de aprovecharla o la dejarías pasar? También es una pregunta que yo me he hecho. ¿Qué haría si tuviera una sola oportunidad para lograr mi sueño? Aunque había estado persiguiéndolo toda mi vida, casi nunca pensé qué pasaría si de verdad lo hacía realidad.

Siendo honesta, les contaré que lucho contra una terrible ansiedad y una peor ansiedad social. Sé que es difícil de creer, pero en verdad me cuesta mucho trabajo lidiar con la gente. Me lleno de pánico, y siempre ha sido así. No hay un solo día que pase en que no me arrepienta de todo lo que he dicho, porque me cuestiono todo sobre mí misma. De hecho, odio estar frente a las multitudes, lo cual sé muy bien que no tiene sentido, considerando lo que hago para vivir. Me encanta actuar, me encanta hacer monólogos, me encanta escribir. Me encanta lo que siento cuando logro hacerlo. Cada vez que subo al escenario, me siento como en mi casa porque estoy viviendo mi sueño. Al mismo tiempo, me siento aterrada cada vez que subo. Con frecuencia tengo crisis nerviosas y ataques de pánico porque me da miedo ver a la gente. Nunca pienso que soy lo suficientemente buena y siempre pienso que la gente descubrirá que no soy tan talentosa.

En cierta forma, creo que el hecho de ser tan severa conmigo misma y de que nunca piense que soy realmente buena me ha ayudado en mi carrera porque trato de mantener estándares muy altos, lo que significa que soy muy exigente con lo que hago. Sin embargo, también soy increíblemente audaz porque no tengo nada que perder.

Bueno, así que esta es la parte en la que les diré que la primera línea de este capítulo es una mentira: en realidad no soy muy famosa y estoy segura de que mi versión del éxito es completamente diferente a la de los demás. Me encuentro en ese punto en que unas cuantas personas quizás sepan quién soy, pero la gente me sigue preguntando si trabajo en Target cuando voy allí de compras. Me considero exitosa porque puedo pagar mis cuentas haciendo lo que amo. La gente sí me pregunta mucho sobre cómo logré hacer cosas, cómo logré tener mi programa de televisión, cómo logré hacer esto o aquello, y nunca sé qué responder, porque en verdad no tengo idea de cómo ha sucedido todo esto. Nunca lo planeé. En verdad, nunca he analizado todo por lo que he pasado y sé que tal vez debería escribir sobre esto para que la gente supiera que me llevó años llegar al lugar donde estoy. No fue un golpe de suerte. Fue perseverar todo el tiempo y todavía me queda mucho por hacer.

Ya escribí sobre mi amor por el teatro, pero aún no explico cómo pasé de hacer comedia de monólogos a tener un programa de televisión, así que permítanme comenzar por allí. Creo que mi familia pensó que había renunciado a la actuación después de que mi mamá murió. Era algo así como: "Bueno, te mudaste, pero al final regresaste porque no pudiste lograrlo", lo cual no podía estar más lejos de la realidad. Siempre me consideraron la persona de la familia que podía detener su vida y ayudar a los demás en tiempos difíciles, pero no estaba dispuesta a renunciar a mis sueños. ¿Cómo podía olvidar mi sueño de toda la vida si no había pasado toda una vida tratando de alcanzarlo? Eso es algo que nunca he entendido acerca de los sueños. Muchas veces conozco a personas que dicen: "Voy a intentarlo hasta que tenga (inserten cualquier edad aquí) y si no pasa nada, haré cualquier otra cosa". Siempre tengo deseos de decirles que deberían pasar a su plan B ahora porque, para mí, el sueño que quería hacer realidad era mi trabajo. El trabajo era perseguir el sueño y, si tenía que hacerlo, podía tener un empleo que me permitiera luchar por este sueño, pero principalmente *siempre* se trataba de mi sueño.

Tenía mucho en juego. Tuve que invertir demasiado tiempo. Cada vez que alguien me pregunta qué estaría siendo si no estuviera haciendo monólogos o algún tipo de actuación, siempre contesto: "No tengo idea. No sé hacer nada más con mi vida". Nunca tuve la opción de *no* hacerlo. Sé que parece extremo, pero la verdad es que esto ha vivido dentro de mí durante toda mi vida. No podría verme haciendo otra cosa.

Algo que he observado es que así como mi sueño siempre ha sido el mismo, a lo largo de los años ha adoptado diferentes versiones. Lo primero que quería cuando era pequeñita era ser presidente de los Estados Unidos. La gente me decía que era tonta por querer ser eso y que no tendría la oportunidad. Cuatro años después, me enamoré de Broadway y soñé con estar en el escenario haciendo musicales y obras y, una vez más, la gente me decía que no tendría la oportunidad. Nunca entendí por qué la gente me decía eso; si lo pienso, me enfurece. ¿Por qué diablos alguien le diría a un niño que las cosas que puede lograr tienen límites? ¿Sería porque la mayoría de la gente de mi barrio era pobre y eso los hacía pensar que mis sueños eran cómicos porque les resultaban demasiado extraños? Lo que pienso es que ellos no lograban entender que a veces puedes tratar de ahogar un sueño, pero si este realmente vive dentro de ti, la fe y la confianza en uno mismo siempre vencerán a quienes te digan que no sueñes.

Así que, antes de saber que hacer monólogos fuera un trabajo, traté de entrar al teatro. Hice audiciones para obras y me eligieron para un par, pero me duró muy poco el gusto. Cuando tenía dieciocho años, un profesor de canto me dijo que, siendo latina, debería tratar de que me eligieran para *Amor sin barreras* o *A Chorus Line*. Esto fue en los años 90. Cuando un profesor te dice que llegarás a lo más alto de tu carrera después de dos espectáculos, puede ser algo impactante. Por fortuna para mí (siendo sarcástica), no tuve la oportunidad de regodearme en mis sentimientos porque al poco tiempo tuve que dejar de perseguir mi sueño en Broadway por mis obligaciones familiares.

Después de un tiempo, acabé mudándome para regresar y tratar de volver a perseguir mi sueño. Por lo menos eso fue lo que pensé que iba a hacer. Fui de St. Louis a la ciudad de Nueva York, tratando de averiguar qué iba a hacer, pero, una vez más, ese intento pronto se desvaneció cuando mi madre me llamó para decirme que el doctor le había informado que estaba enferma. Por enésima vez, tuve que dejar todo lo que estaba haciendo, mudarme a Texas, y ayudar a cuidar a mi mamá. Bueno, eso fue como poner el sueño en la lista de espera otra vez.

Durante esa época, no tenía la posibilidad de tratar de hacer realidad mi sueño porque estaba viviendo otra vez en San Juan, el lugar donde nací. No había muchos proyectos de Hollywood por allí. Acabé trabajando como mesera en una cadena de restaurantes cuyo nombre no quisiera mencionar, pero digamos que es un restaurante de carnes de temática australiana. Los dueños eran encantadores y habían escrito su propia canción de cumpleaños con frases que implicaban cantarla con acento australiano. Siempre quise recordarles que vivíamos en un pueblo fronterizo pegadito a México. Por más que intentáramos lograr el acento, nuestros clientes probablemente recordarían que no estábamos en Australia. Mi madre estaba feliz de que yo hubiera vuelto a casa y dejado "lo que fuera que estuvieras haciendo". Qué poquito sabía ella de que mis intentos aún no habían terminado.

Me quedé a su lado hasta su último aliento. Poco tiempo después, no sabía qué hacer con mi vida. Necesitaba un trabajo desesperadamente. Acabé respondiendo a un aviso de una empresa de Dallas que buscaba a alguien que contestara teléfonos e hiciera trabajo de oficina.

Cuando llegué al lugar para llenar una solicitud, descubrí que el trabajo era en un club de comedia. De inmediato quise tener el empleo. Crecí viendo comedia de monólogos. A mis hermanos y a mí nos encantaba, aunque yo no tenía idea de que era un trabajo real que la gente hacía para ganar dinero. Tantos comediantes maravillosos de monólogos hacían que pareciera como si solo dijeran lo que acababa de pasarles por la mente que yo ignoraba por completo todo el trabajo que había detrás de una secuencia de chistes. Todos los miembros de mi familia tenían una larga lista de trabajos que exigían ir matando nuestro cuerpo poco a poco, ya fuera haciendo dobles turnos en un restaurante, trabajando en la construcción o trabajando en el campo por muy poco dinero. No podía creer que hacer comedia de monólogos fuera un empleo porque parecía que era pura diversión y hacía que la gente se sintiera bien a través de la risa.

Conseguí el trabajo y estuve como gerente de oficina. El primer cómico que trabajó en el club después de que me contrataron fue Mitch Hedberg. Me quedé a ver su presentación y no podía dejar de reír. Era brillante. Empecé a quedarme a ver a los cómicos cada semana, y me encantaba el hecho de que pudiera asistir a los shows sin pagar porque trabajaba allí. Poco a poco me fui haciendo amiga de algunos cómicos, no de piquete de ombligo, pero si iban al club más de una vez, nos saludábamos y tal vez tomábamos una cerveza juntos. Cuando conocí a algunos de ellos, varios empezaron a decirme que era graciosa. A unos cuantos les conté que había vivido en Los Ángeles, que había tratado de dedicarme a la actuación y ahora vivía en Dallas. Les mencioné que había regresado a casa para cuidar a mi mamá y cómo fue que me quedé allí. Entonces empezamos a hablar de Los Ángeles. Algunas conversaciones me hicieron extrañar California. Extrañaba lo que había tratado de lograr. Extrañaba mis esfuerzos porque estaba luchando por una buena razón: tratar de hacer realidad mi sueño. Cuando un par de comediantes de monólogos que yo admiraba me dijeron que debería tratar de hacer ese tipo de comedia, la idea se me quedó en la mente. ¿Era tonta por considerar esa opción? ¿Sería buena en eso? Cuanto más lo pensaba, más me atraía la idea. Si quería una verdadera oportunidad, tenía que crearla yo misma. Me di cuenta de que la comedia de monólogos era mi opción. Podía hacer reír a la gente con textos que yo había escrito. Finalmente tuve la epifanía de que si *alguna vez* iba a tener la oportunidad de actuar, de participar en algo, tenía que ser yo quien generara la oportunidad. Esa sería la única forma.

Empecé a hacer comedia en Dallas. Un cómico llamado Dean Lewis daba clases en el club donde yo trabajaba. Iba a enseñar mientras yo me encargaba de algunos asuntos de negocios, así que nos encontrábamos y empezábamos a hablar de la comedia de monólogos. Me enteré de que su clase terminaba con una presentación de graduación en mi club, así que acabé tomando su clase para tener una mejor idea de este género. Mi primera presentación de comedia de monólogos fue el Día del Trabajo de 2003.

Poco a poco fui adentrándome en la comedia de monólogos. Me gustaba actuar en un escenario, me encantaba escribir chistes. De verdad se convirtió en algo que anhelaba hacer todo el tiempo. Este tipo de comedia me llevó a conocer a mi primer (y único, hasta ahora) novio, Steve. Él también era un cómico, cosa que me gustó porque él sabía de qué se trataba todo esto. Yo tenía unos veintitantos años cuando empezamos a salir y fue algo que se dio de manera espontánea. Una noche salimos juntos después de haber hecho una sesión de micrófono abierto y no dejamos de salir juntos durante los siguientes once años. Desde que rompimos, hemos mantenido una amistad. Es uno de mis mejores amigos.

El hecho de que haya trabajado en un club de comedia no quiere decir que haya estado en el escenario todo el tiempo. De hecho, fue más bien lo contrario. Tenía que ir y hacer las sesiones de micrófono abierto como todo el mundo porque el club me consideraba la gerente, no una cómica. Salía del club alrededor de las cinco de la tarde y trataba de encontrar dónde trabajar en mi material. Algunas personas se daban cuenta de que me movía en el escenario como pez en el agua, y era verdad, pero eso era porque nadie sabía que tenía formación teatral. Llevaba alrededor de seis meses haciendo comedia de monólogos cuando un día estaba por terminar mi turno. Dejé mi cuaderno en el bar mientras fui a decirle algo al empleado de la taquilla. Cuando regresé, el comediante que llevaba semanas como el artista principal (y que llenaba el club) estaba leyendo mi cuaderno. Me ofendí instantáneamente y se lo quité de las manos. Me preguntó de quién era el cuaderno y contesté que era mío. Confesó que pensaba que era graciosa y me pidió que fuera su invitada esa noche en su presentación. No acepté.

Ya sé, ya sé... ¿Por qué tenía que rechazarlo, verdad? ¿No es lo que los cómicos desean? ¿Una oportunidad? ¿Por qué alguien iba a rechazar la oportunidad? Pero yo era demasiado nueva en el mundo de la comedia de monólogos y no me sentía lista para presentarme como artista invitada en el club de comedia para el que trabajaba. La gente siempre recuerda las primeras impresiones. Lo medité y decidí que, si eso estaba en mi camino, se me presentaría la oportunidad en el momento adecuado. Así que le di las gracias y le dije que no.

Cada vez me sentía más segura en mis monólogos; bueno, tanto como puedes sentirte cuando eres totalmente nuevo en algo. Solía frecuentar un show de micrófono abierto en Dallas en The Backdoor Comedy Club, un club local que dirigían dos cómicas de Dallas, Linda y Jan. Lo que me gustaba de este sitio era que te hacían trabajar con humor blanco, así que empecé a hacer monólogos totalmente blancos. La idea que había detrás de esta intención era que pudieras lograr hacer una secuencia en algún programa nocturno de televisión, así que debías desarrollar la habilidad de trabajar con humor blanco.

Transcurrió un año y el mismo comediante que me había invitado a participar en su espectáculo volvió a la ciudad y se acordó de mí. Me preguntó si todavía me dedicaba a hacer monólogos y respondí que sí. Me preguntó si quería ser su invitada esa noche y dije que sí. Para aquel entonces, ya llevaba un año y medio haciendo comedia de monólogos y ya me sentía a gusto con presentaciones de cinco minutos. Esa noche lo hice tan bien que el comediante me pidió que fuera su telonera en San Antonio la semana siguiente, después en El Paso y luego en Austin. Cuando estábamos en Austin, le agradecí haberme permitido trabajar esas semanas en Texas y le deseé suerte. Me pidió que dejara mi trabajo en el club de comedia y me convirtiera en uno de sus teloneros de tiempo completo. Yo no sabía qué hacer.

Me sentía en conflicto porque nuestros estilos eran diferentes y no estaba segura de querer hacer eso. Muchos cómicos me dijeron que sería muy estúpido no aceptar su oferta. Esa era mi oportunidad para costear mi cambio de residencia a Los Ángeles y de trabajar de tiempo completo siendo comediante de monólogos. Decidí aprovechar la oportunidad y hacerlo. Me mudé a Los Ángeles y estuve de gira con él los siguientes dos años y medio.

No es que la vida fuera maravillosa durante ese tiempo. Yo era la única mujer en la gira y eso era difícil. No era la única telonera que tenía el cómico y acabé teniendo problemas con un par de ellos. Uno en particular copiaba los chistes de otros cómicos y los hacía pasar por suyos. Me tomé eso muy en serio porque yo no lo hacía. Se lo hacía notar y me di cuenta de que nunca me haría caso, así que después de un tiempo, dejé de decirle que no lo hiciera. Empecé a deprimirme porque no estaba haciendo el tipo de monólogos que yo quería. Era parte de un circo y me odiaba por eso. Sentía que me había vendido. Tenía que ocultar gran parte de la persona que era. Por ejemplo, siempre he sido una sabihonda, una *nerd*. Me encantaba jugar al Scrabble y tenía uno electrónico. Me encantaba ese juego. Muy al principio de la gira, estaba jugando y los chicos empezaron a burlarse mucho de mí por hacerlo. Lo hacían sin parar; todo el tiempo se burlaban de mí. Miren, estaba acostumbrada al ambiente en el que todos se burlan de los demás. Entiendo perfectamente la parte de llevarse pesado entre cómicos y, créanme, me gusta ser parte de eso. Lo que empezaba a sentir muy raro era cuando se pasaban de la raya y llegaban a ser crueles. Me di cuenta de que, para que dejaran de molestarme, debía evitar que vieran en qué me ocupaba. En verdad tenía que reprimir mucho de mi personalidad y volverme más como ellos. Empecé a beber mucho en esa época para olvidar lo que estaba haciendo. Sentía que todos los días eran iguales, pero todavía no había recibido suficiente dinero para dejar la gira. Ayudaba a vender mercancía para el comediante y a organizarlo todo. Por cierto, ¿el otro telonero? Él nunca tuvo que hacer eso. Nunca tuvo que levantar un solo dedo, pero yo sí. Antes del show, me ponía mi iPod y escuchaba una selección de música.

La última canción que escuchaba antes de subir al escenario era "Lose Yourself". Tenía que ponerla porque me aterraba salir a actuar. No decía los chistes que yo quería. Me había convertido en una versión de algo que no era, solo para poder sobrevivir trabajando con esos chicos. Ponía esa canción porque me recordaba que esta era mi oportunidad, mi ÚNICA oportunidad de hacer lo que yo quería hacer y no podía desperdiciarla. Escuchaba la canción todos los días cuando estaba a punto de subir al escenario. No dejaba de repetirme que mi amor por este sueño era más grande que mi temor por la gente.

Y entonces sucedió. Un día desperté y vi que el cómico cuyo show yo abría se había vuelto viral por muchas razones indebidas. Él y otro cómico habían entrado a un club de comedia y a mi jefe lo habían acusado de plagiar chistes. Después de un día o dos, me encontré envuelta en el escándalo. Nunca había usado el nombre de mi jefe para beneficiarme; de hecho, siempre traté de conseguir cosas por mi cuenta, pero durante esa época, las personas sabían que yo era su telonera y, de la noche a la mañana, me vieron como si fuera la peste. Nadie quería tocarme por mi vínculo con mi jefe. Esa era la realidad. No sabía qué hacer. Trabajé con él un par de meses más y una noche en el centro de Atlanta me puse a pensar, *¿Qué diablos estoy haciendo? Odio la situación en la que me encuentro. No puedo seguir aquí. Tengo que salvarme.* Había salido a tomar unas copas con el responsable de la gira y esa noche decidí que había llegado a mi límite. Sentía tanto odio por mí misma. Odiaba la persona en la que me había convertido. Sabía que si iba a tener alguna posibilidad de salvarme, tenía que salir del lugar incorrecto. Esa noche, a cada uno de los que iban en el autobús de la gira les dije todas sus verdades. Dije palabras que casi me mandé a mí misma a la iglesia a prender una vela para mi salvación. A todos les dije lo que pensaba de ellos, tomé un avión y nunca más en la vida volví a hablarles.

Eso fue en 2008. Cuando iba caminando alejándome de ellos, me sentí totalmente orgullosa de mí y muy asustada. No sabía qué iba a hacer con mi vida, pero sabía que, para tener una mínima oportunidad, debía tratar de salvarme. Durante los siguientes dos años caí en una profunda depresión. Pasaba los días en la cama llorando. El novio que tenía en aquella época (sí, el mismo que había conocido en

Dallas) me cuidaba. Salir de la cama implicaba un gran esfuerzo para mí. No podía conseguir ningún trabajo. Las escasas veces que lograba conseguir una presentación, siempre les suplicaba a los organizadores de los shows que no mencionaran que había sido telonera de mi antiguo jefe y aun así lo mencionaban en el momento de presentarme, así que subía al escenario entre el abucheo de la gente. No sabía cuándo iba a terminar todo eso.

Pasado un tiempo, un amigo mío me presentó a un agente de universidad. Ese agente estaba buscando a nuevos comediantes para sugerirlos a NACA (la National Association for Campus Activities), una organización que selecciona shows para presentarlos en universidades por todo el país. Me dijo que, si proponía una secuencia de cinco minutos y hacía el pago para presentar mi solicitud, él la mandaría. Decidí intentarlo. No tenía nada que perder. Después de un par de meses, me enteré de que me habían elegido para presentarme en una convención de NACA en Wisconsin. Mucha gente empieza su carrera (si tienen la suerte) trabajando en el circuito universitario, sobre todo los cómicos de monólogos. Si te seleccionaban, trabajabas por todo el país presentándote en escuelas que realizan actividades de orientación, eventos con exalumnos, grabaciones y todo lo imaginable. No estaba segura de tener un buen desempeño en alguna de las actividades, pero consideré que esa era la primera chispa de esperanza que había sentido en años, así que tenía que atreverme. Fui a la presentación y, para mi sorpresa, acabé con un montón de shows agendados. No recuerdo cuántos exactamente, pero el agente universitario me comentó que yo fui quien más presentaciones había agendado y pensé, *Por Dios, ¿será posible que logre salir de esta etapa de depresión?* Pensaba que haber conseguido todas esas contrataciones en las universidades era fantástico hasta que caí en la cuenta de que debía tener dinero para poder desplazarme y hacer esas presentaciones. Es un poco engañoso porque estar en el mercado universitario da la impresión de que puedes ganar mucho dinero, pero créanme, cuando llevas un tiempo en esto, aunque es posible, para mí, empezar fue muy complicado.

Al principio, cuando comencé a presentarme en universidades, ganaba alrededor de mil dólares por noche. Suena bien, ¿no? Y así es. Pero no trabajaba todas las noches y tenía que usar ese dinero para trasladarme a las escuelas. Muy pronto aprendí que los viajes no estaban incluidos. Algunas universidades estaban en medio de la nada y tenía que tomar un vuelo al aeropuerto más cercano, pero al poco tiempo me di cuenta de que podía ahorrar algunos cientos de dólares si volaba a un aeropuerto más grande y alquilaba un coche para llegar a la escuela. Algunas veces mi ganancia era nula por los gastos para llegar a la universidad, o incluso debía tomar el dinero de mis viajes para pagarle a mi agente una comisión.

Al poco tiempo, y durante algunos años, empecé a viajar sola en mis giras por todo el país en coches alquilados. Viajé por todo Wisconsin, Iowa, Illinois y Carolina del Norte. Me sentía sola. No tenía nadie con quien hablar. Llamaba por teléfono a mi novio, pero en aquel entonces (y recuerden que fue entre 2011 y 2014) había grandes partes del país sin servicio de telefonía celular. A veces me pegaba a la orilla del camino y empezaba a llorar desconsoladamente, tratando de encontrar una razón para hacer todo aquello. La parte afortunada/desafortunada era que me estaba volviendo realmente popular en el circuito universitario, así que tenía mucho trabajo y podía pagar mis cuentas, pero, aun así, no lograba un equilibrio financiero.

En 2012 la vida fue muy dura para mí. Mi novio y yo estábamos en bancarrota, a pesar de que trabajaba como loca en esas actuaciones universitarias. Tratábamos de hacer que las cosas funcionaran y le dije que no tenía sentido. Pensé que debíamos volver a Texas. Había puesto lo mejor de mí, los dos lo habíamos hecho, pero las cosas no funcionaban. No era suficiente. Él y yo decidimos manejar hasta Texas para visitar a mi familia en las vacaciones (y para que quizás yo les dijera que iba a rendirme) cuando recibí una llamada de mi agente universitario. Me habían aceptado a la convención nacional de NACA en Charlotte, Carolina del Norte. Esa convención en particular era la más importante porque asistían muchas escuelas de todo el país. Le dije que no tenía dinero para asistir a la convención nacional; estaba completamente en la ruina. Me contestó que consideraba que valía la pena asistir. Lo platiqué con mi novio y decidimos intentarlo. Ya no teníamos nada, ¿qué más podíamos perder? Usé todas mis millas para pagar un boleto de avión y mis puntos para alquilar un coche y una habitación en un hotel. Decidí hacer un último intento a la universidad (de la cual había desertado, así que tal vez debería usar una frase diferente).

Me habían elegido para dirigir un evento, lo cual significaba que en lugar de hacer solamente mi presentación de cinco minutos, también tenía que presentar los actos que seguían al mío. Significaba que tenía que dedicar más tiempo. Sentía pavor porque de esto dependían muchas cosas. Ese momento *era* como la canción de Eminem. Era mi último intento. Si no salía bien, dejaría la actuación para siempre. Puse la canción y esperé el inicio del evento. Era en un gran recinto. Subí al escenario, me presenté e hice mi monólogo, y después presenté al siguiente comediante. Así fue durante todo el show, y cuando terminó, le recordé al público en qué mesa estaba para que fueran a verme. Les voy a explicar. Después de una presentación, las escuelas te visitan en el *stand* en donde está tu agente y te dan tiras de papel si quieren contratarte. Era un mercado, y después de cada evento, estaba abierto durante una hora para que las escuelas tuvieran el tiempo suficiente para buscar a los cómicos que quisieran contratar.

Después del evento, fui a la zona de contrataciones un poco tarde porque tenía que ir al baño. Cuando iba entrando, vi una larga fila de estudiantes. No sabía a quién estaban esperando y cuando llegué a mi *stand*, ¡me di cuenta de que me esperaban a mí! Los chicos estaban formados para verme. ¿¿Qué?? No podía creerlo. Estaba en shock. Una escuela tras otra se acercaba para darle a mi agente esas tiras de papel con las que me invitaban a actuar en su campus. ¿Qué estaba pasando? No podía entender. Para cuando terminó la hora de las invitaciones, mi agente me comentó que pensaba que sería bueno que estuviera en las otras dos horas de contratación programadas durante el día porque consideraba que más escuelas querrían conocerme, y así lo hice. Recuerden, padezco de una fuerte ansiedad social y estar cerca de tantos estudiantes me estaba llenando de pánico. Tenía que salir y relajarme porque no podía decirle a nadie lo que estaba sintiendo. En aquellos años no sabía que padecía de ansiedad. Durante el resto del día, fui una especie de celebridad en la convención. Por donde fuera, la gente quería que me detuviera para saludarme y tomarse fotos conmigo.

Esa noche mi agente me dijo que quería que me quedara otro día para conocer a más estudiantes. Le dije que no podía porque no tenía ciento cincuenta dólares para cambiar mi vuelo. Me dijo que pensaba que valdría la pena hacerlo, así que llamé a Steve y se lo dije. Me contestó que, si mi agente consideraba que valía la pena, tal vez debía hacerlo. Les pedimos dinero a sus padres y tuve para cambiar mi vuelo. Esa noche Steve y yo calculamos que si podía hacer nueve presentaciones en universidades, podíamos salir adelante sin tener que regresar a Texas. Todo lo que quería eran *nueve* presentaciones.

Al día siguiente entré al centro de convenciones y de inmediato vi gente que me felicitaba. Acababan de tener las reuniones en las que las escuelas decidían a quiénes querían invitar. Si había varias escuelas en cierta área que querían invitar a la misma persona, tenían una tarifa más baja para el cómico porque eran muchas las escuelas que querían contratar a esa persona. No tenía idea de qué estaba pasando hasta que encontré a mi agente. Fue en ese momento cuando me dijo que tenía reservadas *131* escuelas para el siguiente año escolar. Recuerdo que escuché cuando me lo dijo, pero no entendí. Escuché el número, pero sonaba extraño. Tal vez fue porque yo deseaba escuchar el número *nueve* en alguna parte de la oración, pero no lo oí. Supongo que mi agente se dio cuenta de que no estaba tan emocionada como él y me dijo que hiciera la suma de todo ese trabajo. Yo seguía sin entender, pero sabía que debía llamar a Steve para contarle qué estaba pasando. Estaba de pie a la mitad de un pasillo vacío.

Siempre recordaré ese momento. Contestó el teléfono. Había estado esperando para saber si había logrado llegar al número nueve mágico. Le dije lo que mi agente acababa de contarme sobre las escuelas y hubo un silencio en el teléfono. Yo no tenía idea de lo que estaba sucediendo. Le pregunté si seguía allí y él estaba llorando. Entonces empecé a llorar. Hablamos sobre que ya no tendríamos que volver a Texas; podríamos seguir en Los Ángeles luchando por nuestras metas. Creo que necesitaba que él me dijera esas palabras porque, en ese momento, recuerdo que me derrumbé, estuve llorando en el suelo, pensando que algo maravilloso acababa de suceder. Muy pocas veces me he sentido así, pero justo allí sentí que todo iba a estar bien.

El año después de haber sido contratada por esas universidades fue ridículo e inesperado. Cuando era una comediante más joven, deseaba cosas y me sentía frustrada si no las conseguía. No fue hasta que me hice mayor que caí en la cuenta de que aquellas cosas que deseaba y que no conseguía nunca habían sido mías. Yo quería centrarme en mantener mi sueño claro. Tengo amigos que dicen querer ser ricos y famosos. Qué bueno por ellos. Yo antes pensaba así, pero caí en la cuenta de que esa persona no era yo. Siempre me pregunté que, si la meta de ellos era ser ricos y famosos, ¿cuánta fama y cuánta riqueza sería suficiente? ¿En qué nivel sentirían que habían cumplido sus sueños?

El siguiente acontecimiento afortunado que me sucedió fue cambiar de agencia. El agente de la universidad que tuve dejó la agencia con la que yo trabajaba y, cuando eso pasó, no sabía qué iba a ser de mí. No había nadie que me apoyara allí. Mi representante de aquel entonces me dijo que no me preocupara. Iba a mandar correos para ver si alguno de los agentes que conocía quería trabajar conmigo. Estaba nerviosa. ¿Y si nadie quería conocerme? Cinco minutos después, recibió la primera respuesta de una agente que acabé contratando. En la reunión para firmar el contrato, me encontré con ella y una sala llena de agentes que querían ayudarme con mi carrera. Recuerdo que estaba sentada en una sala de conferencias sin saber exactamente qué hacer. Empecé a contarles un poco de mi vida. Les platiqué que crecí en una cafetería abandonada, siendo muy pobre, que mi mamá había muerto, hablé sobre mis grandes éxitos y ellos en silencio me escuchaban. Fue justo allí cuando un agente de nombre Eric Rovner mencionó a una productora que él pensaba que debía conocer para hablar de mi vida en un posible programa de televisión.

Llegamos a la parte en que mucha gente tal vez estaría sumamente emocionada, pero yo sentía pánico. No sabía qué caramba estaba haciendo. No había terminado la universidad. No era famosa. No tenía ni la menor idea de por qué alguien creería que yo era capaz de hacer algo así, pero… lo hice. Eso es algo que debo decir. La mayoría de las oportunidades que he tenido me han llenado de miedo hasta el punto de tener ataques de pánico extremo, pero fuera de eso, siempre tengo el valor de dar el salto que me aterra. Lo hago porque, a pesar del miedo que invade mi cuerpo, el amor que siento por mi sueño siempre parece vencer. Fui a conocer a la productora y le conté mi vida. Le hablé de mis monólogos y le conté de qué manera se enfocan en mi familia y en la forma en que crecí. No pensaba que eso pudiera llevar a nada. Nunca he tenido confianza en mí misma. No dejaba de pensar, *¿Por qué yo? ¿Quién querría verme en la televisión?*

Pues resulta que Conan O'Brien sí quiso.

Justamente después de haber firmado con la nueva agencia, tuve mi primera participación en un programa nocturno. Iba a hacer mi presentación de monólogos en el programa de Conan. Le había enviado una secuencia al agente de talentos y me llamó para decirme que iba a participar en el programa. No me había hecho observaciones en el texto. Iba a hacer mi secuencia tal y como se la había presentado. Para ese entonces, llevaba diez años haciendo comedia de monólogos. Hay un refrán que dice: Hacen falta diez años para tener éxito de la noche a la mañana. Bueno, no estaba segura de la parte del éxito repentino, pero ya tenía los diez años de experiencia. Recuerdo que hice esa secuencia y resultó fenomenal. También recuerdo que estaba tan nerviosa que, cuando dije "Buenas noches", pronuncié mal mi propio nombre porque se me había olvidado. Siempre he pensado que mi nombre es difícil de pronunciar. Pues resulta que es tan difícil que ni yo misma sé cómo hacerlo.

La productora a la que había conocido vio mi secuencia en el programa de Conan y poco después conseguí un acuerdo de desarrollo, lo cual quiere decir que alguien pensaba que tal vez mi vida era lo suficientemente interesante para convertirla en un show de televisión. No podía creerlo.

Las cosas estaban fluyendo bien en mi vida y a mí me costaba trabajo aceptarlo porque muy pocas veces las cosas se me daban con esa facilidad. No estaba muy segura de qué estaba haciendo; tenía miedo. Escuchaba mucho la canción "Lose Yourself" durante esa época de mi vida. Todo el tiempo pensaba que esta era mi gran oportunidad. Todo lo que había hecho hasta entonces me había llevado hasta este punto en mi vida. ¿Qué iba a hacer? ¿Lo iba a desperdiciar o a aprovechar? Pensaba en cada batalla, en cada partícula de dolor que había sentido, y eso me dio fuerza para seguir adelante. Recordaba que había tenido que esperar hasta la muerte de mi madre para realmente buscar una oportunidad, porque mientras ella vivía, era la prioridad número uno. Ahora que ella ya no estaba, yo podía buscar la vida que antes tuve que abandonar por completo. No dejaba de pensar que mi madre había venido a este país y había criado una familia sin ninguna ayuda como una inmigrante indocumentada durante años antes de convertirse en residente permanente, para que yo pudiera estar en la posición en que estaba en ese momento. Todos los grandes esfuerzos fueron para lograr este momento de mi vida que tanto había estado esperando. No iba a permitir que esta oportunidad se fuera al diablo. Iba a hacer todo lo que estuviera en mis manos para convertirla en realidad. Iba a sacar el mayor provecho posible de esta oportunidad.

Empecé a trabajar en mi programa junto con un guionista que había conocido y que me había simpatizado. Habíamos escrito el libreto juntos en aquellos días que yo estaba en casa y no me presentaba en las universidades. Todo el tiempo estaba trabajando. Habíamos propuesto el programa a una cadena de televisión que decidió comprarlo. Habíamos escrito un esbozo y nos pidieron que escribiéramos un libreto para un posible programa piloto. Enviamos el libreto y esperamos.

No nos eligieron para hacer el piloto. Eso me rompió el corazón, pero también estaba feliz de haber podido llegar tan lejos. Tenía que seguir con mi vida y volver a enfocarme exclusivamente en mi comedia de monólogos, así que estuve presentándome un fin de semana en San Antonio. Cuando aterricé en Texas, vi que tenía llamadas perdidas de mi productora. La llamé y me compartió una idea que tenía. Quería que grabáramos el libreto que escribimos como piloto para que la cadena de televisión viera cómo sería el programa. Ella creía que no habían entendido la comedia en la forma en que estaba escrita, así que ¿por qué no mostrarles cómo era? Cuando vendimos el programa a la cadena de televisión, había una penalización que consistía en que si ellos, por alguna razón, decidían no grabar el programa piloto, el estudio al que pertenecía mi programa recibiría una fuerte cantidad de dinero.

La productora me dijo que tenía un plan, pero que sabía que era poco probable que resultara. Iba a tratar de convencer al estudio de que nos dieran el dinero para grabar un piloto. Antes que nada, para quienes no lo sepan, hacer un piloto para la televisión no es nada barato. Fácilmente un solo programa cuesta mucho más de un millón de dólares. Por supuesto que no teníamos ni siquiera una cantidad aproximada; teníamos un tercio del total. Si la productora lograba que los planetas se alinearan, tendríamos que empezar a hacer milagros… y eso fue lo que hicimos.

No sé cómo lo hizo, pero lo logró. Pudo hacer que el estudio nos diera el dinero de la penalización. Teníamos unas semanas para diseñar el piloto y grabarlo. Hicimos audiciones y seleccionamos el reparto. Fue interesante que, durante el proceso de selección de actores, me sentía incómoda. Si ahora lo pienso, debería haberlo considerado como algo que tendría que hacer cuando el programa estuviera al aire. Estuve presente en todas las audiciones porque quería que el reparto fuera lo más perfecto posible. Recuerdo una ocasión en particular en que, después de que alguien había salido de la sala de audiciones, yo estaba sentada entre la productora y el guionista con quienes me había asociado. La directora de reparto estaba hablando y usó la palabra "lisonjero". Iba a continuar su idea, pero se detuvo, me miró y preguntó: "¿Sabes qué quiere decir 'lisonjero'?" La miré, asentí con la cabeza y le dije: "Sí, lo sé. ¿Qué te hizo pensar que no lo sabría?" No les preguntó ni a la productora ni al guionista, solo a mí. Me gustaría decir que me sorprendió, pero después de una vida llena de momentos como ese, uno se acostumbra, lo cual me parece frustrante y triste.

Necesitábamos un decorado que sirviera como fondo de la casa en la que viviría mi familia y no teníamos suficiente dinero para comprarlo, así que la productora tuvo una idea brillante. Tenía un programa al aire que se basaba en la historia de una familia, así que decidió usar el decorado de ese programa para el nuestro. Le pidió a su equipo que ayudara a mover el decorado para que fuera un poco diferente y ¡bum!, ya teníamos una casa "prestada". El otro programa todavía estaba en producción, así que no pudimos hacer ensayos en aquel espacio hasta casi el final, justo antes de grabar el piloto en ese mismo escenario.

El día de la grabación llegó y yo estaba muerta de miedo. No dejaba de preguntarme qué diablos estaba haciendo. Tuve un ataque de pánico, pero sabía que no me quedaba de otra más que seguir adelante. Sabía que era una apuesta muy grande, pero, oigan, era un intento. No tenía nada que perder. Ya me habían dicho que no. ¿Qué iban a hacer? ¿Decirme que no otra vez, pero más fuerte? Había llegado el momento. La actriz que tenía el papel de mi madre (Terri Hoyos) comenzó. Llegó el momento de mi entrada y de decir mi primer parlamento. Hice reír a la gente. No sé si pueda describir cómo me sentí en ese momento. Tenía tantas emociones a la vez. Mi amor por la televisión se unió a mi amor por la actuación, y durante ese segundo, me sentí como nunca antes. Me sentí completa. Me sentí llena de esperanza. Lo único que había en mí era amor.

Al día siguiente, tenía que salir del país para hacer una gira por Canadá. Iba a estar fuera durante dos semanas. Consideraba que los productores y yo habíamos hecho todo lo que era posible para mostrar cómo sería la *sitcom*. Yo no podía hacer otra cosa más que esperar. ¿Cómo saber cuánto tiempo tardaría esto? ¿Un par de días? ¿Una semana? ¿Varias semanas? No tenía ni idea. Traté de dejar de pensar en aquello y enfocarme en la gira.

Resultó que solo tuve que esperar un par de días para enterarme de algo. Bueno, nos habían dicho que nadie tenía dinero para poner a prueba el programa ante el público. Es cuando reúnen a un grupo de personas para ver cómo reaccionan ante los personajes, la historia… bueno, básicamente ante todo. Así analizan si el programa tiene potencial o no. La llamada que recibí era de la productora que me decía que el estudio de repente había encontrado dinero para poner a prueba el programa y que a mí me habían calificado con mucha mayor puntuación que a ningún otro personaje en varias temporadas. Yo no entendía qué quería decir eso. La productora tuvo que explicarme que, para el público, yo tenía la posibilidad de gustar como personaje. Bueno, esa era una buena señal.

Poco tiempo después de esos resultados tan buenos, el canal

repentinamente obtuvo el dinero para también poner a prueba mi programa. Qué suerte tan enorme tuve, ¿no? De la nada estaba apareciendo un misterioso dinero. El programa también había obtenido una calificación positiva para la cadena de televisión. De repente, parecía como si la meta difícil de alcanzar se hubiera convertido en la pequeña locomotora que sí podía avanzar hacia la cima. Mi programa de comedia había pasado de un "no" a una realidad posible. No podía creerlo. Durante las siguientes semanas, estuve esperando para ver si mi programa era elegido. Todos los días me levantaba y leía artículos en línea sobre los programas que no seguían adelante y los que aún estaban compitiendo. Todos los días veía que el mío aún seguía allí. En un parpadeo, llegó el momento de las últimas decisiones antes de que las cadenas de televisión tuvieran que ir a la ciudad de Nueva York para anunciar sus listas de programación para la siguiente temporada de otoño. Ese último día, me llamó por teléfono la productora. La cadena había decidido elegir el programa. Mi show iba a salir en la televisión. El primer pensamiento que cruzó por mi mente fue que esa llamada telefónica era la que siempre quise hacerle a mi madre. La llamada en la que por fin le mostrara lo que había estado tratando de lograr desde niña. Era una llamada que no podía hacer. Ella ya no vivía. Me senté y lloré durante un minuto. Solo una idea giraba en mi cabeza, *Lo logramos.*

Con esa llamada telefónica, ya había hecho historia en la televisión. Fui la primera latina que iba a protagonizar, escribir y producir su propio programa de televisión. Otras mujeres habían tenido la oportunidad de protagonizar sus programas, pero yo también escribía el mío. Fue cuando me di cuenta de que, por desgracia, a pesar de estar en 2014, ninguna lo había hecho antes.

Fui sola a Nueva York, lo cual me incomodó mucho. Bueno,

déjenme corregir eso. Los productores y el guionista con quienes me había asociado iban a ir, pero yo quería que el reparto también estuviera allí porque eran una parte muy importante del proyecto. Siempre quise que en mi programa hubiera varios personajes importantes. La idea de ponerle mi nombre al programa no fue mía. Siempre creí que el programa debía ser un esfuerzo de grupo. ¿Por qué? Porque sabía que mi personaje no le iba a gustar a todo el mundo; eso era muy poco realista. Si quería tener un gran programa, cada personaje debía resultarle agradable al público; tenía que atraer a diferentes tipos de personas. No podía entender por qué no me permitían celebrar ese momento con todo el reparto.

Mi viaje a Nueva York para la reunión de la cadena con posibles anunciantes fue el primero de varios problemas que tuve que enfrentar para los que no estaba preparada. Para mí, ese evento era como mi fiesta de quince en la televisión. Era la primera vez que me iba a presentar ante la industria. En esa ocasión, no había un equipo que me ayudara a prepararme para mi "debut". No tenía un estilista ni nadie que me ayudara a peinarme y maquillarme. Tuve que arreglármelas como pude. Ah, creo que a estas alturas debería mencionar que estaba completamente en la ruina y no me habían pagado ni un centavo por el desarrollo del programa. No puedo explicarles la ironía que sentí al cruzar el país en avión, en primera clase, con un vestido que compré por internet en J. Crew y que planeaba devolver cuando regresara de Nueva York porque necesitaba el dinero para pagar mis cuentas. El vestido era azul marino y escotado, algo totalmente distinto a mi estilo, pero consideré que ese momento era diferente a todo lo que había vivido, así que ¿por qué mi vestido no iba a ser distinto también? Mis representantes en ese entonces encontraron a quienes se encargarían de mi peinado y maquillaje en Nueva York, pues afortunadamente tenían algunos momentos libres para ayudarme a arreglarme. Por cierto, la misma persona me sigue arreglando el cabello hasta la fecha.

El día en que se anunció el programa, tenía que subir al escenario con todos aquellos que tenían un show nuevo o uno que volvía a transmitirse ese otoño. Yo era la única persona que no tenía compañía en el escenario. *Fresh Off the Boat* y *Black-ish* fueron seleccionados junto con mi programa, pero el mío era el único que solo tenía a una persona representándolo. Tenía mucho miedo. Como de costumbre, debido a mi ansiedad, tuve un ataque de pánico antes de la presentación y no había nadie allí para ayudarme. En cuanto salí, traté de estar en el escenario el menor tiempo posible y, en cuanto pude, hui de allí.

Esa noche la cadena de televisión organizó una fiesta a la que yo debía asistir. No quería ir. Nunca me han gustado las fiestas, pero me habían solicitado que fuera.

En la fiesta, recibí un mensaje de mi productora en el que me decía que alguien muy importante quería conocerme y que debía ir a otra fiesta. Básicamente, el universo me estaba diciendo: "Oye, ¿recuerdas cómo te llenaste de pánico hace un ratito? Bueno, vamos a hacer la continuación de eso. De nada". Traté de zafarme del compromiso, pero tenía que ir. Habían solicitado verme.

Pedí un Uber y fui a la otra fiesta. En cuanto llegué, me di cuenta de que la fiesta ya tenía tiempo de haber empezado. La gente realmente se estaba divirtiendo y la mayoría de las personas entre las que pasé ya estaban ebrias. Bueno, antes de continuar con esta historia, tengo que confesar que me estoy poniendo muy nerviosa ahora que la voy a contar. Estoy escribiendo acerca de mis ataques de pánico justo en el momento en que siento que me va a dar uno. Nunca he hablado de esto en público y tengo que admitir en este momento que no sé si podré contar la historia bien. Es algo sobre lo que todavía trato de trabajar en mi terapia, así que me disculpo si no puedo contarlo en detalle. En cuanto entré a la fiesta y vi a la gente un poco alegre, traté de buscar a la persona que me había mandado el mensaje para saludarla e irme lo antes posible. Yo no había estado tomando y no es divertido ser la única persona sobria en una fiesta en la que la mayoría parece estar disfrutando de la vida. Al final logré encontrar a la persona que buscaba en un rincón del salón. Genial. Tenía que pasar entre todos los invitados para poder llegar hasta allí. Cuando me dirigía a ese rincón, dos hombres de alto rango se me acercaron y empezaron a hacer comentarios sobre mis senos porque mi vestido era escotado. Recuerdo que uno de ellos dijo: "¿En dónde los habías escondido?" Eso hizo que otros hombres se acercaran y trataran de tocarme. Era la única mujer a la que le estaban haciendo eso.

La persona que me había enviado el texto vio lo que estaba sucediendo y fue a rescatarme. Me tomó de la mano y les dijo a los hombres que me dejaran en paz. Me llevó a conocer a la persona que quería conocerme. Era otra mujer que de alguna manera tenía que ver con mi programa y no me la habían presentado. Trabajaba con los dos borrachos con quienes me había topado. La saludé y antes de que puedan imaginarlo, los dos hombres habían llegado hasta donde yo estaba para tratar de seguir conversando con mis pechos. Una vez más, mi productora les dijo que no me molestaran y me alejó de ellos. Caminamos hacia la entrada de la fiesta. Me topé con un hombre que trabajaba en mi agencia. Le contamos lo que había sucedido y se sintió mal. Le dije que quería irme y regresar a mi hotel, pero me contó que un pequeño grupo de personas iba a otro lugar y me invitó a ir con él para que pudiéramos terminar mi noche con una buena impresión. Yo no quería ir, pero mi amiga pensó que eso me ayudaría más que ir directamente a mi hotel, en donde estaría sola y me sentiría mal. Me dejé convencer y fui con ellos a otro bar. Durante el resto de la noche, traté de olvidar lo que había pasado, pero no pude. No dejaba de culparme por haberme puesto ese vestido. Si no hubiera llevado ese escote, me habría evitado eso. Cuando pienso en ello, siento escalofríos. Instantáneamente sentí que la culpa era mía, no de los tipos en cuestión. Era lo que había aprendido a lo largo de toda mi vida en el ambiente en que crecí. Ahora sé que era un pensamiento equivocado, pero esa noche, era todo lo que podía pensar.

Al día siguiente, les conté a mis representantes de aquella época lo que había sucedido y uno de ellos se puso furioso. Quería que el asunto trascendiera. Pero yo no quise. Nunca había estado en esa posición y no sabía qué hacer. Tenía miedo de que, si el tema trascendía, me pusieran la etiqueta de mujer complicada, lo que perjudicaría mi programa. También pensé que les causaría dificultades a otras mujeres latinas. Ese ha sido un asunto interesante que me ha costado mucho trabajo entender. En mi carrera, siempre he querido representarme a mí misma, pero he visto que, si hacía algo, mucha gente infería que *todas* las latinas lo hacían así. Como si yo fuera la mascota de un sector demográfico específico: la latina luchadora. Parte de mi razonamiento (correcto o no) era que si me consideraban una persona difícil, sería más complicado para otras latinas tener oportunidades. Mis representantes me dijeron que no harían nada y tomé el vuelo de regreso a Los Ángeles.

Recuerdo que en el avión no había acceso al internet, así que no tenía acceso a nadie. Cuando aterricé en Los Ángeles, tenía un par de mensajes en mi celular. Los escuché y me enteré de que el representante que se había molestado le había dicho algo a un superior y el asunto había trascendido. Este incidente involucraba a ejecutivos de alto rango. Recuerdo que me enojé con mi representante porque no había respetado mis deseos, y honestamente, porque no quería enfrentarme a nada de eso. Bueno, permítanme corregirme. No *podía* enfrentarme a nada de eso. Mentalmente no me encontraba nada bien. Mi representante se disculpó, pero explicó que era importante decirle a alguien, a una mujer en un alto cargo, lo que había sucedido porque ella podría entenderlo. Me dijo que esa mujer quería hablar conmigo y que me llamaría a casa. No quería tener esa conversación y empecé a sentir pánico mientras estaba esperando la llamada porque no sabía cómo manejar la situación.

Cuando el teléfono sonó y contesté, la ejecutiva me contó que se había enterado de lo que me había pasado y se sentía mal por ello. Se deshizo en disculpas y se mostró comprensiva. Me pidió que le contara lo que había sucedido y le narré la historia con lujo de detalle. Aquí fue donde la situación me pareció extraña. Esa mujer había estado en la fiesta a la que asistí. Era la persona a quien me pidieron que conociera. Le había contado lo que me había pasado justo después de que sucedió esa noche. No sabía por qué me lo estaba preguntando, salvo porque mi representante se lo había comunicado. Yo le había dicho a ella cómo me sentí en ese momento. Entonces empezó a disculparse por el comportamiento de los hombres y me salió con la historia de que "los hombres son así" y que entendía cómo me sentía. Entonces me contó que sabía de dónde venía yo porque ella también era mujer y las dos éramos parte de la "hermandad femenina" en una industria en que las mujeres tenían que luchar para salir adelante. Hasta allí me había dicho las palabras correctas. Pero entonces me dijo las equivocadas. Me pidió que no hiciera un escándalo sobre lo que había sucedido y me percaté de que la plática sobre la hermandad era para pedirme que guardara silencio y que no dijera nada en público. Me dijo que le pediría a uno de aquellos hombres que se disculpara conmigo por lo que había hecho. *¡Vaya! ¿A UNO de los hombres? ¡Cuánta cortesía, caray!* Hubo un momento durante esa llamada en el que sentí que yo no era nada. No había una preocupación honesta por parte de esa mujer; solo que ella sabía que yo podría provocar un problema. El negocio le importaba más que la forma en que me sentía. Por desgracia, ese fue un tema con el que tuve que lidiar durante el año en que mi programa estuvo al aire.

Las cosas empezaron bien con mi programa. Todo el mundo parecía llevarse bien. Yo estaba emocionada de que ya iba a arrancar. Además de mí, había once guionistas, cuatro de los cuales eran latinos. Debería aclarar que esos cuatro guionistas latinos fueron los que yo personalmente había seleccionado. Entonces surgió uno de los primeros problemas. Tenía que asistir a una junta y hablar sobre la mercadotecnia del programa. Fui a la cadena de televisión en la que revelaron el "material gráfico" para mi programa. Era una fotografía mía, mirando hacia arriba. Con Photoshop habían puesto una tiara en mi cabeza con ocho picos, cada uno con una letra que formaba mi nombre: Cristela. El mensaje en la parte inferior del póster decía, *"Meet the new 'reina' of comedy"* ("Conozcan a la nueva 'reina' de la comedia"). Lo observé y pensé que tenía que ser una broma. No podía ser verdad. Pues, ¿qué creen? Sí era de verdad. Sentí terror. No dije nada en la reunión porque no conocía el protocolo para tratar el asunto, así que esperé para hablar con la productora del programa, que también había estado allí conmigo. Yo no podía entender por qué el póster tenía que ser tan estereotípico. Lo primero que le dije a la productora fue que no quería que esa imagen se utilizara como material gráfico porque temía que fuera algo que no dignificara a la comunidad latina. Quería que mi gente supiera que trataba de ser honesta con mi verdad y no explotar lo que éramos. Quien era el presidente de la cadena de televisión en aquel momento no podía entender mi problema con el material gráfico y siguió proponiéndolo, pero yo seguí rechazándolo. No dejaba de pensar, *¿De qué sirve contar mi historia si la convierten en una caricatura desde el principio?* Prefería no hacer el programa con tal de evitar que la gente pensara que no iba a respetar la historia que estaba tratando de contar: MI historia. Después de unas semanas, la cadena cambió el material gráfico y esa fue una victoria para mí. Nunca pensé que sería tan difícil ganar.

Después me di cuenta de que el material gráfico no iba a ser la única cosa por la que tendría que pelear. Había escuchado una idea que tenía la cadena de instalar bancas parlantes en las paradas de autobús en barrios mayormente latinos. La idea era que la gente se sentara a esperar el autobús y yo dijera algo "gracioso" sobre el hecho de que estuvieran sentados sobre mí y aprovechara para decirles que vieran mi programa. Bancas en las paradas de autobús. Esa era su idea de difundir el programa. ¿Es el momento adecuado para mencionar que mi programa NUNCA tuvo un anuncio luminoso en las calles? Ni UNO solo, pero me estaban ofreciendo bancas en las paradas de autobús, así que con eso bastaba, ¿verdad? ¡Dicen que las bancas de las paradas son los nuevos anuncios luminosos! Tampoco eso lo acepté. Entonces surgió un problema mayor. El hecho de que yo hablaba español sería la batalla más difícil que enfrentaría, y la que perdí. La cadena quería que hiciera más entrevistas en español que en inglés para promover mi programa. Creían que era una forma ideal para que los latinos vieran mi show. Yo trataba de explicarles que, una vez más, mi programa era en inglés y pensaba que enfocarme en las entrevistas en inglés sería benéfico. Me parecía extraño que ellos creyeran que la única forma para hacer que la gente entendiera de qué se trataba el programa era si yo hablaba en español. ¿No se daban cuenta de que era latina y hablaba inglés? ¿Ni de que no era la única que tenía semejante don?

Cortesía de Danielle Saunders Rush

Este día hice más de veinte entrevistas para promocionar mi programa, la mayoría en español, después de que la cadena se enteró de que hablaba esa lengua. Esta fue la última entrevista del día.

Déjenme aclarar una cosa: no estoy diciendo que me negara a hablar español. Creo que a cuanta más gente te puedas dirigir, mejor. Mi problema era que en cuanto empecé a ver la culminación de la idea de las bancas en las paradas de autobús, junto con el material gráfico de quinceañera y ahora la cantidad de entrevistas en español que superaba a las que me hacían en inglés, me preguntaba de qué demonios creerían que trataría mi programa.

Mi show acabó siendo elegido para una temporada completa de veintidós episodios. Mientras grabábamos, mi día consistía en ir a los ensayos en el estudio con el reparto, recibir notas del estudio y la cadena de televisión, y luego ir a la sala de guionistas para trabajar en el libreto con todos los demás. Estaba exhausta, pero era una forma de cansancio agradable. Conforme avanzó la temporada, empecé a notar que estaban surgiendo problemas con la gente de mi programa. A veces alguno de ellos decía algo que a mí me parecía ya muy trillado en otros programas o simplemente me parecía que no iba con mi personaje y no era lógico, y a ellos no les gustaba eso. A mí no me importaba. Realmente quería enfocarme en la calidad del programa por encima de todo lo demás. Fue transcurriendo el año, y empecé a comentarle a la productora del programa los problemas que estaba teniendo con alguien que en algún momento había parecido darme su apoyo y a quien yo veía como una colega. Me dieron la tarjeta de un terapeuta para que fuera a contarle mis problemas. Me pareció absurdo, pero bueno. Después los ejecutivos nos empezaron a preguntar qué podíamos hacer para subir el índice de audiencia. Yo seguí sugiriendo que intentaran algo nuevo como hacer publicidad, pero nadie me escuchaba. Al final tuve una idea que pensé me daría tiempo de emisión gratis para promover el programa. Me iba a apuntar a *The View*.

Ya había estado en ese programa una vez como invitada y a los productores les había simpatizado, así que imaginé que podría ir a *The View*, estar un rato con las chicas y llamar la atención a mi horario. Al final me invitaron a hacer un programa en una semana en que mi comedia no iba a transmitirse. Hice un viaje al otro lado del país y participé en un par de episodios. Me lo pasé increíblemente bien y me encantaron las mujeres que participaban en el programa en aquella época. Estaban Rosie Perez, Rosie O'Donnell, Nicole Wallace, Whoopi Goldberg y Joy Behar. Me consideré muy afortunada de haber compartido la mesa con ellas porque todas me parecían increíbles. Eran amables y hacer los episodios resultaba fácil. Después de esa semana, me pidieron volver para ser anfitriona en *The View* durante la siguiente semana de descanso que tuviera. Dudaba un poco sobre hacerlo porque tenía miedo de que eso me apartara de la redacción de los libretos para mi programa. Este show trata de mi vida. ¿No debería estar allí para escribirlo? Al final decidí ir a conducir *The View* porque sabía que sería bueno para mi programa.

Durante los siguientes meses, conducir *The View* se convirtió en mi trabajo parcial. Grababa episodios de mi programa, volaba a Nueva York y era anfitriona durante una semana. Poco a poco me fui convirtiendo en un elemento habitual del programa. Recibía mucho amor por parte de los seguidores. Cada vez que iba a Nueva York, me daba cuenta de que empezaba a tener más reconocimiento. La gente conocía mi nombre. Me detenían en la calle y me saludaban, pero era por *The View*, no porque vieran mi programa. Ni siquiera sabían que mi programa existiera. Recuerdo que en algún momento me preocupé de que la cadena cancelara mi programa para mandarme a *The View*. Yo no quería hacer el programa de entrevistas a tiempo completo. Quería trabajar en mi programa de comedia. Me temía lo peor y veía que lentamente iba a ocurrir.

Recuerdo la semana en que pensé que mi show había fenecido. No les hablaba a los guionistas y ellos querían dirigir mi programa sin mí. Era una semana de descanso y otra vez tenía que ir a participar en *The View*. Esa semana en concreto, uno de los argumentos del programa era que, por alguna razón, nos enterábamos de que uno de nuestros personajes que durante toda la temporada había parecido superficial realmente tenía el don especial de la memoria fotográfica y tenía una inteligencia prodigiosa oculta. ¿Qué? Antes que nada, siempre quise que ese personaje fuera muy inteligente. La inteligencia no solo surge por leer libros. Yo creía que uno puede ser listo en diferentes áreas. Siempre dije que mi personaje en el programa y este personaje en concreto eran como Elphaba y Glinda del musical *Wicked*, dos mujeres brillantes de mundos diferentes que, aunque parecía poco probable, acaban entablando una profunda amistad. No me gustaba la idea de la memoria fotográfica. Yo quería que fuera como sería en la vida real. Hay que descubrir en qué sobresale este personaje y aquí enseñarle que es capaz de lograr mucho más de lo que ha recibido hasta este momento en lugar de convertirlo en un genio de la noche a la mañana. Así es como yo trabajaba en mi programa, lo cual remite a la pregunta que Eminem hace al principio de "Lose Yourself". Si tienes una oportunidad, ¿vas a dejar que se pierda? Para mí, tener una *sitcom* la era la culminación de mi sueño en ese momento. Había sido el rival débil y ahora había ganado. Sabía que quizás eso nunca volvería a suceder. El futuro es incierto y tenía que aprovechar lo que estaba ocurriendo en ese momento. Un día, estaba en la sala de redacción y uno de los guionistas me criticó porque no le gustó una indicación que hice. Me tomé un momento para explicarle que este programa tenía MI nombre y no el suyo. Si esta era la única oportunidad que yo tenía, *debía* tratar de aprovecharla al máximo porque cuando el programa fuera cancelado, él podía ir a escribir otro. Yo, en cambio, tendría que contestar muchas preguntas sobre ese programa durante los años siguientes. *Por eso* quería que las cosas se hicieran en cierta forma. Para mí, este programa no era para inventar historias a lo loco con tal de llenar el tiempo. Para mí, este programa tenía la intención de que la gente que se sintiera conectada con él supiera que era tan auténtico como era yo en la vida real.

Mientras estuve en Nueva York, pedí varias veces una copia del libreto para leerlo y hacer comentarios, pero no me lo quisieron mandar. Finalmente, un jueves tomé un vuelo para volver a Los Ángeles y mientras iba entrando al avión, me llegó un correo. Era el libreto que les había estado pidiendo. Iba a llegar a Los Ángeles en la noche y al día siguiente, muy temprano, tenía lectura del libreto en grupo. Me senté y empecé a leer el libreto. Y allí, después de unas cuantas páginas, estaba lo que dije que no quería. El personaje de repente era brillante y no sabíamos por qué. Les escribí de inmediato y les expliqué cómo me sentía porque mi vuelo no tenía internet, así que tendría que pasar horas en el avión toda angustiada. Durante el vuelo, estuve sola con mis pensamientos. Empecé a recordar el año anterior y las cosas que habían sucedido en contra de mi voluntad, como cuando dos guionistas que me agradaban mucho fueron despedidos de mi programa a pesar de que yo no quería que los sacaran. O cuando mencioné lo que me había pasado cuando fui a buscar anunciantes para mi programa y uno de los guionistas de inmediato dijo sobre aquellos ejecutivos: "No sé. Conmigo siempre han sido muy amables…", lo cual es una manera sutil de decir que no creyeron para nada lo que les conté. Conforme pasaban las horas de mi vuelo, me fui convenciendo de que tenía que hacer algo drástico. Había tratado de hablar de los problemas que tenía, pero nadie me escuchaba. Sentí que era la única forma de hacerlo.

Para cuando aterricé, había respuestas a mi correo afirmando que habían escuchado mis comentarios (no era cierto) y me decían que hablaríamos de mis observaciones después del ensayo. Eso es lo que la gente había empezado a decirme con frecuencia. Nada estaba cambiando. El ensayo comenzó y pensé, *Bueno, allá vamos*. Empecé a fastidiar el ensayo. No me esforcé nada. Leí las líneas con el desprecio que sentía por ellas. Todos sabían qué estaba haciendo. Después, todo el mundo se enojó por lo que había hecho. Es gracioso ver que cuando a la gente la tratas con la misma frialdad que ellos sienten por los demás, de repente se ofenden. Les dije por qué había hecho eso. Hablé con los de producción y dijeron que no sabían que las cosas estuvieran tan mal. No sé cómo no se habían dado cuenta porque yo era muy clara al respecto, pero bueno… Tuvimos una reunión con los guionistas con los que yo tenía problemas y con el segundo productor ejecutivo que teníamos, que era maravilloso y a quien yo adoraba. En esa reunión, hablé del que consideraba ser un punto muy importante acerca de mi programa. Acababa de volver de presentarme en *The View* durante una semana, algo que llevaba meses haciendo, y señalé que parecía que allá me apreciaban mucho. Les gustaba mi punto de vista, les gustaba lo que decía y cómo lo decía. Allá me valoraban. ¿Por qué no recibía el mismo trato en mi *sitcom* si el programa se basaba en mi vida? Había conseguido el programa de televisión por mi trabajo como comediante de monólogos, que se enfocaba mucho en la forma en que crecí y en mi familia. ¿Por qué eso que me llevó a tener un programa de televisión no era suficiente *para* el programa? Cuando se me permitía ser yo misma, a la gente le gustaba lo que hacía. ¿Por qué no recibía el respeto debido cuando decía que mi programa debía ser más como mis monólogos y como yo misma?

Después de eso, las cosas no mejoraron. A esas alturas, ya estaba esperando que terminara la temporada del programa. Creía que, si de casualidad nos daban una segunda temporada, habría muchos cambios, pero también me preguntaba, si cancelaban mi show, ¿cuánto iba a esperar la cadena de televisión para ofrecerme un trabajo en *The View*? Bueno, pues el show fue cancelado y mi pregunta tuvo su respuesta. Entre saber que mi programa había llegado a su fin y recibir la información sobre *The View* hubo un lapso de quince minutos. Recibí una oferta para ser anfitriona permanente en *The View*. Tardé unos segundos para decidir que mi respuesta era "no".

Nadie podía entender por qué no quise aceptar esa oferta. ¿Cómo era posible que la hubiera rechazado? Habría estado en la televisión de lunes a viernes. ¡Me habría mudado a Nueva York a ganar un montón de dinero! ¡¡Me volvería famosa!! ¡¡¡Pongan más signos de exclamación!!! Les expliqué a mis agentes que no quería hacer el programa porque aún no había acabado de contar mi historia. Mi programa de comedia no había ido en la dirección que yo deseaba. No tuve el apoyo que necesitaba y que me habían prometido. Un programa de entrevistas no era lo que yo deseaba. Pero… pero… ¡Sería famosa! No logré hacer que la gente entendiera que mi meta en esta carrera no era hacerme rica y famosa; era poder hacer lo que deseaba, decir lo que quería de una forma que se apegara a mí y a mi experiencia. Quería ser feliz viviendo el sueño que perseguí desde niña y solo iba a aceptar las propuestas que me hicieran sentir bien.

No dejaban de venir a pedirme que lo reconsiderara. No lo hice. Después me di cuenta de lo extraño que era el hecho de rechazar algo por lo que otras personas se pelearían. Solo sabía que no me iba a sentir contenta con ese trabajo de tiempo completo y, como era alguien que luchaba contra la depresión, meterme en una situación como esa no iba a ser bueno para mí. No podía explicarlo bien, pero después de habérmelo pedido múltiples veces, le hicieron la propuesta a otra persona.

Ya que me había quedado sin trabajo y sin saber qué hacer a partir de entonces, los de la cadena de televisión me buscaron y me dijeron que les interesaba que hiciera otro programa para ellos. Les respondí que no. Una vez más, podrán preguntarse por qué rechacé esa oferta. ¡PERO SI ES LO QUE QUERÍAS! ¡NO HABÍAS TERMINADO DE CONTAR TU HISTORIA! ¡VE A SEGUIR CONTANDO TU HISTORIA! No quería hacer otro programa. Les expliqué a mis agentes: "No quiero hacerlo. Ellos tenían el programa con la historia que yo quería contar. No quisieron eso". Varias personas seguían sugiriéndome que hiciera otro programa solo para volver a la televisión y seguí tratando de explicarles que solo trataría de crear otro programa de televisión si yo sentía que la historia era algo digno de ser contado. No se trataba nada de inventar una idea en la que no pusiera mi corazón porque no quería que la gente olvidara quién yo era. Simplemente no era mi estilo. La idea que está detrás de todo esto es que, cuando era niña, veía programas increíbles que tenían corazón. Te hacían reír, pero también te hacían tenerles cariño. Esos programas me encantaban. Siempre creí que para que yo hiciera algo similar, debería ponerle el corazón porque el público percibe cuando no involucras tus sentimientos.

Volví a mis giras para hacer comedia de monólogos. Las había suspendido durante mi programa de televisión porque quería centrarme en él. Personalmente, no creo poder hacer mi mejor trabajo si tengo que dividir mi tiempo entre dos mundos tan distintos, aunque similares también. Estaba tan interesada en darle a la gente un show de monólogos que justificara el precio del boleto que solo quise volver a las giras cuando sentí que podía darles un espectáculo de calidad. Mis shows eran mi forma de agradecerles a los admiradores de mi programa que lo hubieran visto. Hacía mi secuencia y cerraba el show agradeciéndoles por ayudarme a convertir mi sueño en realidad. Cada vez que mencionaba mi programa, la gente aplaudía con todas sus fuerzas. Gritaban que querían que el programa regresara, pero yo no tenía forma de hacerlo, y pensándolo ahora que han pasado unos años, me doy cuenta de que no habría querido hacer otra temporada si eso significaba trabajar con cierta gente.

Luego sucedió algo interesante. Me buscó un veterano de la televisión para que me reuniera con él y habláramos de la tele. No tenía idea sobre qué hablaríamos en la reunión, pero tuve que decir que sí; él era una vaca sagrada. Fui a su oficina y tuvimos una reunión de tres horas. Hablamos de todo. Allí estaba pensando, *Antes veía sus programas religiosamente y ahora no puedo creer que esté hablando con él en persona*. Nos entendimos de maravilla. Él tenía un increíble sentido del humor. Mencionó que estaba trabajando en una nueva versión de uno de sus programas famosos de televisión y me contó lo que planeaba hacer. Me pareció interesante… y bastante similar a lo que yo estaba tratando de hacer con mi programa. Hablamos sobre eso y estuvimos de acuerdo en que, para que un programa tenga éxito, necesita conquistar el corazón de los televidentes. Tuve que irme de la reunión. Al día siguiente, mi agente me llamó para preguntarme qué había pensado y cómo me había ido. Le conté que era una gran admiradora de esa persona y que fue increíble haberlo conocido. Me preguntó si me interesaba hacer la nueva versión del programa con ese veterano. Respondí que lo llamaría después porque quería pensarlo bien. Al final acabé por decir que no aceptaría la oferta. Mi agente me preguntó por qué y fui honesta con él. Mi temor era hacer que esa nueva versión fuera demasiado similar a mi programa de comedia sin siquiera darme cuenta. No quería hacerlo porque no deseaba que la gente pensara que solo podía escribir esa única versión de mi vida. Ya había estado luchando contra tanta gente para que no me encasillaran que me daba miedo hacérmelo yo misma. Le dije a mi agente que el siguiente programa con el que volvería a la televisión (si acaso volvía) tenía que ser algo completamente diferente a mi programa. Quería disfrutar de la vida y tener cosas de qué hablar. Quería seguir haciendo monólogos y conectarme con la gente en las giras para ver qué pensaban. Al final, la persona adecuada para el trabajo se quedó con él. De todos modos, nunca fue mío.

A estas alturas la gente se preguntará qué demonios tengo en la cabeza. ¿Cómo y por qué rechazo todo lo que me ofrecen? Me habían buscado para hacer mi propio programa de entrevistas y lo rechacé. Había dicho que no a *The View*. No quería hacer un programa nuevo porque sentía que no tenía nada que decir. La verdad es que no sabía qué estaba buscando, pero estaba segura de lo que no quería hacer. No quería ser infeliz. Quería que el sueño de toda mi vida me causara dicha y sabía que cuando quisiera aceptar algo, sabría decir que sí.

Fue cuando vino a buscarme Pixar. Estaban trabajando en la nueva película de *Cars* para la franquicia y querían que yo diera voz al personaje llamado Cruz Ramírez. No era un personaje principal, pero me gustó. La imaginé atrevida y graciosa. Les dije que sí porque la idea de hacer *voiceover* me intrigaba. Empecé a viajar a Pixar para hacer las sesiones y poco a poco me di cuenta de que, conforme avanzaba el tiempo, el personaje de Cruz Ramírez iba creciendo cada vez más. Al final, se convirtió en la coprotagonista de la película junto con el personaje Lightning McQueen. A los de Pixar les contaba en los descansos y a la hora de la comida sobre las dudas que tenía cuando crecí, sobre la lucha para ser vista como una persona real, igual que los demás. Entonces me di cuenta de que poco a poco el libreto iba incorporando temas de mi propia vida con los que Cruz tendría que batallar también. ¡Santo Dios! Esta historia reflejaba el corazón de Cruz. Es lo que yo buscaba en las historias. Me sentí tan orgullosa de darle vida… Cuando la película se exhibió, recibí muchos mensajes de personas que me expresaban cómo les había encantado el personaje de Cruz Ramírez porque era un gran modelo para sus hijos. Eso me hizo feliz. El tiempo que pasé con Pixar me confirmó que escuchar mi voz interna era lo mejor que podía hacer.

Entre 2017 y 2019, he estado bastante apartada del trabajo por elección propia. Después de que se transmitió mi primer especial de monólogos, decidí hacer una pausa para dedicarme a disfrutar mi vida y así tener temas de qué hablar. Tampoco sentía que era el momento adecuado para hacer algo que tuviera que ver con la industria del entretenimiento. La elección de 2016 acababa de pasar y a mucha gente de mi comunidad no le estaba yendo bien. Había sentimientos de temor y tristeza. No me parecía correcto tratar de ganarme la vida en esa época porque, sobre todo, quería asegurarme de que todos estuvieran bien. En lugar de trabajar, decidí dedicar mi tiempo a viajar por todo el país y observar cómo estaban los diferentes sectores de mi comunidad. No tenía idea de cómo iban a estar las cosas y sentía que mi prioridad principal era asegurarme de hacer todo lo posible para que la gente supiera que íbamos a estar bien.

Durante ese tiempo, la gente me mandaba mensajes por correo electrónico. Si yo les simpatizaba, me mandaban mensajes alentadores para decirme que no me diera por vencida y que pronto me llegaría una buena oportunidad. Si me odiaban, me decían que la razón por la que nadie quería contratarme era mi odioso carácter. Lo que me parece gracioso en ambos casos es que aparentemente la gente no es capaz de pensar que no estar activa ha sido mi propia decisión. Durante este "paréntesis en la vida", he participado en organizaciones maravillosas que se enfocan en los barrios de personas de bajos recursos, en temas de inmigración y en atención sanitaria. Sentía que era necesario hacerlo porque algo dentro de mí me decía que lo hiciera. Me ha ayudado enormemente. Me hizo darme cuenta de lo importante que ese tipo de trabajo es para mí, tanto como la parte del entretenimiento. Me tomé un descanso para salvar mi vida, literalmente, de la diabetes. Tomé ese descanso para poder estar segura de que cuando quisiera regresar, lo haría con el mismo amor y la misma emoción que tuve desde el primer día.

Lo que he aprendido a lo largo de este viaje hasta ahora es que el dinero y la fama no me hacen feliz. Tratar de ser honesta conmigo misma y escuchar mis instintos es lo que me produce alegría y creo que seguir de esta manera me llevará al éxito. Ya estoy lista para volver al trabajo como antes. De hecho, estoy muy emocionada por hacerlo. Ahora soy una persona diferente. Sé muchas más cosas en esta etapa que hace años. A veces los baches en la vida nos enseñan a reconocer cuando empezamos a progresar.

Un sueño de toda la vida tiene la frase "de toda la vida" porque indica cuánto dura el sueño. No hay un final para un sueño, solo una continuación. Lo que quiero decir es que, si abren la puerta a la felicidad, creo que siempre serán exitosos. Con frecuencia hago la pregunta del principio de "Lose Yourself", sobre qué haría yo si solo tuviera *una* oportunidad para conseguir todo lo que siempre he deseado. ¿La aprovecharía o la dejaría escapar? Respuesta: en algunas ocasiones, tengo que aceptar las dos opciones porque todos los "no" me acercarán a un "sí".

"LIVIN' LA VIDA LOCA"
RICKY MARTIN

La última foto que nos tomamos Byron y yo en la noche de Trivia en que nos acusaron de hacer trampa porque éramos tan listos.

Esta es la parte de mi vida en que me convierto en una chola y consigo un trabajo de medio tiempo para comprarme mi primer *lowrider*, por eso escogí esa canción para este capítulo. No escogí ese tipo de vida; el tipo de vida me escogió a mí.

Es broma: nunca fui una chola, y tampoco tuve un *lowrider*. Solo escribí eso porque esta es la historia de la vida de una latina y siento que la gente supone que esas cosas tarde o temprano sucederán. Yo no crecí con la cultura de los coches achaparrados, aunque me agrada. Los coches son preciosos y la verdad es que son parte de la cultura. No hay que negarlo ni tendríamos por qué hacerlo. Me parece importante celebrar todas las partes de un mundo que genera dicha en la gente de la comunidad. Lo más cerca que estuve de convertirme en una chola fue cuando supe, sin tener que definirla, que esta palabra valía diez puntos en el Scrabble.

Me encantan las palabras. Siempre ha sido y será así. Yo era el tipo de niña que se emocionaba cuando había concursos de ortografía en la escuela porque con frecuencia los ganaba, aunque dejé de competir en quinto grado después de un terrible accidente con las palabras. Había ganado el concurso local Scripps y pasé a las competiciones regionales. Les cuento algo divertido: la gente ignora que cada año los del concurso entregan un libro de palabras para que los niños puedan estudiar. Me dieron el libro y me dijeron que memorizara las palabras, ¡y vaya que me las aprendí!

Cuando le conté a mi hermano Eloy que había pasado a la siguiente etapa, decidió ayudarme y convertirse en mi entrenador de ortografía, como si estuviéramos en la película *Rocky*. Yo era Rocky y mi hermano era Mickey. Él me iba a poner a correr detrás de una gallina para hacerme más veloz. Al final, perdí el concurso ante alguien que era el equivalente a Mr. T porque, aparentemente, pasé más tiempo ejercitándome que aprendiendo ortografía. La verdad es que mi hermano sí se convirtió en mi entrenador y durante algunos meses estuve en una capacitación extrema para aprenderme las palabras.

Mi hermano Eloy ha sido uno de los maestros más importantes de toda mi vida. Cualquier habilidad que él considerara importante, se comprometía a enseñármela. Me enseñó a jugar béisbol porque era el entrenador del equipo de una pequeña liga y quería que yo me apuntara, y así lo hice. Soy bastante buena jugando béisbol, tanto que cuando he lanzado la bola a muchachos, me han hecho algún comentario. Ya saben, el típico: "Para ser mujer, lanzas bastante bien". (Nunca entendí exactamente qué querían decir. Si era mujer y mis lanzamientos eran buenos, ¿no sería prueba de que las mujeres también pueden lanzar la bola? Lo que siempre imaginé que querían decir con eso era que suponían que iba a tener bebés y hacer pasteles antes de cualquier otra cosa). Mi hermano me enseñó a practicar deportes y también un montón de cosas académicas. Me compró un programa para aprender francés cuando era niña y en el verano me pedía que hiciera reportes de lectura "por pura diversión" para que siguiera aprendiendo mientras otros niños estaban afuera jugando.

Durante meses, me preparé para el concurso de ortografía. Todos los días después de mis clases (y durante los fines de semana) me sentaba en la cocina y estudiaba las palabras del libro de Scripps. Al final de mi sesión de estudio, Eloy me hacía preguntas. Cuando llegó el día de la competición, fui en representación de mi escuela, pero cuando llegué, me enteré de algo terrible. Me habían dado el libro equivocado para estudiar, el libro del año anterior. No estaba preparada y empecé a llenarme de miedo. Al final no me fue bien y me eliminaron en las primeras rondas. Perdí por deletrear mal una palabra que hasta la fecha me he negado a aprender a escribir correctamente. La palabra era ¿*jeriatria, geryatria*? No era mentira cuando dije que nunca aprendí a escribirla bien. La palabra era *geriatría* (tuve que buscarla en el diccionario para escribirla aquí). Es como ser un corredor y recordar que te caíste en las Olimpiadas. Me alejé del mundo de los concursos de ortografía y nunca miré hacia atrás.

Todavía me gustan tanto las palabras que mi idea de una reunión perfecta es sentarme con amigos a jugar Scrabble mientras tomamos unas cervezas. Me encanta el Scrabble, tanto que fui miembro de la Asociación Nacional de Scrabble hace muchos ayeres. Nunca participé en las competiciones nacionales; me apuntaba para leer consejos y saber qué pasaba en el mundo de las palabras. (Y sí, tienen razón. ¡Sí que soy muy lista por hacerlo!). Las veces que más he disfrutado jugar al Scrabble han sido con mi amigo Byron Demond Jefferson. Nos conocimos en el programa de orientación del primer año de la universidad. Byron no solo se convirtió en mi alma gemela del Scrabble, sino en uno de mis mejores amigos.

Como parte del programa de orientación, teníamos que ir a una plática obligatoria sobre el sexo seguro. Yo no quería ir porque era virgen y ni por error era sexualmente activa, así que sentía como si fuera a un curso en línea sobre bienes raíces en The Learning Annex; la información quizás me sería útil algún día, pero no en ese momento. La plática se llevó a cabo en la cafetería de la escuela. Teníamos que sentarnos donde quisiéramos y yo (como siempre) me senté lejos de los demás. Pensaba que la gente se sentaría cerca de mí y yo trataba de evitar la típica plática sobre cosas triviales a menos que realmente tuviera que participar. *Odio* las pláticas que entablamos para matar el tiempo. No son reales; nos impiden llegar a la profundidad. ¿De verdad tenemos que hablar sobre el color del cielo? Lo vemos.

Cuando empezó la charla, me di cuenta de que nadie se sentía cómodo. El chico que dirigía la discusión parecía estar posando para un catálogo en un intento por parecer relajado ante los estudiantes. La universidad en donde estudié había sido una iglesia y, si no me equivoco, mi dormitorio estaba en un edificio que antes fue un convento, así que era extraño para mí estar en una conversación sobre la sexualidad conociendo el pasado del lugar. Parecía que la plática era eterna; no tenía idea de adónde querían llegar con eso. Y entonces a todos nos dieron un plátano.

Yo no sabía muy bien para qué era el plátano. Pensé que nos iban a decir que si íbamos a tener relaciones sexuales, teníamos que comer algo antes por cuestiones de duración *o* que iban a hablar sobre fetiches. ¿Quién sabía para qué era? Entonces a todos nos repartieron un condón y nos dijeron que íbamos a aprender sobre anticoncepción poniendo el condón en el plátano. Pues… ¿para qué tendría yo que ponerle un condón a un plátano? ¿Nos estaba enseñando ese muchacho a comer con protección? Me parecía muy bien que nos enseñaran sobre el sexo seguro, pero había algo raro en el hecho de tener que ponerle un condón a un plátano frente a un grupo de adolescentes extraños a quienes acababan de llegar a una universidad para que vivieran por su cuenta. Es decir, apenas unas semanas antes había comprado un muñeco de peluche y ahora estaba allí, rellenando un condón con un plátano. ¡Santo Niño de Atocha, cómo han cambiado los tiempos!

El chico encargado de dirigir la plática empezó a darnos instrucciones sobre qué hacer con el condón. Era para morirse de la risa. Nos decía cosas como, "Quiten la envoltura". Pues, sí. No me había acostado todavía con nadie, pero sí había abierto un paquete de galletas. Sabía cómo abrir paquetes. Miré alrededor y me di cuenta de que algunos alumnos ya habían puesto el condón al plátano mientras yo estaba allí, escuchando las instrucciones para estar segura de hacerlo bien. Sentía como si estuviera armando un librero y tuviera problemas para entender el manual de instrucciones. Cuando llegué a la parte en que tenía que desenrollar el condón sobre el plátano, no pude hacerlo. No porque estuviera luchando contra algún código moral; literalmente no podía ponerle el condón al plátano. No quise pedir ayuda porque tenía vergüenza; parecía ser la única que tenía problemas. Seguí estirando el condón, tratando de hacer que cupiera en el plátano… y entonces sucedió. El plátano explotó en mis manos. Había tratado de aplastarlo tanto que la cáscara tronó y se me embarraron los dedos de papilla. Ahora me sentía *más* avergonzada. Fue cuando escuché una carcajada y un chico me preguntó, "¿Eres virgen?". Alcé la vista y allí estaba Byron. Estaba mortificada y contesté: "¿Cómo te diste cuenta?". Nos reímos tanto que lloramos de la risa. Se acercó a mí y me dijo que prefería sentarse conmigo porque éramos de los pocos alumnos que no eran blancos. Él era negro, yo era latina. Empezamos a reírnos de todo el asunto, diciendo que si nosotros hubiéramos hecho la plática sobre el sexo seguro habríamos dedicado una sección a qué canciones de Boys II Men la gente debería escuchar y en qué orden. Seguimos platicando un rato. Él era de Missouri y había crecido en un pueblo que estaba a unas cuantas horas de camino. Le conté que yo era de Texas. Vivíamos en la misma residencia, pero en pisos diferentes. Me dijo que tenía coche y se ofreció a llevarme cuando lo necesitara y cada uno se fue por su lado.

Unas cuantas semanas después, había ido a la biblioteca e iba de regreso a mi cuarto cuando me topé con Byron. Habíamos pensado que nos volveríamos a ver después del programa de orientación, pero no fue así. Nos preguntamos cómo iban las cosas y los dos estábamos bien, pero podíamos estar mejor. Me dijo que iba a una tienda y me preguntó si quería acompañarlo. Yo no había salido del campus desde que había llegado, así que acepté. Subí a su coche y al final pasamos todo el día juntos. Fui con él a hacer compras y descubrimos que teníamos el mismo gusto musical. Puso discos compactos para que cantáramos. Terminamos la noche en un Target, en el departamento de juguetería. Estábamos caminando por la sección de juegos de mesa y los dos mencionamos que nos gustaba el Scrabble. Entonces cada uno tuvo que advertir al otro que *realmente* le gustaba el Scrabble. Resultó que los dos estábamos *obsesionados* con el juego.

Decidimos dividir el costo y compartir su custodia (recuerden que los dos éramos universitarios sin dinero). Esa noche jugamos por primera vez y de inmediato proclamamos, como un par de niñitos, que seríamos almas gemelas de Scrabble por el resto de nuestras vidas.

Nuestras partidas de Scrabble se convirtieron en rutina. No nos gustaban mucho las fiestas, solo nos gustaba estar juntos, pero cuando se trataba de jugar Scrabble, nos poseía el espíritu de la revancha. Si nos encontrábamos en el campus, nos lanzábamos indirectas como "Ah, ¿ese es el chico al que le gané escribiendo 'jazz' en una palabra triple? ¡PORQUE ME PARECE QUE SÍ!". Él contestaba algo así, "¿Y eso lo dice la chica que trata de usar sus palabras mexicanas en el juego como si fueran válidas?". Nos moríamos de la risa con esas indirectas. Lo decíamos con tal seriedad que la gente a veces creía que no nos llevábamos bien, pero era una broma entre nosotros. La idea de que estos dos amantes de las palabras se gritaran insultos de Scrabble nos alegraba el día.

Cuanto más nos conocíamos, más profunda se volvía nuestra amistad. Empezamos a pasar juntos tanto tiempo que nuestras sesiones de Scrabble se hacían más frecuentes y más largas. A veces el juego podía durar toda la noche porque cuando era nuestro turno, no se trataba solo de poner una palabra en el tablero, sino que también era el turno de hablar de las cosas que queríamos lograr. Byron decía que eran nuestras pláticas sobre "cómo dominar el mundo". No había gran diversidad étnica en la universidad en la que estudiábamos. Solíamos decir que cuando estábamos juntos, hacíamos la parte de "folleto universitario" en cualquier salón al que entrábamos. Hacíamos la broma de que cuando alguno de los dos dijera "folleto", posaríamos como los alumnos que aparecen en el folleto de la universidad, sosteniendo un sándwich con una mano y señalándolo con la otra, sonriendo de una manera por demás artificial y diciendo cosas como, "Si estudias aquí, ¡*también* tendrías un sándwich como este!"

Pasábamos tanto tiempo juntos que nos preguntaban si éramos novios, pero no, lo nuestro era pura amistad. Era una conexión que teníamos como dos personas que sabían lo que querían lograr en sus vidas, pero sin ninguna idea de cómo hacerlo. Los dos éramos no caucásicos, tremendos *nerds,* pero también éramos superdivertidos. Miren, no necesitábamos que alguien nos dijera que éramos simpáticos; nos divertíamos tanto estando juntos que *sabíamos* que éramos simpáticos. Podíamos ir a cualquier lugar y saber que nos íbamos a divertir porque *generábamos* nuestra propia diversión.

Nos hicimos famosos por nuestras partidas de Scrabble. Incluso teníamos un tema musical para el juego. Dos años después de que empezamos a jugar, Enrique Iglesias tuvo un gran éxito en la radio de título "Bailamos" y cambiamos la letra para que se ajustara a nuestro juego, "Escrabblamos". Cuando alguno de los dos quería jugar, le cantaba nuestra versión al otro y esperaba a que este también respondiera cantando. Si los dos empezábamos a cantar, un juego estaba por iniciarse:

> *Esta noche creamos*
> *La palabra que nos da más puntos*
> *Vengan las fichas*
> *Ganas doce puntos con* húmedo
> *Anhelaremos la J*
> *Nos servirá la K*
> *Hoy nada nos va a detener…*
>
> *¡Escrabblamos! Que las letras te controlen…*
> *Escrabblamos,* te quiero *no vale*

Escrabblamos, te quiero *no es inglés*
¡Te quiero!

Esos años de mi vida me enseñaron muchas cosas. Crecí muy rápidamente durante un lapso muy corto. Quizás a la mayoría eso le suceda. Aprendí mucho sobre cosas que no entendía, como la raza. Ya sé que parece sencillo porque obviamente soy latina y mucha gente en este país no lo es, así que, ¿cómo es que no podía entender cuestiones raciales? Bueno, eso es porque no crecí en un lugar con mucha diversidad.

En mi primer año de universidad, trabajé como acomodadora en el teatro regional, que estaba dentro de nuestro campus. Una vez les estaba mostrando sus asientos a una pareja blanca de la tercera edad y les hice una broma mientras ellos iban hacia su lugar. En cuanto se sentaron, el hombre dijo: "Gracias por tu ayuda. ¿Sabes una cosa? Eres bastante bonita para ser una chica negra". *Hmmm… Disculpe. No entendí ¿Qué acaba de decir? ¿Puede repetirlo? Porque aparentemente tenía puestos mis audífonos para la sordera de '¿EN SERIO DIJO ESO?' y SÉ que no escuché lo que acaba de decir.*

Miren, tuve roces con gente que me decía esas cosas. No era algo completamente nuevo para mí, pero era la primera vez que recuerdo haber observado que la gente de apariencia amable también podía ser racista. La mayoría de las veces, cuando ves a un racista en televisión o en una película, son malvados y amargados. Les gusta expresar lo mucho que les desagrada cierta minoría. No estaba acostumbrada a ver gente que parecía linda sentirse tan a gusto con su ignorancia. Hacían ese tipo de comentarios como si me estuvieran diciendo un cumplido. Recuerdo que me quedé mirando a esa pareja un segundo, me di la vuelta y me alejé. Me dejaron pasmada; no sabía cómo responder. Esa noche se lo platiqué a Byron. Se rio y me dijo, "Sí, eso es frecuente por estos lugares."

Byron fue la primera persona con la que pude hablar sobre mi cultura. Jugábamos Scrabble y me preguntaba sobre mis orígenes. Sabía que mi familia era de México, pero quería saber más. Me dijo que había notado que yo nunca decía que era latina y me preguntó por qué. Nunca antes me habían preguntado eso. Lo medité y caí en la cuenta de que como había crecido en un barrio latino, en realidad nunca pensé sobre el lugar de donde provenía porque todas las personas con quienes crecí tenían orígenes similares. Me dijo que debería pensar qué me hacía diferente porque nuestras diferencias también pueden ser nuestra fortaleza. Eso me encantaba de la amistad. Nos enseñábamos el uno al otro muchas cosas sobre la vida mientras formábamos palabras en un tablero.

Otra gran lección que aprendí en esa época fue cuando algunos amigos salieron del clóset y me dijeron que eran gays. Byron me lo reveló durante una partida de Scrabble. No sabía cómo decírmelo. No era que se sintiera incómodo ni nada de eso, solo me dijo que era extraño hablar del tema durante un juego de mesa. Le recordé que nuestras conversaciones más profundas siempre se habían dado mientras estábamos "Escrabbleando", así que era lógico. Después de revelármelo, me preguntó cómo me sentía. Recuerdo que lo miré y le pregunté: "¿Acaso por ser gay cambian tus sentimientos por el Scrabble?" Se rio. Le dije que por supuesto lo seguía queriendo y estaría con él para apoyarlo.

Lo que me encantaba de mi amistad con Byron era que él había sido mi primer amigo "adulto". Lo había conocido en la universidad, pero como no teníamos clases juntos, tuvimos que hacer un esfuerzo para ser amigos. Me da risa recordar algunos de los momentos que compartimos, y es cuando pienso, *Solo un amigo de verdad haría eso*, como aquella vez que tuve un ligue con un chico y desperté en el departamento del susodicho. Antes que nada, déjenme decirles que el hecho de que me hubiera ligado a alguien era algo superextraño para mí porque normalmente sentía pavor cuando sabía que podría acabar enredándome con un chico, sobre todo si sabía que eso podría llegar a más. Tenía veintitantos años, pero sentía que no tenía ni triste idea de lo que estaba haciendo y que los chicos se darían cuenta de eso. La mejor forma en que puedo describirlo es que sentía que cualquier cuestión sexual era como un manual de instrucciones de Ikea para mí porque había visto fotos de cómo debería ser el asunto, pero no tenía instrucciones literales, así que a veces no sabía si estaba haciendo bien las cosas.

Me había emborrachado tanto la noche anterior que no sabía ni dónde estaba. Recuerdo que desperté, vi al muchacho, y pensé, *¿Qué demonios hice anoche?* Me levanté despacio de la cama, tratando de no despertarlo (seguía dormido) y caminé hasta el baño para llamar a Byron. Cuando contestó, le conté lo que había pasado y él no podía dejar de reírse de mí. Le pregunté si podía ir por mí porque no tenía coche en aquella época (iba en autobús a todas partes). Me dijo que sí y me pidió la dirección. Fue cuando me di cuenta de que estaba tan cruda que no podía reconocer para nada el vecindario. Se rio todavía más y me preguntó, "Bueno. ¿Estás cerca de una ventana? Dime qué ves en la calle." Miré y contesté, "Byron, veo un montón de árboles. ¿Sabes dónde es esto?" Él se rio con todas sus ganas. Fue cuando escuché moverse al chico que me había ligado. Le dije a Byron que iba a tratar de averiguar qué había pasado y que lo llamaría después. El susodicho era amigo de un amigo. Fingí que estaba totalmente consciente de donde estaba y le dije que debía irme porque iba a llegar tarde a un lugar. Se ofreció a llevarme en coche a mi casa, pero honestamente, lo único que quería era salir de allí y le dije que tomaría el autobús. ¡SANTO CIELO! ¡QUÉ EXTRAÑA ERA! (Me encanta haberlo dicho en pasado, como si ya no lo fuera).

En cuanto salí de casa del chico, caminé algunas calles para alejarme de su departamento y así evitar que se diera cuenta de que estaba perdida. Entonces volví a llamar a Byron. Le expliqué en qué cruce de calles me encontraba para que pudiera ir por mí. Cuando llegó, traté de abrir la puerta del coche, pero tenía el seguro puesto. Bajó la ventanilla y me dijo: "Todavía no puedes subir. Necesito reírme de ti un minuto más". Y sí, fue exactamente lo que hizo. Ese día sentí que Byron de verdad me había salvado.

Aun después de que abandoné la universidad, seguimos en comunicación. Es cuando sabes que tienes una verdadera amistad: cuando ambos se esfuerzan por seguir presente en la vida del otro. Acostumbrábamos pasar horas en el teléfono y eso fue durante una época en que las llamadas de larga distancia no eran cualquier cosa. Para quienes no sepan mucho de esto, las llamadas de larga distancia eran algo muy importante antes de que los teléfonos celulares se volvieran la norma. Las compañías telefónicas cobraban por minuto si hacías llamadas fuera de lo que se consideraba tu área local. A mí nunca me permitían hacer llamadas de larga distancia, así que, si lo hacía, era porque esa persona *de verdad* me importaba. Lo que sucedía era que, si alguien me gustaba mucho, le preguntaba dónde vivía y si no era dentro de mi área, lo descartaba, diciendo: "Me encantaría conocerte más, pero eso me costaría demasiado dinero". Pero Byron sí lo valía.

Ahora les contaré algo que sorprenderá a quienes me conozcan y es que a la gente más importante de mi vida le asigno una canción. No es algo que haga a propósito, sino que simplemente sucede porque la música es muy importante para mí, así como esas personas; es algo orgánico. El tema musical de Byron era "Livin' La Vida Loca". Cada vez que estábamos juntos, él ponía la canción y empezaba a bailar para mí en cualquier lugar donde estuviéramos. Siempre me hacía reír muchísimo, en un nivel de ridiculez tal que me hacía llorar de la risa.

"Livin' La Vida Loca" es una canción de la hermosura puertorriqueña Ricky Martin. Algunas personas lo descubrieron con ese éxito. Para otras (como yo), esa canción era un curso de actualización porque, para entonces, Ricky Martin ya tenía una carrera envidiable... y llevaba en el entretenimiento desde su infancia. Antes de sacar ese superéxito, Ricky Martin fue un niñito que robaba los corazones de muchas chicas como miembro del grupo juvenil Menudo. Quienes no lo hayan conocido es porque o son demasiado jóvenes para recordarlo o porque vivieron bajo una roca, y espero que al menos la renta haya sido baja. Además del grupo musical, Ricky Martin llegó a participar en telenovelas, tanto en los Estados Unidos como en México. En los Estados Unidos interpretó el papel de Miguel Morez en *Hospital General* y en México tuvo el papel de Pablo Muriel en una telenovela llamada *Alcanzar una estrella II*. La mexicana, en realidad, fue una secuela de otra telenovela protagonizada por dos actores famosos que tuvo tanto éxito que los productores decidieron hacer *otra*. Algo sumamente extraño. El argumento de la secuela era que había una búsqueda por todo el país de talentos para formar un nuevo grupo de música pop con hombres y mujeres y el personaje de Ricky Martin fue elegido. La secuela también tuvo éxito, hasta el grado de que decidieron convertir al grupo ficticio de la telenovela en un grupo real que hizo una gira y grabó un álbum. El grupo se llamó Muñecos de papel, que en inglés sería "Paper Dolls".

Ricky Martin volvió a lograr un gran éxito en la cultura pop estadounidense en 1999 con "Livin' La Vida Loca". La canción es una combinación de letra y energía. En serio, transmite tal vitalidad que sería imposible escucharla y sentirse triste. Uno podría estar en un funeral, pero nada más oír los trombones del principio de la canción, habría una fiesta de baile alrededor del ataúd. Tomó al mundo por sorpresa. La emoción era el mismo sentimiento que tenía cuando estaba cerca de Byron.

Cuando pienso en las experiencias que he compartido con Byron, me viene a la mente una época más sencilla. Fue una parte de mi vida en que me divertía y no pensaba tanto en el trabajo. Me educaron para ser una bestia de carga. Mi mamá hacía doble turno en el restaurante, lo cual provocó que sus hijos también trabajaran mucho. Algunos de mis mejores recuerdos son con Byron presente. Las noches en que sentíamos que apenas nos acabábamos de reunir hasta darnos cuenta de que habíamos pasado toda la noche juntos. Las pláticas sobre nuestros sueños y esperanzas mientras tomábamos una cerveza. El Scrabble… Santo Dios, *todo* el Scrabble. Es curioso cómo a veces las personas más importantes de tu vida llegan en los momentos menos esperados.

Durante años no nos vimos porque ninguno tenía dinero y viajar no era barato, pero aun así seguíamos en contacto. En los años siguientes, tuve que regresar a Texas después de vivir en Los Ángeles, perdí a mi madre, me suspendieron la licencia de manejo por conducir bajo la influencia del alcohol, empecé a hacer comedia de monólogos y poco a poco empecé a hacer giras por el país sola, presentándome en universidades. Cuando empecé a viajar con cierta frecuencia, planeaba visitas para pasar un tiempo con Byron cada vez que estaba cerca de St. Louis. Aun cuando mis finanzas estaban muy mal, me las arreglaba para que el dinero me alcanzara y fuera a verlo, porque era importante. Reservaba una habitación grande de hotel y él venía a pasar la noche conmigo para hacer un maratón de Scrabble. Comprábamos cervezas y las bebíamos mientras platicábamos de nuestras vidas. Él era el tipo de amigo que, aunque hubieran pasado años sin vernos, en cuanto volvíamos a reunirnos era como si el tiempo se hubiera congelado, y podíamos retomar la plática donde la habíamos dejado.

La última vez que fui a St. Louis fue hace años. Le conté que iba a estar en la ciudad y empezamos a hacer planes. La noche de mi llegada, él iba a jugar Trivia con sus amigos para reunir fondos para la marcha del orgullo gay de St. Louis. Hicimos planes para que yo fuera por él al trabajo. Era mesero/barista en un restaurante italiano. Cuando nos vimos, de inmediato empezamos a planear estrategias porque él y yo queríamos arrasar en la competición. Al llegar a la reunión de Trivia, nos sentamos juntos y empezamos a jugar. Nos estaba yendo bien. Yo había creído que nos iría mejor, pero algunas preguntas eran más difíciles de lo que esperábamos. Entonces llegamos a una ronda en donde había treinta logotipos de compañías y yo las conocía todas. Le dije que íbamos a ganar esa ronda y así fue. La ganamos con tal facilidad que nos acusaron de haber hecho trampa. La gente quería saber cómo conocíamos todos los logotipos, sobre todo porque había algunos de empresas canadienses y mexicanas. Les expliqué que había pasado mucho tiempo en México durante mi infancia y que era una comediante que se iba de gira por Canadá y por eso conocía los logotipos. No me creyeron, pero como no había prueba de que hubiéramos hecho trampa, no pudieron hacer nada. Durante el resto de la noche, la gente de otras mesas nos veía con desconfianza. Byron y yo nos reíamos y no dejamos de decirnos: "Juega tan bien que los hagas pensar que hiciste trampa".

Después de esa visita, Byron y yo empezamos a jugar Words with Friends (la aplicación parecida a Scrabble). Los dos teníamos una vida más ocupada, pero ahora estábamos conectados por internet. Lo que me parecía irónico es que los medios sociales te quitan todo lo social. Ya no hacíamos esas largas llamadas telefónicas como antes; ahora nos mandábamos mensajes de texto. Le dábamos "Like" al estatus del otro, pero en realidad nunca nos decíamos *por qué*. La tecnología estaba haciendo que nuestra amistad se convirtiera en una relación con menos contacto, pero seguíamos haciendo el esfuerzo de mantenerla viva. ¿Quién iba a decir que la tecnología más conveniente haría que nuestras vidas estuvieran menos conectadas que nunca?

Con el paso de los años, íbamos perdiendo el contacto, pero nunca sentimos que nuestra amistad hubiera terminado. Repito, él era el tipo de amigo al que podías dejar de ver durante años, pero con el que retomabas la conversación donde la habías dejado.

Pero entonces, en 2016, recibí un mensaje suyo que nunca había esperado.

Byron tenía cáncer.

En septiembre de 2016, Byron sintió una bolita en el cuello que acabó siendo un linfoma no hodgkiniano. Incluso cuando me lo contó, hablamos de cómo iba a superarlo. Tenía que hacerlo. Byron era una persona fuerte y no iba a permitir que el cáncer lo derrotara. Le pregunté si necesitaba algo, pero me dijo que estaba bien. Le dije que me informara de cualquier cosa que necesitara. Contestó que así lo haría. Estaba recibiendo tratamiento y parecía estar mejorando. En algún momento, recibí un mensaje de él en que decía que se sentía mejor y me puse muy feliz. Le dije que tenía que curarse porque todavía teníamos que hacer la Gira para Dominar al Mundo. Durante un momento se puso serio y me dijo que yo ya estaba en la Gira para Dominar al Mundo. Ya tenía mi propio programa de televisión con mi nombre; estaba haciendo cosas *grandes*. Le dije que si ese fuera el caso, tenía que curarse para compartir esas cosas conmigo. Respondió que estaba orgulloso de mí por haber realizado los planes que habíamos hecho. Le contesté que nunca habría tenido esa visión si él no me hubiera dado ánimos en la universidad. Nos dijimos cuánto nos queríamos y yo le comenté que tenía que planear un viaje para verlo pronto. Solo quería que me avisara cuando se sintiera lo suficientemente bien para verme. Contestó que así lo haría.

Al siguiente verano, en julio de 2017, había ido a Montreal para participar en el festival Just for Laughs. He estado en ese festival durante años cada verano. Ese año iba a grabar una secuencia de monólogos para la gala de Howie Mandel, que iba a transmitirse en los Estados Unidos. Por lo general me quedo en el hotel donde la mayoría de los cómicos se alojan, pero ese año quise rebelarme. Pedí un hotel tranquilo alejado de las fiestas y lo conseguí. Estaba a una buena distancia del teatro para el que iba a grabar el especial, pero me gustaba estar lejos del ruido. (Ya había llegado a la edad en que el sonido de la gente que se divierte se considera ruido). El día que tenía que grabar el especial, había hecho planes con mi agente para desayunar en una cafetería a la que íbamos cada año llamada Beauty's Luncheonette. Me estaba preparando para salir cuando recibí la noticia. Byron había perdido su lucha contra el cáncer.

Durante un segundo, pensé que se trataba de una broma. Deseaba que fuera una broma. *Tenía* que ser una broma. Pero no lo era. No estaba preparada para perder a Byron. Ya había tenido mi experiencia de la muerte años atrás, con mi madre. Esta se sentía diferente porque no tuve el momento para despedirme de él que sí tuve con ella. Estaba en Montreal; ni siquiera en el mismo país que él. Fue extraño, pero, aunque estaba enfermo, no creí que la muerte fuera una posibilidad real porque se trataba de Byron. Él podía vencer cualquier cosa. Estallé en llanto y cancelé el desayuno con mi agente, pero no podía cancelar el especial que iba a grabar. Tenía que hacerlo. Pasé el resto del día sola, sentada en el silencio del cuarto que había pedido, de donde solo se podía escuchar el ruido de mi llanto. Entré al perfil de Facebook de Byron, deseando que todo hubiera sido un error, pero en cuanto vi las publicaciones de condolencias, supe que era real.

Conforme la gente se fue enterando sobre lo que ocurrió con Byron, empecé a recibir mensajes en los que me preguntaban si ya me había enterado de la noticia. Lo que nunca me esperé y que me aniquiló fueron los mensajes que recibí de algunos amigos cercanos de Byron en St. Louis que me buscaron para contarme cuánto me había querido mi amigo y cuán orgulloso estaba de mí. No sabía cómo debía reaccionar ese día mientras lo procesaba todo. Pasaron las horas y tenía que irme al teatro. Fue cuando mi *otro* mejor amigo de la universidad, Eddie, me escribió para ver cómo estaba. Camino al teatro, hablamos de lo genial que era Byron. Me reí al recordar un viaje que habíamos hecho de St. Louis a Champaign, Illinois, para visitar a Eddie cuando estaba haciendo teatro de verano allá. Reírme era exactamente lo que necesitaba en ese momento.

Cuando llegué al teatro, me di cuenta de inmediato de que era el último lugar en el que quería estar. Mi agente, Stacy, estaba allí y me dio todo su apoyo y su cariño. Hacía lo imposible por ayudarme a pasar ese trago tan amargo. Es extraño sentirse tan triste en una multitud mientras todos se divierten y están felices de estar allí. En ese preciso momento, sentí como si la tristeza corriera por mis venas. Cuando fue mi turno para hacer mi monólogo, le dije a mi agente que quería salir de ese lugar en cuanto hubiera terminado mi presentación. Salí al escenario, hice mi parte del especial, pero no estuve presente en lo absoluto. Terminé mi monólogo y en cuanto me retiré del escenario, empecé a llorar desconsoladamente.

Lloré mucho durante las siguientes semanas. Traté de asistir al funeral de Byron, pero al final no fui. No podía cancelar el trabajo que tenía y una parte de mí se sintió aliviada porque, a decir verdad, no estaba segura de poder soportarlo. No podía enfrentarlo. Simplemente no podía.

Tengo que confesar que hubo algo en la muerte de Byron que me puso furiosa. Cuando falleció, había estado buscando ayuda financiera para poder pagar sus tratamientos. Nunca me enteré. Me llené de rabia porque, cuando mi mamá falleció, no tenía seguro médico y tampoco teníamos el dinero para pagar sus tratamientos. La idea de que alguien debe pedir ayuda a otras personas para vivir me enfurece. ¿Cómo diablos podemos vivir en un país que se jacta de ser "grandioso" si no podemos atendernos cuando nos enfermamos?

La muerte de Byron me asustó. Teníamos la misma edad. Era joven. Es extraño el pensamiento que tenemos cuando alguien muere. "Era tan joven…" como si la muerte tuviera una edad mínima requerida. Pensé en su vida, en su muerte, y supuse que yo tendría que seguir haciendo sola nuestra Gira para Dominar al Mundo, y si iba a hacerlo, tenía que estar segura de estar bien. Decidí ir al doctor para una revisión.

Hasta ese momento, solo había tenido dos exámenes físicos en toda mi vida. Crecí sin seguro médico y solo iba al doctor si estaba muy enferma porque los médicos eran caros. Nunca me enseñaron que la salud fuera una prioridad porque la atención médica era inaccesible. Siempre pensé que ir al doctor era cosa de ricos. Finalmente conseguí un seguro médico cuando mi programa de televisión estaba al aire. Era la única forma en que podía pagármelo. Incluso cuando ya tenía el seguro, no tenía idea de cómo usarlo y me daba vergüenza pedir ayuda. La idea de cuidar a mi salud era algo completamente extraño, pero consideré que la muerte de Byron era una señal de que debía hacerme una revisión general, así que empecé a buscar doctores.

Encontré por internet doctores que estaban en mi barrio y les mandé un correo electrónico, pero ninguno de ellos me contestó. Después de unas cuantas semanas, por fin logré que una doctora me recibiera: una ginecóloga. Pensé que debería ir a que me revisara mientras encontraba a un médico general para un examen físico. Me sentía muy nerviosa por ir al doctor porque les tenía pavor a los médicos… y a las agujas. Me preocupaba que tuvieran que sacarme sangre y me estaba preparando de tal forma que ustedes podrían haber hecho un montaje de mí entrenando para una gran pelea de karate. Me dirigí al consultorio, esperando recibir buenas noticias, pero al mismo tiempo, sintiendo que todo estaba mal en mí porque no me habían hecho ninguna revisión médica en *mucho* tiempo. Cuando llegué, me pesaron como es costumbre, pero no sin antes haberme quitado los aretes y las llaves del coche y haber tirado la pastilla de menta que traía en la boca porque ¡CADA GRAMO CUENTA! Tuve que sacar una muestra de orina y en cuanto terminé con eso, esperé para que la doctora me atendiera.

Odio estar esperando a un médico. El cuarto es frío y está esterilizado. Hay posters de cuestiones médicas en las paredes. Mi amigo Steve dice: "¿Los cuelgan por si a los médicos se les llega a olvidar cómo ser un doctor?". Tiene toda la razón. Cuando llegó la doctora, me dijo que no iba a hacer la exploración. Habían analizado mi muestra de orina y encontrado algo que la alarmó. Había proteína en mi orina, lo cual la hizo pensar que no solo podría ser diabética, sino sumamente diabética. Me dijo que quería sacarme una muestra de sangre y que volviera al día siguiente porque había una endocrinóloga en el mismo consultorio y era importante que la viera de inmediato.

Iba caminando después de la cita y empezaron a venirme muchas cosas a la mente. No tenía idea de qué estaba pasando. ¿Estaba tan diabética como para que la ginecóloga fuera quien me informara? ¿La doctora de la vagina me había dicho que tenía mucho azúcar allá abajo? Ni siquiera sabía qué era un endocrinólogo, aunque al día siguiente fui para que me atendiera una. Ella me sacó más sangre. Yo odiaba las agujas y les tenía mucho miedo, pero también odiaba y le tenía miedo a la muerte, así que me aguanté y me volvieron a picar. Me preguntó si tenía alguno de los síntomas básicos de la diabetes como una sed excesiva o tener que ir al baño con mucha frecuencia. Le conté que siempre había sido una gran bebedora de agua, así que no había notado una sed excesiva. Iba mucho al baño, pero pensaba que era por toda el agua que tomaba. No sentía nada extraño. Me hizo más pruebas y dijo que debía esperar a que tuviera los resultados para volver en unos cuantos días, pero después de haber visto que había proteína en mi orina, se convenció de que yo era diabética. Necesitábamos los resultados de las pruebas para saber *cuán* diabética era. ¿Qué carambas me estaba pasando? Había empezado por ir a la ginecóloga para una revisión y de repente me decían que tenía diabetes. La urgencia de la doctora me estaba alarmando también porque no me sentía enferma.

Durante los siguientes días hice lo que la mayoría de la gente hace. Pasé horas en el internet autodiagnosticándome, pensando que tenía lo peor de todo lo que estaba leyendo. Cuando llegaron los resultados, tenía terror de escucharlos. Entonces la doctora empezó a decir unas palabrotas que yo no entendía y tenía que interrumpirla constantemente para que me explicara. Resulta que era diabética y llevaba mucho, mucho tiempo siéndolo. Me explicó que un nivel normal de glucosa para la gente con diabetes es de 80-130 mg/dl. Yo tenía 500 mg/dl. La proteína que tenía mi orina confirmó la corazonada de mi doctora. Tenía un daño permanente en los riñones. También tenía hipertensión y colesterol, pero no se iba a enfocar en eso todavía. Además, tenía una severa deficiencia de vitamina D y eso le preocupaba porque lo que tenía en mi cuerpo era casi inexistente. Me dijo que nuestra prioridad número uno era tratar de controlar mi glucosa porque las cifras que mostraban mis resultados indicaban una emergencia médica. Me dijo que teníamos que salvar mi vida.

Durante los meses siguientes solo les conté a unas cuantas personas lo que me estaba sucediendo; solamente mis hermanos y algunos amigos lo supieron. Me volví en una especie de reclusa. No quería hablar ni ver a nadie. Estaba tomando un medicamento para ver si eso lograba bajar mis niveles de glucosa y empezaba a sentir efectos colaterales. A veces eran tan severos que fui dejando de salir de mi departamento porque no quería sentirme mal si estaba en un espacio público. Empecé a hacer ejercicio y a cambiar mi dieta. Es curioso que algunas personas dicen que quieren perder peso y estar en buena condición física, pero no lo hacen. Yo era así. Decía que quería perder peso e iba a comprar la típica ropa para hacer ejercicio, pero me llenaba de comida chatarra y, al poco tiempo, los *pants* para hacer yoga que había comprado fueron convirtiéndose en mis *pants* "para comer papas fritas". También me resultaba difícil perder peso porque "nunca tenía tiempo suficiente" para hacer ejercicio. Pero qué curioso que, cuando una doctora me dijo que debía "salvar mi vida", de repente tuve tiempo e hice el esfuerzo de hacer ejercicio y perder peso.

Quería estar en forma sin tener que hacer un aviso formal para comunicárselo a la gente porque, la verdad, no estaba segura de qué iba a pasarme. Cuando era más joven, solía correr mucho, pero sabía que ya no quería volver a eso. Descubrí algo que se llama *"wogging"*, que es mitad caminata y mitad *jogging*. Decidí caminar a todos los sitios que estuvieran dentro de un radio de tres kilómetros de mi departamento. Si tenía que hacer algún mandado, iba haciendo *jogging* hasta el lugar donde necesitaba ir, hacía las compras y regresaba a casa caminando. Me compré un rastreador para grabar mis recorridos y empecé a aprender lo que podía comer y lo que no. Me sentía abrumada con tanta información. No sabía cómo procesarla. Antes era completamente ignorante sobre mi salud y, de repente, traté de convertirme en una experta sobre mi cuerpo. Una cosa de la que estaba segura era que, si iba a ponerme en forma, quería hacerlo por mi cuenta porque sabía que, en algún momento, tendría que contarle a la gente sobre mis cambios y quería poder decir que lo había hecho sin tener que recurrir a un entrenador o pedirle a alguien que preparara mi comida o que me la trajeran a casa. Quería demostrar que podía hacer un cambio porque me di cuenta de que, si estaba pasando por todo esto, ¿cuántas personas más también estarían en esta situación? Había crecido siendo pobre y sin acceso a atención médica. No me habían enseñado sobre cómo comer sanamente porque cuando creces sin tener suficiente comida, no te vas a detener ni un minuto para preguntar: "¿Tienes verduras en lugar de esto? Es que estoy tratando de bajar de peso, ¿ves?". Simplemente comes lo que caiga en tus manos. También me encontré luchando contra un miedo cada vez mayor hacia la comida. Me daba miedo comer ciertas cosas porque no sabía cómo iba a reaccionar. Tampoco quería que me subiera la glucosa porque me daba miedo morirme. Lo bueno es que soy una comedora muy aburrida que puede consumir lo mismo todos los días, así que cuando sabía que algo era bueno para mí, lo comía durante toda una semana.

Afortunadamente, el medicamento empezó a ayudar a bajar mis niveles de glucosa en la sangre. Pasé de tener un promedio de 500 mg/dl a un promedio de 300 mg/dl en unas cuantas semanas. Con buena alimentación y ejercicio, después de un par de meses, mi nivel bajó a 100-150 mg/dl. Empecé a practicar mi *wogging* y ahora recorro alrededor de nueve a diez kilómetros diarios. El incentivo que tenía para seguir haciendo ejercicio era seguir viviendo. Ese es un incentivo muy poderoso. Empecé a bajar de peso por todos los cambios que estaba realizando. No era algo que tratara de conseguir. No trataba de perder peso. He de admitir que me gustaba que por fin me empezó a quedar bien la ropa que siempre compraba para "el día en que pierda peso". Solo quería volverme sana.

La gente de los medios sociales empezó a notar los cambios en mi físico. Me empezaban a hacer cumplidos sobre "lo bien" que me veía, pero también recibía muchas críticas de gente que me decía que me estaba volviendo muy "a la Hollywood". Es interesante ver lo atrevidos que son los extraños cuando les dicen por internet a otros extraños lo que piensan de ellos. Los extraños seguían diciéndome que estaba perdiendo demasiado peso, como si me estuviera volviendo demasiado delgada. Yo les contestaba: "Estoy volviéndome más sana, no es que quiera perder peso por mi apariencia. No me siento bien y seguiré perdiendo peso hasta que el doctor me diga que es suficiente".

¿Quién iba a decir que la posibilidad de morir sería la mejor dieta en la vida? Realmente deberían anunciar dietas así. "¡PRUEBA LA NUEVA DIETA DE LA CALACA! ¡Puedes comer lo que quieras que no te mate! ¡Es MUY fácil!" Cuando la doctora me dijo que era un caso de emergencia médica, me asusté. Cuando me dijo que se alegraba de haberla descubierto a tiempo, fue aterrador porque no podía evitar pensar, *¿Qué habría pasado si no lo descubriera a tiempo? ¿Qué habría ocurrido si no hubiera ido al médico? Lo más importante, ¿qué habría pasado si no hubiera tenido el dinero para ir al doctor?* Mi mamá murió a los cincuenta y siete años de padecimientos que eran muy fáciles de tratar, pero que se habían complicado por la falta de dinero para cuidar su salud. Ustedes podrían pensar que el hecho de que mi mamá haya muerto por no ir al médico me habría vuelto más diligente para cuidar mi salud, pero no hacía lo suficiente.

En general, mi salud está mejorando, pero he de confesar que (por ahora) sigo enferma. Siendo honesta, ha habido un par de veces en que me he sentido tan mal que he llorado de miedo. Hace unos meses, desperté a medianoche para ir al baño. Recuerdo que entré al baño y lo siguiente que supe es que estaba en el suelo. Cuando desperté, todo estaba oscuro. No sabía dónde estaba. No podía moverme. Tardé un rato en darme cuenta de que me había desmayado en mi departamento y que estaba tirada en el suelo del baño. No sé cuánto tiempo estuve tirada, pero sé que fue lo suficiente para que el lado izquierdo de mi cuerpo estuviera completamente entumecido porque todo mi peso estaba sobre él. Me sentía tan débil que tardé mucho en levantarme. Levanté el brazo derecho y sujeté el izquierdo para ver si tenía sensibilidad en él. No mucha. Luego traté de agarrarme de la puerta del gabinete debajo del lavabo y traté de levantarme. Me costó mucho trabajo, pero poco a poco logré ponerme de pie y regresar a mi cama. No puedo explicar exactamente cómo me sentía. La mejor descripción sería que, mentalmente, sentía como si no hubiera estado presente en ese momento. Me costaba trabajo moverme y todo lo que quería era llegar a mi cama. Tenía dificultad para respirar y sentía como si estuviera luchando por no desmayarme. Finalmente, pude regresar a mi cama para volver a desmayarme de inmediato.

Al día siguiente, les conté a dos de mis mejores amigos lo que me había sucedido. Medí mi nivel de glucosa y vi que estaba extremadamente bajo; lo más bajo que lo había tenido. Estaba alrededor de 45, que es una gran diferencia con respecto a los 500 mg/dl que tuve cuando me diagnosticaron por primera vez. Me costó mucho trabajo aceptar que ahora tenía que vigilar que mi glucosa no fuera demasiado alta ni demasiado baja. Mis amigos me preguntaron por qué no los había llamado o por qué no había ido al hospital. Traté de explicarles que, en ese preciso momento, la idea de pedir ayuda no cruzó por mi mente. Lo único que quería era llegar a mi cama. Sentía que era mi única opción. Me sentía tan débil que lo único que quería era reunir la fuerza suficiente para ir a mi cama para que sucediera allí lo que tuviera que pasar.

Nunca me había sentido así. Me asusté y eso me hizo pensar en mi vida. Vivo sola y no hablo con mucha gente de día a día. Si algo me sucediera, ¿cuánto tardarían los demás en darse cuenta? No estoy tratando de exagerar ni de sonar melodramática. Simplemente caí en la cuenta de que soy una adulta y necesito hacer lo que los adultos hacen, como asegurarme de que mis asuntos estén en orden. Quiero estar segura de que mi familia esté protegida. Les debo eso. Mi prioridad número uno en la vida es asegurarme de que ellos estén bien por la promesa de que yo los cuidaría que le hice a mi madre cuando era niña. También necesitaba asegurarme de que un par de amigos tuvieran acceso a mi departamento en caso de que tuvieran que venir en una emergencia porque no estaba segura de si volvería a desmayarme sin previo aviso en mi departamento.

FIN DEL SUSPENSO: Obviamente, no he muerto. He disminuido mi nivel de glucosa. Mi doctora me dijo que ya estaba fuera de la parte peligrosa de mi diabetes y que ahora nos podríamos enfocar en otras cosas, como la presión arterial, el colesterol y demás.

Creo que debería tomarme un minuto para explicar que hablo de esto como si hubiera pasado hace mucho tiempo y ya lo tuviera todo bajo control, pero todo esto sigue siendo nuevo para mí. Me enteré de que tengo diabetes tipo 2 a finales de agosto de 2017. Con toda intención hablo de esto sin dar tantos detalles médicos ni términos que me hagan sonar como si supiera de qué estoy hablando porque realmente no tengo ni idea. Sigo confundida y trato de comprender las cosas y encontrar la lógica de todo, y espero que quienes hayan crecido como yo, sin dinero y sin seguro médico, sepan que comprendo lo agobiante y frustrante que es, pero se puede llegar a entender y hacer algo al respecto. Puede ser todo un reto, pero también ayuda a salvarnos la vida.

Los cambios por los que he pasado desde entonces han sido un curso básico sobre el cuidado de mi salud. Sigo escuchando los "Cambios" de Tupac. Por si no conocen a Tupac, muchas de sus canciones hablan de problemas que, incluso décadas después, siguen siendo relevantes para la sociedad. Hay una parte de la canción en la que habla de que deberíamos comer mejor, cuidarnos los unos a los otros y cambiar la forma en que hacemos las cosas porque "las formas de antes no están funcionando". En ese punto es donde me encuentro ahora, cambiando porque mis formas de antes "no están funcionando". Estoy decidida a no permitir que la diabetes se lleve lo mejor de mí. Estoy decidida a cuidarme porque todavía tengo muchas cosas por hacer.

Podrán pensar que después de que mi madre murió, me habría cuidado más, sobre todo porque estaba con ella cuando falleció, pero su muerte extrañamente no me afectó tanto como la de Byron. Como ya dije, pudo haber sido el hecho de que teníamos la misma edad; no estoy segura. Byron fue una parte muy importante en mi transición de la infancia a la vida adulta. Nuestra amistad era diferente a casi todas las demás que he tenido. En cada juego de Scrabble que jugamos durante casi veinte años de amistad, nos permitíamos ser vulnerables de una forma en la que no podíamos serlo con nadie más.

Ahora me cuesta trabajo escuchar "Livin' La Vida Loca" cuando la ponen en la radio. A veces me hace llorar, otras veces me hace reír. Me río cuando imagino a Byron delante de mí, bailando durante toda la canción y señalándome cuando Ricky Martin canta "su piel es de color de moka" mientras gira la cadera como Elvis para hacerme reír, Pero lloro cuando sé que ya no habrá más momentos de "¡Escrabblamos!". No sé si pueda volver a jugar Scrabble. No me parece correcto ahora que él ya no está. Tal vez eso cambie con el paso del tiempo, pero por ahora, este juego es parte de mi pasado.

Desde que tuve el desafío de controlar la diabetes, constantemente me descubro pensando en él. Recuerdo el día en que me recogió en medio de la nada un día después de haberme ligado a un chico en St. Louis hace años. Recuerdo cómo puso el seguro en la puerta de su coche para seguir riéndose de mí por ser tan tarada. Recuerdo cómo me sentí cuando fue a rescatarme y me "salvó" ese día. Y me doy cuenta de que, años después, Byron volvió a salvarme, por segunda vez. Si no hubiera muerto, no sé qué me habría pasado.

Con su muerte, Byron salvó mi vida porque es el tipo de cosas que un mejor amigo hace, sobre todo él. En nuestra larga amistad, Byron constantemente me enseñó a vivir, tanto en el sentido literal como en el figurado.

Nuestra Gira para Dominar al Mundo sigue en pie. Cada vez que logro hacer algo que nunca habría creído posible, te imagino a mi lado. Cada vez que me pincho el dedo para hacerme una prueba de glucosa, pienso en ti. Me salvaste y, por eso, te a-m-o, Byron (y para aquellos que lleven las cuentas, la palaba "amor" vale seis puntos en Scrabble).

Cortesía de Mike De La Rocha

Mi querida amiga y mentora Dolores Huerta y yo, el día después de las elecciones de 2016. Ella me da lecciones y yo trato de compartirlas para que otros también conozcan su sabiduría.

"WE THE PEOPLE"
A TRIBE CALLED QUEST

Era republicana cuando estaba en cuarto grado, así que resulta completamente lógico que el último capítulo de mi libro trate sobre "We the People", una canción de A Tribe Called Quest, de su último álbum, *We Got It from Here... Thank You 4 Your Service,* porque cuando pensamos en un "niño republicano", nos vienen a la mente Q-Tip, Ali Shaheed Muhammed, Jarobi White y Phife Dawg.

Bueno, déjenme explicar mi historia con el Grand Old Party. Era año de elecciones y mi maestra de cuarto grado, la Sra. Edwards, quería explicarnos el proceso electoral. Un día, nos avisó que había puesto tiritas de papel en un tazón y que teníamos que elegir una. Cuando me tocó a mí, metí la mano al tazón y saqué un papel que decía "Republicano". Los niños de mi grupo estaban confundidos con las palabras que estaban escritas. *Demócrata* y *Republicano.* ¿Qué quería decir eso?

Mi maestra nos explicó que en el país había elecciones para votar por el siguiente presidente y que, durante el año escolar, nos iba a enseñar sobre el proceso haciéndonos parte de él.

Era una gran maestra. Compraba juguetitos de plástico que podíamos "comprarle" a ella. Casi siempre eran chucherías pequeñas de plástico. No usábamos dinero de verdad; cada uno de nosotros tenía una "cuenta bancaria" con nuestra propia versión de Bitcoins. Nos premiaba por obtener buenas calificaciones o hacer cosas buenas y "depositaba dinero" en nuestras cuentas. Acumulábamos el dinero y, de vez en cuando, podíamos "hacer cheques" y comprarle las baratijas con el dinero falso que teníamos. Era una idea bastante brillante. Quería que aprendiéramos sobre el concepto del dinero y pensaba que la mejor forma era involucrándonos en él. Aprendí sobre hacer presupuestos en cuarto año, lo cual considero que me dio una gran ventaja con respecto a otros niños (y adultos). Aprendí más lecciones de vida en ese año que en ningún otro.

Además de las lecciones de economía para sus estudiantes, mi maestra de cuarto quería que aprendiéramos cómo era el proceso electoral porque decía que nosotros éramos importantes para él. Era un grupo de niños avanzados; sin embargo, ninguno de nosotros tenía idea de qué hablaba cuando decía que éramos importantes para el proceso electoral. La maestra había diseñado una lección que incluía dividir al grupo en dos: los republicanos y los demócratas. No incluyó al partido independiente porque quería que conociéramos el proceso desde el inicio, empezando por las primarias, y pensó que para que fuera más fácil para nosotros, se apegaría al sistema de dos partidos del país.

Durante el año escolar, nos dejaba tareas como ver C-SPAN en la televisión y comentar de qué hablaban los políticos. Recuerdo que eso me aburría hasta la médula. No entendía de qué hablaban. No dejaba de pensar que, si no entendía, era porque yo era niña. Qué poco sabía que, siendo adulta, a veces sigo sin entender de qué hablan los políticos.

A lo largo del año, también debíamos estar pendientes de lo

que hacían nuestros candidatos. Cada alumno tenía que elegir a un candidato a quien seguir en las primarias y, si el candidato perdía, todos debíamos apoyar a quien su partido político designado había elegido. Obviamente, el sistema no funciona así. En algunas ocasiones, si tu candidato pierde la primaria, tal vez no quieras apoyar al candidato principal que el partido eligió, pero bueno, por fines educativos nos decían que apoyáramos al candidato electo del partido. También teníamos nuestra propia versión del colegio electoral en el salón de clases, así que algunos estudiantes (como yo) teníamos el deber de votar por el candidato que considerábamos mejor para el trabajo. En nuestro colegio electoral, debíamos explicar por qué votábamos por el candidato, pero el objetivo era ayudarnos a desarrollar nuestro pensamiento crítico.

Me parece importante mencionar que no asistí a una escuela privada. Digo esto porque me doy cuenta de lo extraño que es recibir este tipo de lecciones en cualquier centro educativo y no quiero que alguien vaya a pensar que a mí me enseñaron esta información por algún privilegio que tuviera nuestra escuela. Era una escuela primaria pública de mi pueblo. No teníamos dinero suficiente para los libros de texto; debíamos pedirlos prestados muchas veces. Simplemente tuve la fortuna de contar con buenos maestros.

Le estoy muy agradecida a mi maestra por habernos puesto a hacer todo aquello para comprender cómo funciona el sistema político. Era algo absolutamente extraño para mí cuando se inició el año escolar, pero para cuando terminó, sentía una gran fascinación y estaba completamente motivada para ser parte de él. Me encantó la idea de votar porque eso significaba que nuestra voz era tomada en cuenta. Me moría de ganas de votar.

Al final del año escolar, mi maestra nos pidió hacer un pequeño anuario para que todos tuviéramos copias y recordáramos a nuestros compañeros y alguna lección impactante que hubiéramos aprendido. Debíamos contestar una lista de preguntas que ella había redactado y quería que le diéramos una foto escolar que pudiera usar como referencia. Nunca olvidaré la pregunta que me tocó a mí: "¿Qué quieres ser cuando seas grande?". Sin dudarlo, escribí, "Presidente de los Estados Unidos", y le entregué mi respuesta.

Sin que ella lo imaginara, las lecciones que nos dio sobre la política aquel año tuvieron un significado muy profundo para mí. Me encantaba la política porque pensaba que su objetivo era ayudar a cuanta gente pudiera. Me habían enseñado que este país era una "democracia" y que cuando uno votaba, más se escuchaban nuestras voces y más gente podía tener una mejor vida. Siendo una niña pobre que vivía en el vecindario, quería salir del tipo de vida que tenía. Sí, era feliz. Mi familia se reía mucho, pero vivíamos en la pobreza. De pequeña mi meta no era nada más que salir de la pobreza y llevarme a mi familia conmigo. También era corresponder y tratar de ayudar a otras personas que vivían como yo. Pensaba que la política sería la forma perfecta para ayudar a los demás.

La pregunta es: ¿Por qué una alumna de cuarto grado pensaría en ayudar y corresponder a una edad tan temprana?

Era por mi madre. Mi mamá, una inmigrante de origen mexicano, me había enseñado a amar a este país y a reconocer lo importante que era corresponder por lo que nos había dado. Se había convertido en su hogar; era nuestro hogar. Ella estaba agradecida por todo lo que nos había dado este país y era nuestro deber encontrar la forma de corresponder por darnos la vida que teníamos.

Nunca comprendí del todo su amor por este país y siento que en parte se debió a que yo nací aquí. Soy estadounidense. Los inmigrantes hacen un sacrificio y un esfuerzo que alguien como yo no puede acabar de entender, a pesar de que mi propia madre y mi hermano mayor nacieron en México. Todos somos parte de la misma familia, sin embargo, mi viaje fue diferente al suyo. Nuestra familia la integraban cinco personas: cuatro niños y mi madre. Mis padres se habían separado antes de que yo naciera y mi padre no fue parte de la película; mi mamá nos crio sola. Crecí en una familia de estatus mixto, es decir que, aunque tres de los cinco habíamos nacido aquí, mi madre y mi hermano mayor eran indocumentados y trataban de convertirse en residentes permanentes o, como después indicaba su identificación, "Resident Alien". Siempre odié ese término porque me parecía que se prestaba a confusión. Cuando yo pensaba en *aliens,* siempre venían a mi mente formas de vida de otro planeta. Soy aficionada a la ciencia ficción y, por lo regular, la gente que sale en esas películas y programas reaccionan de forma extrema ante los alienígenas. O los querían matar y les disparaban, o los aceptaban de manera incondicional y se volvían sus mejores amigos. Entonces, un día, entendí con claridad. Me di cuenta de que el término *alien* reflejaba erróneamente lo que eran los inmigrantes porque, hay que ser honestos: algunas personas tratan a E.T. con más amabilidad que a nuestros hermanos indocumentados.

A mi madre y a mi hermano mayor les llevó más de una década obtener el estatus de residente permanente, pero después de varios intentos y de mucho dinero juntado para cada ocasión, lograron conseguirlo. Mi madre estaba muy orgullosa cuando recibió su tarjeta. Esa tarjeta representaba una libertad que no había sentido antes y que muchas personas en este país dan por hecho. Haber recibido su tarjeta de residente extranjero significó que podía regresar a México para ver a su padre.

Yo era una niña pequeña y viajé con ella y mi hermana cuando fue a ver a su familia por primera vez. Recuerdo el viaje. Fue largo. Tomamos un autobús de McAllen hasta Reynosa. Cuando llegamos allá, tuvimos que cambiar de autobús y tomar uno que nos llevó hasta Monterrey, Nuevo León. Al llegar a Monterrey, nos hospedamos en un hotel para pasar la noche porque teníamos que volver a tomar un autobús al día siguiente. No podíamos perder ese autobús porque solo había dos corridas a la semana. Nos despertamos alrededor de las cuatro de la mañana y seguimos nuestro viaje. Yo no dejaba de preguntarle a mi mamá si sabía adónde íbamos porque no había estado allí en décadas. Me contestó que sí. Me preguntó si yo olvidaría en dónde estaba mi casa y lo pensé. Me di cuenta de que no, no podría olvidarlo. Cuando pasamos un pueblo llamado Saltillo, mi mamá me dijo que esa sería la última "gran" ciudad por la que pasaríamos y que ya estábamos cerca. No era así, pero técnicamente no me había mentido. Todavía nos quedaban tres horas de viaje en el autobús, pero esa sí fue la última ciudad grande por la que pasamos. Cuando nos estábamos acercando, mi mamá no dejaba de mirar hacia afuera, buscando "el camino". Cuando se dio cuenta de que ya estábamos cerca, gritó "¡Bajan!" para que el autobús se detuviera y pudiéramos descender. Nos dejaron en medio de la nada y el autobús se alejó. Mi mamá nos hizo caminar a mi hermana y a mí hacia un sendero de tierra y nos dijo que tendríamos que seguirlo hasta llegar a su pueblo. Recorrimos unos tres kilómetros y en todo el camino notaba que mi mamá tenía momentos de nostalgia. Empezó a arrancar moras de las plantas que bordeaban el camino. Me dijo que, cuando era niña, le gustaba comérselas. Me pareció como si hubiera dado saltitos. Era como si hubiera viajado en el tiempo hasta aquella época en la que era una niñita que caminaba por ese sendero. Mientras tanto, mi hermana, que era una adolescente, había llenado demasiado su maleta y estaba sufriendo por cargarla porque no había imaginado que tendría que arrastrarla sobre tierra y piedras. Era para morirse de la risa. Cuando llegamos al pueblo, mi mamá se acercó a una persona y conversaron. Habíamos llegado sin avisar. No hubo una llamada telefónica, ni una carta. Le dieron instrucciones para llegar a la casa de su hermana. Yo no conocía a mi tía.

Cuando llegamos a la casa y mi mamá pudo ver a su hermana, se puso muy feliz. Fue una de las veces en que más contenta vi a mi mamá. Hablaron durante horas mientras el sol se ocultaba y el pueblo se cubría de oscuridad. Prendieron una fogata afuera y se sentaron alrededor de ella, bajo las estrellas, y hablaban de cuando eran pequeñas. Recuerdo esa noche porque fue la primera vez que mi mamá no era mi madre. Era la hermana de su hermana, la hija de sus padres. Había vuelto a casa. Por fin había podido regresar a su casa.

La parte que nunca olvidaré fue el momento en que mi mamá vio a su padre por primera vez después de varias décadas. Se convirtió en una niñita cuando lo abrazó. Yo sentí que ella estaba viviendo todas las emociones que yo sentía cuando la abrazaba a ella. Era sentirse a salvo en aquellos brazos, un sentimiento de que todo estaría bien. Aunque yo era niña, entendí que mi mamá había renunciado a poder ver a su familia por sus propios hijos. Ella también era la hijita de alguien. Había renunciado a la familia a la que pertenecía para ayudar a tener una mejor vida a la familia que ella había formado. A veces me pregunto por qué más gente no habla acerca de esa parte de la inmigración. La idea de que, para venir aquí en busca de una vida mejor, la gente debe dejar a su propia familia detrás, sin saber si algún día volverá a verla. No podía imaginar el hecho de amar tanto a tus hijos como para decidir despedirte de tus padres y, de cierto modo, volverte huérfana. No importa la edad que tengas; dejar a tus padres puede ser doloroso. Mi mamá pasó décadas de su vida sin tener ningún contacto con su familia porque, en aquella época, no había internet. En cuanto llegó a los Estados Unidos, no pudo volver a ver a los suyos hasta que logró conseguir algo que le garantizara poder volver a sus hijos en los Estados Unidos.

Pasamos más o menos una semana allá. Yo acompañaba a mi tía a ordeñar vacas antes del amanecer y cada vez pisaba estiércol porque no sabía por dónde iba. Iba por agua con una prima. Tenía que ir al baño detrás de un arbusto. Era divertido. Lo mejor fue el día en que estaba en cuclillas detrás de una mata, yendo al baño, cuando dos cochinos me empujaron y me dejaron tirada en el suelo con los pantalones abajo. Cada vez que intentaba levantarme, los cochinos venían hacía mí y me empujaban. Terminé regresando a la casa de mi tía con manchas de orina en los pantalones, gritando que los cochinos la traían contra mí. Qué buenos tiempos…

Cuando regresamos a casa, noté que mi mamá estaba más feliz que nunca. Fue una de las veces en que me di cuenta de lo importante que la familia puede ser para las personas. Pudo ver a sus hermanos y a su papá y eso llenó de fuerza su alma. Después llegó la tragedia. Pronto se enteró a través de un hermano de que su padre había muerto. Mi mamá volvió a casa esa noche después de trabajar en el restaurante mexicano y lloró cómo una niña pequeña. Yo empecé a llorar porque no lograba calmarla. Me dijo que se sentía muy afortunada de haber podido ir a su casa y verlo por última vez.

Nuevamente permítanme subrayar esto: no conozco la lucha de los inmigrantes, a pesar de ser hija y hermana de ellos. Crecí en una familia de estatus mixto y recuerdo el momento en que me di cuenta de que era privilegiada. Sí, crecí por debajo de la línea de la pobreza, prácticamente sin casa, pero nací aquí. Ese momento fue el 29 de junio de 2016, cuando volví a casa para ver que mi hermano mayor, Rubén, había logrado el sueño que mi madre albergaba para ella y para él: se convirtió en un ciudadano por naturalización.

Cortesía de Eloy Alonzo

El día en que mi hermano mayor Rubén se convirtió en ciudadano de los Estados Unidos. Le pregunté qué sentía ahora que era un ciudadano. Me dijo: "Hermana, siempre lo he sido. Solo les llevó varias décadas a los Estados Unidos comprenderlo".

Le llevó a mi hermano alrededor de treinta años convertirse en ciudadano desde llegar a este país. La gente ignora que adquirir la ciudadanía puede requerir un tiempo extremadamente largo porque para ese trámite no hay fila. El tiempo varía según las circunstancias; depende de cada caso. Recuerdo cuando me contó que lo habían aprobado, pero que tenía que esperar hasta la siguiente ceremonia de naturalización para hacer el juramento. Creo que nunca le dije esto, pero lloré mucho a solas en mi departamento. Tengo un pequeño altar a San Judas y le agradecí esto. Vi una foto de mi mamá y le conté que Rubén por fin lo había logrado. Debería estar allí para verlo. Fue uno de los momentos más importantes en la historia de mi familia. Quería ir a estar con él para representar a mi mamá para que él supiera que ella también lo acompañaba.

El día de la ceremonia de naturalización hubo una ola de calor, lo que provocó que en la mañana se sintieran temperaturas infernales. Fuimos al lugar del evento y ya había cientos de personas formadas, esperando para entrar al edificio. Él llevaba un traje que compramos un día antes. Después de unos minutos en la fila, mi hermano estaba sudando en su traje nuevo. Yo no me había dado cuenta de cuánta gente iba a estar allí. La fila le daba vuelta al edificio y llegaba al estacionamiento y estaba llena de personas a punto de convertirse en ciudadanas.

Un juez entró y se sentó, y la ceremonia empezó. Rubén debía sentarse con quienes iban a hacer el juramento mientras mi otro hermano, Eloy, y yo estábamos sentados en la parte trasera de la sala. Hubo un par de momentos que me llamaron la atención, como cuando miembros de las Hijas de la Revolución salieron a enseñarles a los futuros ciudadanos cómo doblar correctamente la bandera de los Estados Unidos y luego ayudaron a repartir banderitas a todos los que iban a jurar. Repetimos el Juramento de Lealtad y después el juez explicó que ese juramento en particular era especial para él porque la gente que estaba en esa sala estaba eligiendo jurar lealtad a este país de la manera más sublime: renunciando a la ciudadanía del país en el que había nacido.

Hicieron el juramento, y yo empecé a llorar desde el inicio porque la gente no dejaba de sonreír mientras enunciaba las palabras.

No estaba preparada para eso. Y entonces el asunto se volvió mucho más emotivo. Llegamos a la parte en que quienes hicieron el juramento tomaron asiento y, cuando el nombre de sus países de origen se anunció, cada persona se puso de pie para honrar a su país de origen *por última vez* antes de salir del recinto como ciudadano estadounidense. Había gente de tantos países en esa sala, países tan lejanos que me pregunté cómo fue posible que terminaran naturalizándose en este pueblo fronterizo del sur de Texas. Cuando anunciaron el nombre de los países y la gente se ponía de pie, a veces era una sola persona y otras (como cuando anunciaron a México) un enorme grupo aplaudió. Las personas que estaban en esa sala habían decidido convertirse en estadounidenses. Jurar lealtad a este país como adulto es diferente a haber nacido aquí porque no solamente lo eliges de manera consciente, sino que debes demostrar que eres digno de ser un estadounidense.

Después de la ceremonia, fuimos al cementerio en donde está enterrada nuestra madre. Saqué la banderita de los Estados Unidos que nos dieron en la ceremonia y la coloqué sobre la tumba de mi mamá. Le conté que mi hermano por fin lo había conseguido. Era un ciudadano estadounidense, y lo había logrado justo a tiempo para votar en las siguientes elecciones presidenciales.

Estaba preocupada por las elecciones. La retórica de un candidato en particular (Donald Trump) parecía agresiva de una forma que nunca antes había visto. Es cuando decidí que, además de tratar de convencer a la gente de que votara, pondría toda mi fe en las personas. Pensaba que sería imposible que alguien con ese tipo de retórica ganara. Estaba segura de que pronto lo mandarían de vuelta a su casa. Pero no fue así. Se mantenía en la contienda. Las cadenas de noticias empezaron a enfocarse en él porque era una mina de oro para el índice de audiencias. Lo presentaban constantemente, vociferando sus palabras llenas de odio, y yo no dejaba de pensar, ¿Por qué nadie lo detiene? Recuerdo que vi un noticiero en donde mostraban a la otra candidata (Hillary Clinton) dando un discurso. Su imagen estaba en la parte inferior de la pantalla, silenciada. Estaban esperando a que Trump pronunciara su discurso y les pareció más importante porque solo Dios sabe qué cosas iba a decir. No dejaba de repetirme que eso no importaba. La gente buena de este país no iba a decepcionar a personas como yo.

Yo apoyaba a Clinton. Me parecía la mejor de los dos candidatos. Soy de ese tipo de gente que vota por quien considera mejor entre los candidatos, sin importar si me agrada esa persona o no. Escribía en Twitter sobre ella y había gente en las redes sociales que me decían que me regresara a mi país. Sentía que las cosas estaban cambiando. Yo *ya estaba* en mi país.

El día de la elección de 2016, estaba en un crucero en Miami. Iba a moderar un panel en el mar con la activista mexicoestadounidense Dolores Huerta (conocida por su trabajo en el movimiento de los agricultores) y la poeta afroamericana Sonia Sánchez (conocida por su participación en el Movimiento por las Artes de los Negros) para hablar del papel de ambas y de otras mujeres de origen no europeo en el movimiento por los derechos civiles. Los coordinadores pensaban que Clinton iba a ganar porque es lo que mostraban las encuestas, así que la mayoría de las preguntas que me habían dado para plantear estaban enfocadas en celebrar a las mujeres.

Nunca antes había estado en un barco y no sabía cómo eran las cosas. Fui a cenar y me sentaron entre un chico y una chica que no se conocían, pero que estaban en pleno coqueteo. La chica decía que estaba muy metida en temas de "imanes y energía" y el muchacho empezó a preguntarle muchas cosas, como si ella hubiera inventado los imanes y la energía. Al final de la cena, las cosas se habían arruinado entre los potenciales tortolitos y el chico puso su atención en mí. Déjenme decirles una cosa, nada se siente mejor que saber que tú te llevaste la medalla de plata de la noche. Le dije que ya me iba. Me acompañó y empezó a seguirme por todas partes. Él vivía en el norte de California y hacía algo que me pareció muy interesante, pero que ahora no puedo recordar porque los resultados iniciales de la elección empezaron a llegar. Clinton ganó un estado. Y después otro. Bueno. Era algo prometedor. Entonces Trump empezó a ganar otros estados y yo pensaba, *Un momento. ¿Qué está pasando?*

La noche avanzaba y al chico le estaba resultando más difícil tratar de dar el primer paso. Yo lo estaba ignorando porque tenía los ojos fijos en la televisión, viendo los resultados de la elección. Horas más tarde, se consideró que Trump era el ganador y me puse muy sensible. No podía creer lo que estaba viendo. Seguramente no era verdad. La gente no habría votado por él. Me habían enseñado que este país era un crisol y que había un sueño aquí por el que TODOS podíamos luchar. ¿Cómo pudo haber ganado? La gente a la que él criticaba era la misma a la que la Estatua de la Libertad le expresa que este país la recibe con los brazos abiertos. "Dadme a vuestras masas cansadas, pobres, hacinadas, deseosas de respirar libres". ¿Cuándo dejaron de importar esas palabras? ¿Cuándo perdieron su poder?

Esa noche lloré mucho. Estaba decepcionada. Sentía como si no tuviera respuestas. Estaba preocupada. Entonces recordé el panel que iba a moderar y pensé, *Dios, ninguna de esas preguntas ahora es relevante*. No me preocupaba el hecho de no haberme preparado. Parecía conveniente que las preguntas ahora fueran irrelevantes porque cuando modero paneles, no me gusta tener demasiadas preguntas preparadas. Me gusta dejar que las cosas fluyan y pensar en los paneles como si fueran entrevistas. Me miré al espejo y vi que tenía los ojos hinchados. Eso no estaba nada bien. Hice lo que pude para cubrir con maquillaje el efecto de haber estado llorando hasta que alguien tocó a mí puerta. Era la chica que me iba a guiar hasta el teatro para el panel.

Entré al salón verde y estaba lleno. Vi a Dolores Huerta y a Sonia Sánchez sentadas una junto a la otra, hablando. Yo soy amiga de Dolores, pero me presenté a Sonia. Se dieron cuenta de que había estado llorando. Me preguntaron qué me pasaba. Les dije que había llorado por los resultados de la elección. Las dos asintieron con la cabeza ligeramente y Dolores dijo (con una pequeña risa), "Ah, esta es la primera vez que tu país te rompe el corazón. Créeme. No será la última". Esas palabras fueron puñales para mí y, en ese momento, no recordé las ocasiones en que las palabras habían sido tan letales para mi alma.

Dolores miró a Sonia y dijo, ¿"Te acuerdas de Nixon?" Sonia sonrió y le salió una risita. "Ah, Nixon…", contestó. Hablaron de una ocasión en 1968 en que la gente sintió que la esperanza había muerto. Fue cuando asesinaron a Robert F. Kennedy. Dolores comentó sobre lo ilusionada que estaba la gente en aquel entonces y cómo para muchos parecía que la esperanza había muerto con él. Lo sabía de primera mano. Dolores Huerta había estado junto a Kennedy en el podio. Él acababa de ganar las primarias presidenciales por el Partido Demócrata en California. Unos momentos después, lo asesinaron.

Me miró y dijo: "Está bien sentirse triste. Siéntete triste. Llora. Ve a dormir. Después despierta y ve a luchar. La lucha nunca termina porque estés triste. La lucha *continúa* porque estás triste. El trabajo nunca termina".

Momentos después, comenzó el panel y presenté a las damas. Se sentaron y hablamos sobre las experiencias que habían tenido en sus vidas y lo primero que les pedí fue que me vieran como a una versión más joven de ambas. Entonces les pregunté qué consejo les darían a esas dos versiones jóvenes de sí mismas en ese preciso momento que estábamos viviendo.

Volvieron a hablar de su pasado. Sonia Sánchez contó una historia conmovedora sobre una vez que una joven mujer solicitó una entrevista de trabajo y después de haber llegado a la oficina, no fue entrevistada porque los que ofrecían el empleo vieron que era una mujer negra. Dolores habló sobre cómo organizó a los agricultores junto con César Chávez y cómo el movimiento había empezado en reuniones en casa que todavía se llevaban a cabo. Había momentos en que se tomaban de las manos, reconfortándose cuando hablaban sobre épocas muy duras que todavía les generaban emociones muy fuertes, y me sentí mejor al escucharlas. Veía a esas mujeres hablar sobre algunas de sus cicatrices y recordé que una hora antes me estaban consolando. Me di cuenta de que Dolores tenía razón. La lucha *iba* a continuar *porque* estaba triste. La labor *nunca* termina.

El crucero había atracado en las Bahamas. Había estado sufriendo porque no tenía una señal decente de wifi en el mar y por fin podía llamar a Steve en Los Ángeles para conversar sobre todo lo que había pasado. Me dijo que debía descargar el nuevo álbum de A Tribe Called Quest. Lo hice mientras el barco seguía anclado y empecé a escucharlo.

Este álbum, *We Got It from Here... Thank You 4 Your Service*, fue uno de los que escuché de principio a fin sin interrupción. La segunda canción del álbum, "We the People", se convirtió en mi himno. Durante varios días puse esa canción sin parar, y todavía le escucho todos los días. Empieza con un ritmo grave profundo y una sirena que llama la atención desde el principio. ATCQ usa el coro de la canción para abordar la retórica negativa, enumerando los grupos marginalizados que no son bienvenidos en este país: afroamericanos, mexicanos, pobres, musulmanes, gays. ¡SÍ! El coro hablaba sobre lo que pasaba en nuestro país con un sentimiento de incredulidad, pero también de brusquedad. Así es como estábamos muchos de nosotros. "We the People" me impactó a muchos niveles porque trataba de muchos temas diferentes con los que yo podía identificarme. Llegaba a una frase que me hacía gritar "¡SÍ!" por las verdades que expresaba. Hay una parte que habla sobre cómo se ignora el arte callejero y cómo no existe un verdadero equilibrio en el campo de juego. No existe un verdadero sentido de competencia en el que podamos decir que "el mejor" gana porque la gente tiende a ignorar a ciertas comunidades y sus contribuciones. Por eso, la gente podría pasar por alto a los mejores porque no sabemos que existen (un buen ejemplo de ello es que los Grammy no tomaron en cuenta a ATCQ por este álbum).

El álbum es una obra maestra de principio a fin. Muestra cómo el arte puede ser poderoso y educativo, abordando temas reales de una forma que no puede negarse. Quizás no les guste lo que dicen (a mí sí), pero justamente por eso es importante que esas cuestiones sean expresadas. *We Got It from Here… Thank You 4 Your Service* fue el primer álbum del grupo en dieciocho años y un ejemplo perfecto de cómo el sonido de este grupo puede evolucionar conforme ellos van madurando y, aun así, seguir manteniendo la honestidad que te hace consciente de ciertas cuestiones al mismo tiempo que sientes el ritmo. ATCQ critica a los tiempos actuales y trasciende la esfera política. Habla sobre la cultura. Habla sobre la raza. Habla sobre las clases sociales. No, me desdigo: no habla de todos estos temas; los *grita*. Eso es lo que A Tribe Called Quest siempre ha sido capaz de hacer y es la razón por la que es uno de los nombres más icónicos del hip-hop. El ritmo y los sonidos combinados con la letra expresaban una verdad: su verdad.

No sentí muchos deseos de socializar durante las semanas posteriores a la elección. De cualquier forma, soy una persona introvertida por naturaleza; muy raras veces salgo de mi departamento si no estoy trabajando, pero esta vez realmente estaba sufriendo pensando en qué iba a hacer. Escuchaba el álbum todos los días. Empezaba con la primera canción, "Space Program", y luego seguía con "We the People". Y entonces ponía esa canción en modo de repetición durante más o menos una hora porque quería aprenderme la letra de ese tema primero.

Pasaron las semanas y llegó el Día de Acción de Gracias. Había planeado un viaje a Hawái para mi familia como una forma de agradecerles todo lo que habían hecho por mí. Ninguno de nosotros había ido de vacaciones nunca y yo quería darles un viaje que no olvidarían jamás porque sentía que debíamos celebrar que habíamos hecho grandes progresos desde nuestra infancia. Reservé vuelos para mi hermana, sus hijos, mis hermanos y yo para ir a Honolulú. Elegí uno de los mejores hoteles y reservé una habitación para cada uno. A mi hermana y a mi sobrino les reservé el *penthouse* porque ella debía compartir la habitación con mi sobrino, que tiene necesidades especiales, y quería que tuvieran la mejor vista posible. Fue complicado planear el viaje para mi familia. Sabía que yo no iba a poder disfrutar porque era quien estaba coordinándolo todo, pero en verdad no me importó. Este viaje realmente era para ellos, no para mí. Vinieron a Los Ángeles, pasaron aquí la noche y al día siguiente volamos a Hawái. Como era el primer viaje que hacíamos en familia, siendo honesta, era un poco raro porque nos dimos cuenta de que no sabíamos cómo viajar juntos. Pensé que sería justo lo que yo necesitaba porque me encantaba pasar el tiempo con mi familia. Nos reímos mucho cuando estamos juntos. Sentí que era la ocasión para estar con mis seres queridos y oprimir el botón de reinicio.

Aterrizamos en Honolulú y llegamos al hotel. Fui a la habitación de cada uno para asegurarme de que fuera lo suficientemente cómoda para ellos; quería que todo fuera perfecto. Descansamos un poco, pero salimos a cenar una hora después de haber llegado. Ahora bien, mi familia no es elegante. Somos de los que van a restaurantes de cadena a donde quiera que vamos porque es una opción que no falla. Siempre unos les preguntan a los demás a dónde quieren ir y, como nunca podemos decidir, vamos a los lugares a los que nadie quiere ir porque así nadie gana. Es absurdo, pero, oigan, eso nos funciona.

Caminamos a un restaurante de cadena en el que había una lista de espera de una hora. No nos quedaba otra que esperar. Estábamos en la calle más transitada por turistas y mi hermana y su hija quisieron ir a ver tiendas. Éramos siete los que estábamos esperando por una mesa, lo cual era innecesario, así que les dije que fueran a mirar aparadores mientras yo esperaba. Mi hermano mayor (el nuevo ciudadano estadounidense) y mi sobrino con necesidades especiales decidieron quedarse conmigo.

Habíamos estado esperando un rato; no sé cuánto porque siento que el tiempo va más despacio cuando estás esperando que te asignen mesa. Mi hermano y yo estábamos hablando sobre lo bonito del lugar mientras mi sobrino estaba metidísimo en su Nintendo DS I que le había comprado por su cumpleaños, que había sido el día anterior.

Dos hombres se abrieron paso hacia nosotros. No pensamos nada sobre eso. Se acercaron más. Y otra vez, no nos extrañó. Entonces le preguntaron a mi hermano de dónde era. ACLARACIÓN: mi hermano mayor es un chico encantador. Cuando lo conoces, es imposible que no te simpatice. Es un muchacho amigable a quien no le gusta causarle problemas a nadie. Si le pides ayuda, te la brinda. Si le preguntas algo, te responde. A todo el mundo lo trata como un amigo. Si a veces no sabemos de él, por lo general es porque empezó a tratar a algunas personas y ahora son sus amigos.

Mi hermano no respondió porque creo que no estaba seguro de que le estuvieran hablando a él. Era una zona muy concurrida y, como no los conocía, pensó que quizás le estaban hablando a otra persona. Volvieron a preguntarle de dónde era. Ahora mi hermano reconoció que sí le estaban hablando a él. Dijo que era de Texas y los hombres respondieron: "No. ¿De dónde eres?" Mi hermano no entendió la pregunta y volvió a contestar que de Texas. Uno de los tipos dijo: "No. Eres de México". Ahora ya era claro el porqué de las preguntas; yo sabía por qué se nos habían acercado. Entonces empezaron a hablarle a mi hermano sobre México y los carteles. Él no quiso meterse en problemas. Permaneció tranquilo (creo que en mi vida solo un par de veces he visto enojado a mi hermano), pero los tipos no. Yo estaba mirando y pensé que iba a tener que hacer algo, pero no sabía qué. Seguían diciéndole a mi hermano que era de México y le seguían gritando cosas sobre el cartel. Finalmente les dijo que lo dejaran en paz. Fue cuando los hombres vieron a mi sobrino de necesidades especiales y se molestaron con *él* porque creían que su Nintendo DS era una cámara y que los había estado grabando comportándose como seres humanos horribles.

Debo decirles que mi sobrino acababa de cumplir veinticinco

años, pero tiene la capacidad mental de un chico de octavo grado. Este es un detalle importante de la historia por lo que pasó después. Uno de los hombres se lanzó hacia mi sobrino y le dijo que dejara de grabar mientras trataba de arrebatarle su Nintendo DS. En el momento en que se lanzó hacia él, me puse enfrente de mi sobrino y empujé al extraño. Le dije que a mí podía hacerme lo que fuera, pero que no iba a tocar a mi sobrino. No iba a permitir que le pasara nada a ese niño. Estaba muerta de miedo, pero tenía que proteger la vida de mi sobrino. El tipo se acercó otra vez a mi sobrino y yo agarré al chico con un brazo mientras trataba de empujar otra vez al tipo. Todo estaba sucediendo muy rápidamente. Mi hermano se metió, los empujó y les dijo que tenían que irse. Al final se fueron cuando se dieron cuenta de que la gente empezaba a observar lo que ocurría. Miré a mi sobrino y le pregunté si estaba bien. Empezó a llorar y a preguntarme: "¿Por qué hicieron eso, Cris? ¿Yo qué les hice?".

Esa fue una conversación muy dura. Yo había ayudado a criar a este niño desde que era un bebé. Era como una segunda madre para él. No estaba lista para entablar este tipo de conversación y no sabía que algún día tendría que hacerlo. ¿Qué le dices? Le expliqué que el problema no era él; eran ellos. Me pidió que me sentara junto a él y se aferró a mi brazo. No me soltaba. Repetía que tenía miedo. Mientras cenábamos, mi sobrino de repente me miraba y decía: "Pero yo no hice nada malo. ¿Verdad, Cris?".

Cuando regresé de ese viaje, estaba decidida a tomar cartas en el asunto. Les dije a mis agentes que no quería ir de gira haciendo mis monólogos. Quería tomarme un tiempo sin trabajar y dedicarme a tratar de ayudar a la gente porque ya había estado en situaciones como esta, pero ahora tenía miedo de que mi sobrino tuviera que enfrentarse a eso y no pudiera.

Decidí que mi objetivo a partir de entonces sería tratar de ayudar a quienes lo necesitaran. Quería parecerme a la niña de cuarto grado que fui, que ayudar a la gente fuera una parte más importante en mi vida. Ya había estado trabajando en eso, pero necesitaba hacer más. Decidí empezar a hablar sobre mi propia experiencia y luchas, porque algo que he aprendido en la vida es que, aunque la gente no esté de acuerdo con tu historia, es imposible que la borren. La gente puede no estar de acuerdo contigo, pero no hay manera de negar lo que ocurrió. Al hablar de mis propias batallas, comparto con la gente más sobre mí y por qué quiero involucrarme tanto. Crecí en una familia de estatus mixto, así que la reforma sobre la inmigración y la narrativa sobre la comunidad indocumentada son importantes para mí. Perdí a mi madre cuando yo tenía poco más de veinte años por falta de atención médica y salvé mi propia vida en 2017 por tener el "lujo" de poder pagármela. La asistencia médica universal es una prioridad. Mi sobrino mayor tiene necesidades especiales y yo he sido un miembro activo de las Olimpiadas Especiales durante años por él, así que dedicarme a la gente con necesidades especiales es parte de quien soy. Mi familia ocupó ilegalmente un espacio y fue prácticamente una familia sin hogar durante los primeros siete años de mi vida, así que crear más programas de vivienda accesibles y programas para la gente sin hogar y los necesitados es importante.

No era mi intención hacer nada de esto para recibir atención. No quería ir a ningún evento para sacarme una foto en la alfombra roja diciendo que estaba allí para ayudar. Tampoco juzgo a quienes lo hacen. Simplemente digo que para mí era importante hacer mucho más.

Una de las batallas que inmediatamente descubrí que debería

librar fue contra el escepticismo. Cuando publicaba en redes sociales algo sobre lo que estaba haciendo, siempre había gente que me preguntaba qué ganaba con hacerlo. Los comentarios parecían repetirse:

"El sistema no funciona. No puede arreglarse".

"¿De qué sirve? Nadie escucha".

"¿Y cuál es tu bronca?"

Bueno, la última era una frase muy común en los años 80, pero mi idea sigue siendo la misma. La falta de ganas por cambiar la situación fue algo para lo que no me había preparado y déjenme decirles una cosa, es difícil porque también yo puedo ser una persona muy negativa. ¿Saben lo difícil que es para mí no ser una escéptica?

Cuando la gente me pregunta de qué sirve siquiera intentar ayudar, siempre les contesto lo mismo: cambiar es como ponerse a dieta. No puedes pretender perder peso en un día si llevaste años acumulándolo, pero si haces un esfuerzo, puedes hacer pequeños cambios que a la larga generarán un cambio más grande. La verdad es que un cambio real requiere mucho tiempo. Tal vez no ocurra mientras nosotros vivimos, pero eso no significa que no deberíamos intentarlo. Estoy harta de ver en el internet todos los días de mi vida palabras llenas de odio que cubren mi pantalla porque pienso, *¿Es este el mensaje que queremos enviar a nuestro futuro? ¿De verdad queremos decirles a los niños que no tiene sentido intentar nada?* Porque, créanme, los niños escuchan todo lo que decimos; ven nuestras acciones. Si nuestro futuro está escuchando lo que estamos haciendo, entonces tal vez debamos asegurarnos de emprender acciones y tratar de generar cambios. Decidí dedicar mi voz, mi vida, a asegurarme de que al final de mis días tendré la conciencia de que ayudé a mover el engranaje. Quiero saber que no solo estuve del lado correcto de la historia, sino también del lado correcto del empoderamiento.

Yo protestando contra la separación de las familias
afuera de la Casa Blanca.

Cuando viajo, escucho "We the People" en cada vuelo. Cuando me encuentro recorriendo ciudades, la escucho con mis audífonos. Cuando quiero sentirme empoderada, la escucho y pienso que A Tribe Called Quest no hizo el álbum para mí, aunque sin duda siento como si así hubiera sido. Me llena de energía. Me recuerda por qué quiero hacer lo que quiero hacer.

Vivimos en una época que nunca imaginé ver. Los nazis han vuelto como los pantalones acampanados. El racismo descarado no tiene freno. No digo que alguna vez haya desaparecido, simplemente me sorprende cómo esos ideales han vuelto a empoderar a la gente. ¿No aprendemos de los errores del pasado? ¿No terminamos de leer los libros de historia?

El verdadero cambio requiere mucho tiempo y, por suerte, lo único que tenemos es tiempo.

Quisiera compartir una lista de las cosas que me ayudan a seguir adelante. Para mí son útiles. Quizás también lo sean para ustedes:

1) Si quieren asegurarse de que sus voces sean escuchadas, edúquense y eduquen a los demás. ¿Cómo podemos hacer eso? Aprendiendo y luego enseñando a los demás sobre nuestros derechos porque USTEDES TIENEN DERECHOS. No permitan que nadie les diga que no los tienen. Asegúrense de que la información circule. No podemos lograr cambios si no estamos informados sobre por qué queremos que las cosas cambien.

2) No presten atención a la crítica. Descarten a cualquier persona que les diga que no; no merece acompañarnos en nuestro viaje, sobre todo si su argumento tan solo es cruel y vengativo sin ninguna razón. Esos sentimientos no tienen que ver con ustedes, sino con ellos.

3) Hablen en nombre de la gente que no puede hacerlo. Si quieren ayudar, entonces háganlo y sepan que toda la ayuda se agradece. Es algo que no puedo acabar de enfatizar. El año pasado vi a amigos organizar eventos y se decepcionaban cuando en lugar de cien personas solo llegaban veinte. Debemos cambiar nuestra forma de pensar y darnos cuenta de que atrajimos a veinte personas. Eso es un éxito, NO un fracaso.

4) Sepan que a veces lo que es mejor para los demás no es lo mejor para ustedes. Traten de no ser egoístas. Piensen en los demás. Una de las razones por las que estamos en la situa-

ción actual es que la gente pensaba solamente en sus propios intereses. Debemos entender que a veces no podemos lograr lo que queremos por alguna razón. Es como cuando alguien dice: "Dios no me escuchó". Olvidamos que, en ese caso, Dios sí te escuchó, simplemente a veces la respuesta es "No". Y eso es por alguna razón.

5) Sean amables unos con otros y comprueben que todos se sientan bien. Recuerden a los demás que somos capaces de lograr cosas maravillosas porque, seamos honestos, lo negativo siempre opaca a lo positivo y eso tiene que cambiar. Díganse unos a otros que somos importantes. Eso puede servir de recordatorio para algunos. A algunas personas tal vez nunca les hayan dicho que son importantes. Recordemos que cada uno de nosotros es importante para alguien.

Se ha hablado mucho sobre "Volver a hacer grande a los Estados Unidos", pero la verdad es que, para hacerlo grande OTRA VEZ, tenemos que hacerlo grande por primera vez... para todos. Eso lo logramos honrando a cada persona que ha trabajado para hacer que este país sea mejor de lo que era. Honrando la magia, el corazón y el alma de cada integrante de su pueblo y asegurando que a todos nos traten por igual y que tengamos oportunidades justas... ASÍ es como hacemos grande a los Estados Unidos.

Este capítulo no tiene un final porque esta parte de mi vida sigue sucediendo. No sé cómo termina, pero me gustaría imaginar que al final habrá una nota de esperanza. Supongo que, en cierto modo, este capítulo es como uno de los antiguos episodios que acababan con "Continuará...", en los que, por lo general, había que esperar un poco para ver cómo terminaban. Espero que sea algo bueno porque, por ahora, lo único que tengo es esperanza.

ATCQ dijo que este sería su último álbum porque Phife Dawg murió antes de que el disco saliera a la venta. Consideré que sería adecuado terminar este libro con A Tribe Called Quest porque "We the People" me hizo darme cuenta de que mi objetivo es buscar a mi tribu. A Q-Tip, Ali Shaheed Muhammed, Jarobi White y Phife Dawg quiero decirles que no se preocupen.

Nosotros, el pueblo, nos encargamos desde aquí.

AGRADECIMIENTOS

Habré escrito un libro, pero sería una tonta si pensara que lo hice yo sola. Este libro existe gracias a las siguientes personas. Agradezco tenerlas en mi vida y su compañía durante este viaje.

Antes que nada, quisiera dar gracias a mi familia. Sin ustedes, literalmente no habría sobrevivido. Somos hijos de una mujer increíble que nos dio todo lo que pudo. No sé si ustedes sepan lo especiales que son, pero, para mí, ustedes lo son todo. A mi hermano mayor, Rubén, nunca conocí a nuestro padre, pero nunca necesité hacerlo. Tú me cuidabas y movías cielo, mar y tierra para asegurar que yo tuviera una oportunidad para perseguir mi sueño. Te amo. A mi hermano Eloy, gracias por siempre hacer que siguiera luchando para llegar más lejos. Me enseñaste no solo a lanzar bolas difíciles en el béisbol, sino a cuestionarlo todo, y ese conocimiento siempre vencerá al privilegio. Ser pobre no significó que no podíamos competir con el resto del mundo. De hecho, esa era nuestra fortaleza. A mi hermana, Julie, gracias por asumir el deber de convertirte en una segunda madre cuando yo era pequeñita y tú también eras una niña. La gente no se da cuenta de que las responsabilidades que tenías eran ser la mamá "estadounidense" para nosotros cuando hacías los trámites, traducías y sustituías a nuestra madre cuando ella no podía entender las cosas en esos años en que tratábamos de adaptarnos a este país.

A mi gran amiga Emilia, gracias por ser mi amiga y escucharme agonizar por todo. Has estado en cada paso de la redacción de este libro, desde el momento en que tuve la idea, hasta planear nuestros viajes para escribir este libro y escuchar cuando me cuestionaba a mí misma. Y siempre me dijiste que no abandonara mi proyecto. Fui afortunada de haberte conocido. Somos nuestras propias admiradoras y sistemas de apoyo. Estoy contenta de que estemos juntas en este mundo, luchando por contar nuestras historias.

A mi agencia, WME, y sobre todo a mi agente de comedia de monólogos, Stacy Mark, y a mi agente literaria Mel Berger. WME me ha ayudado a lograr oportunidades que jamás imaginé pudieran existir, y eso fue gracias a Stacy Mark. Stacy, no sé si te des cuenta de cuán especial eres para mí. Decidiste correr un riesgo conmigo que otros no habrían tomado. Ahora, aquí estamos, y tengo muchos deseos por saber adónde más iremos. A Mel Berger, tú escuchaste mi idea para este libro y la tomaste en serio. No puedo decirte cuánto significó que alguien me tomara a mí y a mi idea en serio. Comprendiste lo que quería hacer y me ayudaste a integrarme a mi familia literaria. Gracias.

A mi representante Peter Principato, de Artists First, gracias por ayudar a encontrarme a mí misma. Has sido una parte fundamental en la realización de este libro al ayudar a garantizar que mi voz sea mi voz. Es un proyecto en desarrollo, pero estoy muy agradecida de contar con el apoyo de Maggie Haskins y Brian Dobbins.

A mi editorial, Atria Books, ustedes apostaron por mi historia. Muy pocas personas han confiado en mí tanto como para hacer esto. Ustedes me han permitido ser yo misma y me dieron al editor más increíble, Rakesh Satyal. Rakesh, gracias por tus palabras y tu guía ahora que incursioné en el mundo literario, esperando no acabar haciendo tonterías. Eres genial.

A mi querido y amigo más patriota, amante de los Estados Unidos, José Antonio Vargas, tú y yo estábamos escribiendo nuestros libros al mismo tiempo y de alguna forma me ganaste en la fecha de entrega. Has estado conmigo para apoyarme sin tener que pedírtelo y te has convertido en parte de mi familia.

A mi querida amiga Alicia Menéndez, no podría haber terminado este libro sin tu ayuda porque literalmente salvaste mi vida en Nueva York. Espero que sepas lo afortunada que me siento por tenerte en mi vida. Tu cariño y apoyo constantemente hacen que me pregunte qué hice para merecer a una amiga como tú.

Y dejé al mejor para el final. A mi mejor amigo, Steve Halasz: ¿Qué puedo decirte? La palabra *gracias* no hace justicia a todo lo que has hecho por mí. Has sido parte de mi vida durante quince años. Has estado conmigo en mis momentos más difíciles, lo cual me hace querer que estés cerca de mí en los mejores momentos, porque los mejores también te pertenecen a ti. Literalmente no estaría aquí el día de hoy si no fuera por ti. Tú me ayudaste a llegar hasta aquí. Gracias.

Cristela Alonzo es una comediante, actriz y productora que ha hecho historia en el cine y en la televisión en dos ocasiones. En 2014 se convirtió en la primera latina que creó, produjo y protagonizó su propia serie de televisión, *Cristela,* y en 2017 fue la primera actriz latina que obtuvo un papel protagónico en una película de Disney Pixar, *Cars 3.* Su programa especial de monólogos *Lower Classy* actualmente se transmite por Netflix. Además de su trabajo en la industria del entretenimiento, Alonzo es miembro del consejo asesor de Define American, una organización sin fines de lucro enfocada en los medios y la cultura, y también del consejo de La Unión del Pueblo Entero (LUPE), fundada por César Chávez y Dolores Huerta. Cristela también dedica una gran parte de su tiempo a dar voz a los latinos, los inmigrantes, los marginados y todos aquellos que no tienen una representación debida. Con frecuencia pronuncia discursos, modera paneles y ayuda a crear conciencia y a reunir fondos para varias organizaciones y asociaciones sin fines de lucro.